제 4 차 산 업 혁 명 이 인 문 학 을 만 나 다

인문학이 필요한 시간

조해경 지음

신아사

프롤로그

왜 서울대 출신이 노숙자로 전락하였는가?

수원역에는 10년 동안 노숙인들을 돌보고 있는 노숙인 대부 김달술 신부가 있다. 김달술 신부는 그동안 노숙인들을 돌보면서 경험한 가장 충격적인 사실은 서울대 출신의 노숙인이었다. 김신부는 무엇이 서울대 출신을 노숙인으로 전락시키고 말았는가에 대해서 오랫동안 고민하고 연구하였다. 그 결과 그는 인문학 소양이 부족하기 때문이라는 결론을 도출해 냈다.

21세기의 주변 환경은 인간이 어지로울 정도로 빛의 속도로 급변해 나가고 있다. 바로 끓는 물 속의 개구리를 연상하게 하는 시대다. 끓는 물 속의 개구리라는 말은 주변 환경 변화에 대해서 적응하는 능력이 부족한 사람을 비유한다. 현대는 과거에 배운 지식은 금방 못 쓰는 무용지물로 변하며 항상 새로운 패러다임의 지식을 습득하여야만 살아남을 수 있다. 개구리 두 마리를 산에서 잡아서 그중 한 마리는 찬물이 든 가마솥에 넣고서 서서히 온도를 높여 나가면 그 개구리는 물의 온도가 올라가는 것을 의식하지 못한다. 그리고 즐겁게 서서히 삶겨서 죽어 버린다. 또 다른 한 마리는 처음부터 끓는 물속에 던져 넣으면 그 개구리는 물이 뜨거운 것을 의식하고 물속에서 튀어 나와서 살아남는다.

인간도 마찬가지다. 바로 김달술 신부가 내린 결론은 급변하는 주변 환경에 대해서 끓는 물속의 개구리와 같이 의식하지 못하는 경우는 인간은 노숙자 신세로 전락하고 만다는 것이다. 직장과 같은 조직사회에서 조직인으로 업무능력과 대화 능력이 부족한 인간은 결국 직장에서 적응능력이 부족하여 스스로 또는 구조조정의 대상이 되어서 성공적인 사회생활을 할 수가 없다. 지금은 신자유주의 시대다. 신자유주의란 금융시장의 자유화와 노동시장의 자유화를 말한다. 이것은 직장에서는 업무능력이 부족한 사람에게는 항상 구조조정의 칼을 겨누고 있다는 것을 의미한다. 업무능력이 부족하다는 것은 무엇을 말하는가. 바로 팀에서 팀원들 간의 대화 능력이 부족하여 인간관계가 원만하지 못해서 업무를 파악하여 수행하는 능력이 부족하다는 것을 의미한다.

여기에 더해서 지금은 글로벌 시대다. 글로벌 시대란 무엇을 말하는가 바로 국경과 국적이 사라진 시대다. 현대 글로벌 시대에 현대인들이 직장에서 살아남아서 성공하기 위해서 필요로 하는 것은 무엇인가. 이 문제에 대해서 전문가들의 의견을 종합해 보면 우선 자신의 분야에서는 전문가가 되어야만 한다는 것이다. 자신이 맡아서 전공하는 분야에서는 타의 추종을 불허하는 전문인이 되어야만 한다. 자신이 하는 업무면에서는 누구보다도 전문인이 되는 경우에는 업무상 경쟁에서는 이길 승산이 크다고 할 수 있다. 다음으로 직장이나 사회생활에서 훌륭한 인간관계를 맺기 위해서는 자신이 종사하지 않는 분야에 대해서도 반 전문가semi- professionalist가 되어야만 한다. 다시 말하면 팔방미인이 되어야만 한다는 것이다. 그래야만 다른 사람들과 대화를 중단하지 않고 이끌어 나갈 수 있는 것이다.

이러한 대화의 소재를 만들기 위해서 필요한 지식은 무엇인가.

바로 인문학 지식이다. 인문학지식이 있는 사람들은 조직을 비롯하여 사회 어디서나 자신 있게 남과의 대화를 하고 싶어 한다. 인문학이란 철학을 비롯하여 정치·경제·사회·문화·역사·예술 등 모든 것을 포함하고 있는 형이상학을 의미한다. 의학이나 공학을 비롯한 기술을 바탕으로 하는 학문은 형이하학이다. 인문학은 인간이 살아가는데 필요한 지혜를 제공하고 있다. 인문학은 인간이 동서고금을 통해서 습득한 지식을 지혜롭게 활용하여 보다 나은 삶을 살아가는 모티브를 제공하고 있다. 철학자이자 수학자인 파스칼은 그의 『팡세』에서 독침 하나에도 죽을 수 있는 인간이 강한 우주를 정복하고 지배하는 원인은 인간은 인문학을 하기 때문이다. 라고 말한다.

인간의 존재는 약하다. 인간은 자신이 약하다는 것을 알고 있다. 우주는 자신이 강하다는 것을 모른다. 인간은 자신이 약하기 때문에 강한 우주에 의존하여 우주를 정복하는 방법을 연구하였다. 인간은 강하고 거센 우주를 정복하여 모든 만물의 최고의 자리를 지키고 있다. 그러한 자리에 올라가는 과정에서 과학과 기술이라는 형이하학을 바탕으로 하고 있다. 그러나 더욱 더 중요한 것은 형이하학을 발전시키는 원동력은 바로 형이상학이다. 즉 인문학이다.

형이상학의 기반이 약화되면 과학과 기술은 발전의 속도를 멈춘다. 컴퓨터를 발전시키기 위해서는 직접적으로는 전자, 전기의 응용과학을 바탕으로 한다. 컴퓨터 기술을 한 단계 상승시키기 위해서는 물리학이라는 기초과학을 필요로 한다. 과학과 기술의 발전을 가속화하고 향상시키기 위해서는 형이상학인 인문학 바탕이 필요하다. 현대는 형이상학인 인문학과 형이하학인 자연과학의 연계현상이 나타나고 있다. 이러한 현상은 미래의 형이상학과 형이하학이 해체되는 해체주의 현상이 나타나고 있다.

그러면 현대인들은 인문학으로부터 무엇을 배울 것인가.

바로 인문학으로부터 깊이 있는 사고를 배우는 것이다. 다시 말하면 인문학 이해의 근본 목적은 인간을 인문학적으로 융통성 있게 사고하는 인간으로 만들기 위해서이다.

그러면 인문학적 사고란 무엇인가.

인문학적 사고란 모든 사안에 대해서 깊이 생각하는 사고를 말한다. 또한 인문학적 사고란 논리적으로 사물을 관찰하는 사고를 말한다. 다음으로 인문학적 사고란 비판적 안목을 가진 사고를 말한다. 사안에 대해서 순수하게 받아들이지 않고 다각적으로 바라보는 시각의 사고를 말한다. 아울러 인문학적 사고란 사물을 전체적으로 보는 사고를 말한다. 나무만 보거나 숲만 보는 것이 아니라 숲과 나무를 동시에 볼 수 있는 사고를 말한다. 숲과 나무를 동시에 볼 수 있는 사고란 나무 한그루를 심는 경우에 미리 깊이와 넓이를 정확하게 파악하여 힘의 낭비가 없이 나무를 심을 수 있는 능력을 말한다. 또한 업무 면에서도 중복과 누락을 피해서 효율적으로 업무를 처리하는 사고를 말한다.

디지털 혁명으로 인해 모든 것이 투명화 되어 지고 있다. 전 세계의 모든 면에서 투명성을 요구하고 있다. 이러한 시대는 지식과 정보가 지배하는 시대에서 인재가 지배하는 시대로 변화되어지고 있다. 각 기업체를 비롯하여 모든 조직에서는 인재 스카웃 경쟁에 치열하게 열을 올리고 있다. 인간은 개인 각자가 인재가 되려고 노력하지 않으면 얼마 후에 그 조직에서 밀려나 버린다.

과거에는 한번 들어간 직장이 평생직장이라는 개념으로 살아 왔다. 그러나 현대는 평생직장이라는 개념은 사라지고 평생 직업이라는 말로 대체되어 버렸다. 어느 조직에서나 필요 없는 인원은 그 자리에서 냉정하게 뽑아내어서 조직이 잘 돌아가도록 운영하고 있다. 그러기 위해서 구조조정은 항상 언제든지 필요하며 인원을 감축하고 새로운 인원으로 대체하는 전략을 수립하고 있다. 제레미 레프킨의『 노동의 종말』에서처럼 조직은 점차적으로 블루칼라에서 화이트칼라까지 점차적으로 노동력을 로봇으로 대체해 나가는 추세에 이르고 있다. 이러한 시대일수록 조직에서 필요로 하는 인재가 되기 위해서는 인문학적인 사고를 필요로 한다.

인간이 사회에 나가서 성공적인 삶을 살아가기 위해서는 깊이 있는 인문학적인 사고가 절실히 요구되고 있다. 앞에서도 이미 설명한 두 가지 조건인 자신의 분야에는 최고의 전문가가 되는 일과 다른 분야에서도 세미Semi 즉 반전문가가 되어야 한다. 다시 말하면 자신의 직업과 관련이 없는 분야에도 어느 정도는 알고 있어야 하며 문외한이 되어서는 안 된다. 여기에 더해서 필요한 것은 눈물이 많은 사람이 되어야 한다. 현대의 컴퓨터등 기계의 발달로 인해서 인간은 인정미가 사라지고 있다. 옆집과 앞집 사람도 서로 모르고 지내고 있다. 더욱이 아는 것을 귀찮아한다. 이렇게 인정미가 메말라가고 있는 세대일수록 인간에게 필요한 것은 눈물이 많은 따뜻한 인간미인 것이다. 다시말하면 직장의 동료를 비롯하여 주변의 사람들에게 더욱 인간적으로 가까이 가는 인정미를 필요로 한다.

미국 작가 T. S. 엘리엇Eliot의 황무지에서처럼 인간은 물질적으로는 풍요 속에 정신적으로 황폐되어져 버렸다. 인간이 거주하는 아파트는 괴물이 사는 커다란 콩크리트 벽으로 된 죄수들이 칸막이를 하여 들어가서 사는 움막으로 변해 버렸다. 옆의 칸막이에 들어있는 사람들을 알려고 하지도 않고 또한 아는 것을 싫어하는 인정미가 사라진 시대다. 현대인들의 의식은 황폐되어져 가고 있다.

이제 컴퓨터 혁명으로 인해 인간에게 필요한 것은 인문학으로부터 깊이 있는 사고를 터득하여 컴퓨터로부터 해방된 한 단계 높은 인간으로 발전하는 일이 현대인의 성공적인 삶의 지름길인 것이다. 이것은 현재 컴퓨터 혁명을 일으킨 원동력을 제공한 기초과학인 물리학을 다시 연구하여 한 단계 높은 물리학을 바탕으로 하여야 만 제 4의 인류 혁명이 일어나게 되는 것과 같은 맥락에서 이해할 수 있다.

글로벌시대와 디지털 시대에 필요로 하는 인문학지식의 습득은 다양한 관점에서 접근 할 수 있으나 이 과정에서는 철학·경제·역사·문화적 관점에서 접근하고자 한다.

종합적으로 이 글은 학술적인 차원에서가 아니라 실제 우리가 직면하고 있는 문제점에 초점을 맞추었다. 특히 제 4차 산업혁명이 도래하는 시점에서 급변하는 시대를 살아가는 현대인들이 깊이 있는 교양인문학 지식을 바탕으로 성공적인 삶을 살아가기를 기원하는데 의미를 두고 있다.

이 책의 출간을 위해 끝까지 힘써 주신 신아사 출판사 정현걸 대표님과 편집부 이하 많은 분들에게 감사를 드린다.

녹음이 우거진 희망찬 개화산 기슭 우거에서
유유히 흐르는 한강을 바라보면서

2017년 8월
조해경

목차

제1편
철학

노숙자의 대부인 김달수 신부가 말하는 인문학 소양이란 무엇인가. 바로 현대인들이 사회에서 필요로 하는 지혜 즉 철학을 말한다. 철학하면 대부분 사람들은 실생활과 동떨어진 학문으로 생각한다. 또는 고리타분하고 케케묵은 학문으로 여기고 있다. 경우에 따라서는 철학하면 산속에서 혼자서 도를 닦는 학문으로 생각한다. 아니면 현실과 거리가 먼 이해하기 힘든 학문으로 여기고 있다.

사실상 몇몇 철학자들은 아주 무더운 여름에 한겨울에 입는 외투를 걸친다. 머리와 수염은 길러서 남들이 보기에도 이상한 모양을 하는 사람들이 더러 있다. 철학자들은 일반 대중들의 눈에는 괴짜 인간으로 보이는 경우가 간혹 있다. 사실은 그와 정반대다. 철학은 인간이 경험한 지식을 지혜롭게 활용하는 방법을 제시하는 학문을 철학이라고 한다.

철학은 모든 학문의 근원이다. 현대인들에게 근본적인 면에서 가장 가까이에서 가장 필요한 생활의 방법과 지침을 제공하는 학문이 바로 철학이다. 철학적 사고가 부족하면 앞에서 말한 서울대출신 노숙자와 같이 현대인들은 노숙자로 전락해 버릴 수 있는 것이다.

그러면 인간은 왜 철학의 필요성을 느껴서 철학을 시작하였으며 무엇을 주제로 철학을 발전시켜 나갔는가.

제 1장

왜 자연주의에서 철학은 시작되었는가

1. 탈레스의 물과 인간은 왜 철학을 하여야만 하는가

인간은 왜 철학을 시작하였는가. 철학자 파스칼은 약한 인간이 강한 우주를 지배하는 원인은 인간은 철학을 하고 우주는 철학을 하지 않기 때문이다. 라고 말하고 있다. 인간은 주변에 있는 우주와 자연을 생각하면서 철학은 시작되었으며 철학과 함께 인류 문명은 시작되었다. 철학이라는 말의 어원은 필로소피philosophy 즉 지식을 사랑한다는 말에서 시작되었다. 프랑스의 세계적인 여배우 소피 마르소나 이태리의 여배우 소피아 로렌은 바로 철학의 소피라는 말을 따서 자신들이 얼굴은 미인이지만 여기에 더해서 지혜를 갖춘 사람이라는 것을 보여주기 위해서 소피라는 말을 이름으로 사용하고 있다.

철학을 하면서 인간은 자연에 체계적으로 접근하기 시작하였다. 우주는 어떻게 형성되었으며 동시에 인간은 우주와 어떻게 연관되어져 있는가에 대한 연구에서 시작되었다. 다음단계로 인간과 인간주변에 있는 자연은 어떠한 관계에 있는가 하는 문제로 발전하게 된다. 초기 철학의 주제는 인간은 스스로 자신이 자연과 우주에 비하면 보잘것없는 약한 존재라는 것을 잘 알고 있기 때문에 자연에 대한 연구에서 철학은 시작되었다. 철학의 근본 목적은 약한 인간이 주변에 있는 강한 자연에 대해서 지혜롭게 대처하고 극복하기 위해서라고 할 수 있다. 특히 홍수와 강한 바람을 어떻게 싸워서 지배할 것인가가 철학의 가장 큰 주제였다.

동양인들의 사고와 서양인들의 철학적 사고의 차이점은 동양 철학은 우주 즉 해와 달과 별자리를 중심으로 인간을 우주와 합쳐서 생각하는 인간과 우주를 일원화 하는 일심 즉 인간과 우주를 하나로 보는 관점에서 문제를 해결해 나가고자 한다. 다시 말하면 해와 달을 중심으로 다음에 불·물·흙 등을 하나로 조화시키고자 한다. 물이 지나치게 많으면 홍수가 나고 이것을 불을 가지고 꺼야만 하며 다시 불이 너무 지나치게 많으면 물로서 불을 꺼야한다. 따라서 홍수가 나는 원리는 우주 즉 해와 달이 균형이 깨지기 때문에 나타나는 현상이라고 보고 있다.

반면 서양 철학은 철저하게 인간과 자연을 분리하는 이분화적 사고를 바탕으로 하고 있다. 인간을 자연과 우주를 분리하여 논리적으로 자연을 극복하는 방법을 연구하였다. 다시 말하면 서양철학은 인간은 무엇으로 구성되어 있는가 하는 문제부터 생각한다. 그 다음에 인간에게 가장 필요한 것은 무엇인가를 생각한다. 인간에게 가장 필요한 것은 물이다. 물이 없으면 인간은 살 수가 없다. 인간이외 모든 생명체인 동물과 식물은 무엇으로 구성되어졌는가. 하는 문제를 제기한다. 여기에 대해서 인간을 비롯하여 우주의 모든 생명체는 물로 구성되어져 있으며 결국 모든 생명체는 물이 없으면 생존할 수 없다. 결국 우주에 생존하는 모든 만물의 근원은 물이다.라는 논리를 만들어 내었다.

서양 철학의 발상은 만물의 근원은 물이다.라는 논리에서 시작되었다. 고대 그리스인들은 물을 정복하는 방법을 연구하는 자연중심의 철학부터 시작되었다. 이와 같이 철학은 물을 중심으로 하는 자연주의 철학에서 시작되었으며 자연주의 철학은 물을 관리하는 홍수와 태풍 등을 막는 현실적인 방법론에 집중하게 되며 동시에 많은 풍수지리학자들이 자연을 연구하기 시작하면서 초기 자연주의 시대의 종교는 대부분 자연을 숭배하는 다신교였다. 이러한 사회를 지배하는 사람들은 물을 잘 관리하는 풍수가들이었으며 이들은 신에게 제사지내는 제사장이자 정치지도자였다. 동양에서도 이 당시 치수관리자가 최고통치자였다.

물이 만물의 근원이다.라는 논리에서 물을 포함한 불과 공기와 흙을 포함하는 자연주의 사상으로 발전하게 된다. 동시에 우주에 존재하는 물과 불의 양은 불변한다. 그러나 물이 불에 의해서 더워져서 습기가 많아지면 공기가 습해지면서 물의 양이 줄면서 습기가 위로 올라가서 다시 불을 식히기 위해서 비가 내리게 된다. 불로 인해서 너무 건조한 경우에는 너무 많은 양의 비가 내리게 되면 홍수가 나고 바다와 강물이 범람하게 된다는 논리다. 그렇지만 물과 불의 양은 불변한다는 철학적 사고가 나타났다. 물과 불과 공기는 일정한 법칙으로 순환하게 된다는 것이다. 이러한 당시 자연주의적 철학적 사고는 분명히 현대 과학으로서는 정확한 논리임에 틀림없다. 따라서 대부분 당시 철학자들은 풍수에 대해서 알고서 미리 예방을 하였다. 그러나 당시 철학적 사고를 바탕으로 자연을 극복하는 과학과 기술은 발달되지 못했다.

그 결과 인간이 고안해 낸 방법이 바로 신을 이용하자는 것이다. 고대 그리스인들은 자신들이 자연에 비하면 약하고 불완전한 존재라는 것을 잘 알고 있었다. 자신보다 강한 것이 무엇인가를 생각하였다. 결국 자연을 이길 수 있는 것이 그리스인들이 만든 신화에 나오는 12명의 신들이었다. 12명의 신들 중에서 가장 강한 신은 제우스신이다. 제우스신은 태풍과 번개를 관할하면서 12명의 신들을 전부 지배한다. 제우스 신 다음으로 강한 신인 포세이돈은 바다를 지배하는 해신이다. 그리스 신화는 그리스인들이 만들어낸 신화다. 그리스인들은 신화를 통해서 인간을 신의 아들로서 관계를 맺는다. 결국 강한 신으로부터 인간이 극복하기 힘든 지중해의 해풍과 천둥 번개를 막으려고 노력한다. 인간이 가장 두려워 한 것은 홍수와 태풍이라는 것을 알 수 있으며 인간과 신과의 관계는 인간은 신의 아들로서 동등한 수평적 관계인 것이다.

초기의 자연주의 사상가를 밀레토스 학파라고 부른다. 이것은 대부분의 사상가들이 밀레토스 지역을 중심으로 하여 연구를 하고 있었기 때문에 밀레토스 학파라고 부른다. 밀레토스 파들 중에서도 현재까지 영향을 미치는 대표적인 사상가로는 탈레스를 들 수가 있다. 탈레스는 인간생존에 필요한 자연 연구의 영역의 범위를 물에다 한정시키고 있으며 만물의 근본적인 실체는 물이라는 차원에서 우주의 실체를 파악하고자 했다. 우주를 구성하고 있는 모든 물체는 물이 변경해서 이루어 진 것이며 여러 가지 형태를 구성하고 있는 사물의 근본적인 구성체를 물에다 초점을 맞추어 이론을 전개해 나가고 있다. 탈레스의 이론이 옳고 그름을 떠나서 그가 주장한 이론은 그 당대로서는 상당히 획기적인 주장임에 틀림없다. 인간을 포함한 모든 살아서 움직이는 생명체의 대부분이 물로서 구성되어져 있으며 인간을 비롯한 모든 생명체에게 필요한 것이 물이다. 또한 우주에 존재하고 살아서 움직이는 동물이외에 살아있는 생명체도 자연의 물과 연계시키지 못하면 살아남을 수가 없는 것이다.

기원전 4세기경부터는 탈레스의 만물의 근원은 물이다.라는 불변의 법칙은 그리스를 찾는 많은 여행자들에 의해서 깨어지기 시작했다. 이러한 여행자들은 그리스 사회에 자기네들의 관습과 법을 전달하게 되었다. 따라서 그리스인들에게는 처음으로 그리스인의 관행과 법이 보편적이 아니며 그들의 법보다도 나은 법이 있다는 것을 알게 되었다. 결과적으로 만물의 근원은 물이다.라는 탈레스의 진보적 사상은 그리스인들의 의식 구조를 바꾸어 나가기 시작했다.

탈레스보다는 덜 진보적 사상가 이기는 하나 탈레스와 함께 당대 밀레토스 파를 주도해나간 그리스의 진보적 사상가는 아낙시스 만도로스(Anaximandros, B.C. 610-546)를 들 수가 있다. 아낙시스만도로스는 밀레토스 학파로서 탈레스의 제자라고 하기는 확실치가 않으며 아낙시스만도로스는 천문학자이자 지리학자이며 진화론 방식에 의한 생물의 기원을 연구하여 아페이론Apeirion 다시 말하면 존재하는 사물의 시초와 근원은 불확정적이고 무한정하다는 이론을 만들었다. 따라서 그 당시 그가 내놓은 이론은 확실히 당시의 일반적인 이론을 내놓은 사상가들보다는 획기적으로 앞선 사상임에 틀림없다.

탈레스가 만물의 근원을 물로서 국한시킨 데 대해서 아낙시스만도로스는 우주의 근원은 무한한 것 즉 아페이론이며 우주의 근원은 모든 규정과 제한을 초월한 무한한 것으로 간주했다. 그리고 더운 것과 찬 것으로 나누어서 찬 것은 땅과 물을 더운 것은 불과 공기를 이루어서 우주는 4 개의 층인 땅 · 공기 · 물 · 불의 4 개의 층으로 구성되어 있다는 설을 전개해 나가고 있다. 그의 사상은 후기의 진화론에 영향을 주었다. 아낙시스만도로스의 사상이 진화론에 바탕을 두고 있는 근거는 세계의 모든 존재는 불확정적이고 무한정한 것으로부터 사물이 생성된다. 처음에는 차고 건조한 것에서부터 점차 덥고 습기 찬 것으로 변화되어 간다. 동시에 우주는 영원한 법칙에 의해서 끊임없이 새로운 사물이 생성되어 가며 모든 사물이 소멸해가고 있다는 사상에 기본을 두고 있기 때문이다. 아낙시스만도로스는 탈레스가 우주를 유한론적 입장에서 물로 국한시킨 데 반해 우주를 무한론적 입장에서 초경험적인 세계의 형이상학적 실체를 논한 최초의 형이상학자이다.

그러면 현대인들은 탈레스로부터 무엇을 배워야 하는가. 현대인들은 탈레스로부터 조직에서 살아남기 위해서는 자신이 근무하는 조직의 특성을 우선적으로 파악하여 그 조직에 적응하는 방법을 연구하여야만 한다. 탈레스는 인간을 홍수를 일으키는 물을 연구하여 인간에게 물은 필요하지만 악이 될 수 있으며 동시에 물은 모든 물질의 근원이라는 것을 알아내었다. 이것은 현대인들은 자신이 생존하는데 필요한 것은 무엇이며 그것을 어떻게 지혜롭게 얻어서 관리하여야 하는가에 대해서 우선적으로 연구하여야만 한다는 것을 보여주고 있다.

2. 피타고라스와 인간은 왜 수학적 사고가 필요한가

현대 21세기 각 국가에서 대학입학 시험에 가장 중요한 과목은 무엇인가. 대학에 합격하기 위해서 가장 중요한 과목은 바로 수학과목이다. 그 다음은 현재 전 세계에서 공통으로 사용하는 언어인 영어다. 영어가 모국어인 국어보다 더욱 더 중요시 여기는 이유는 글로벌 시대에 비즈니스를 비롯하여 모든 부분에서 필요하기 때문에 영어를 중요시 여긴다.

그러면 왜 초등학교 때부터 수학을 가르치는가. 그 이유는 논리적 사고와 합리적 사고를 키우기 위해서 학교에서는 수학을 가르친다. 사회나 직장에서 원칙주의와 합리적인 사고와 판단력을 갖기 위해서는 수학을 알아야 하기 때문이다. 인간에게 수학적 지혜를 최초로 제공한 철학자는 바로 그리스 자연주의 철학자인 피타고라스이다. 피타고라스 이후부터 고대부터 현대까지 학교에서는 수학을 가장 필수과목으로 가르쳤다.

피타고라스하면 현대인들은 피타고라스 정리와 수학 방정식인 삼각형의 내각은 180도라는 생각부터 떠 올린다. 동시에 직각 삼각형을 이용하여 당시 가장 높은 이집트 왕들의 묘인 피라미드의 높이를 정확하게 측정해 냈다. 따라서 철학자이자 수학자인 피타고라스가 고대에서 현대인들에게까지 미친 수리적 영향력은 엄청나다고 할 수 있다. 피타고라스(B.C. 580-506)는 기원전 580년 경 밀레토스에서 조금 떨어진 에게 해안의 사모스 섬에서 태어나 참주인 폴리크라에스의 폭정을 피해서 남부 이탈리아의 크로톤Kroton시로 이주하였다. 그곳에서 종교집단을 형성하여 종교 활동을 했으나 그곳 주민들의 반감을 사서 메타폰치온Metapontion으로 이주하여 그곳에서 기원전 500년 경에 사망 하였다.

피타고라스는 영혼의 윤회설과 금욕생활을 주장하였으며 특히 재미있는 것은 콩을 먹는 것을 죄악시 했다. 또한 동물의 심장을 먹지 못하게 하는 등의 원시적인 신비감이 있는 종교단체였다. 피타고라스학파는 수학이외에 음악을 중요시 여겼다. 피타고라스 및 그 학파가 학문에 공헌한 바는 수학과 철학을 연관 시켜서 발전시켜 나갔다. 수가 만물의 근원이며 우주는 숫자에 의해서 정연하게 지배된다. 만물은 각각 고유의 특성을 가지고 있지만 공통적인 성격과 근본적인 원칙은 수이다.라는 것이 이 학파의 근본적인 사상이다.

이렇게 수로서 세계가 질서와 조화를 이루고 있기 때문에 이 세계를 코스모스Kosmos라 한다. 피타고라스는 직각삼각형의 정리와 3각형의 내각이 2 직각이다.라는 법칙을 비롯하여 유명한 피타고라스 정리 등 그가 수학에 기여한 바는 크다. 그러나 피타고라스에게 더욱 중요한 것은 그의 사상이 그 당대의 다른 사상가보다 진보적인 사상을 바탕으로 한 원인은 그가 철학이란 용어를 처음으로 도입한데 있다. 그는 4라는 숫자와 철학과 관련시켜서 정의의 기본 형태로서 4라는 숫자를 지적하고 4는 균분 · 공평 · 평등을 의미하고 있다. 또한 수학을 음악, 천문학 및 의학과도 연관시켜서 연구한 것도 그 당대의 일반적인 사상을 뛰어넘은 생각임에 틀림없다. 특히 피타고라스는 수학을 음악과 관련하여 우주의 구조를 음악적 조화를 통해서 해석하였다.

피타고라스는 자연세계 뿐만 아니라 정신세계까지도 수로서 해석 하려고 했으며 이러한 피타고라스의 사상은 탈레스를 중심으로 한 밀레토스 학파들이 주장하는 물, 무한성, 공기 등의 질료적 사상을 완전히 벗어난 사상 이였다. 피타고라스가 밀레토스학파보다 일보 진전된 사상은 우주를 하나의 원소 속에서 보려고 하지 않고 이 세계를 구성하는 요소로서 불변하는 수에서 찾음으로서 밀레토스학파보다 고차원 적이며 거시적인 면에서 우주를 관찰하려고 노력했다. 피타고라스의 이러한 사상은 그 후 플라톤, 아우구스티누스, 토마스 아퀴나스 등 후세 사상가들에게 크게 영향을 주었다. 피타고라스 사후 그의 학설은 피롤라우스 등에 의해서 후세에 보급되어 그 후 몇 세기 간은 신 피타고라스 학파에 의해서 그의 사상이 크게 번져 나갔다.

그러면 현대인들은 피타고라스로부터 무엇을 실생활에 적용 할 수 있는가. 피타고라스로부터 현대인들은 논리적 사고를 바탕으로 자신이 직장에서 하는 업무를 보다 효율적으로 접근하여 처리하는 능력을 키울 수 있다. 다음으로 현대인들은 수학적 사고를 바탕으로 사기꾼에게 넘어가는가 아니면 자신의 인생에 유익한 사람인가를 현명하게 판단하는 능력을 키울 수 있다. 이처럼 수학적 사고는 단순히 이차함수나 방정식을 한 문제 더 풀어서 대학에 합격할 목적으로 수학을 공부하는 것이 아니라 인생을 살아가면서 자신이 살아가는데 필요한 판단력으로 수학을 활용하기 때문에 수학은 절대적으로 필요하다는 것을 피타고라스는 모든 인류에게 가르쳐 주었다. 여기에 그의 철학적 사고와 지혜의 의미를 부여하고 있는 것이다.

3. 엘리아의 제논과 거북이와 아킬레우스 경주

21세기 현대인들에게 느림보 거북이와 빨리 달리는 토끼가 경주를 하면 누가 이긴다고 생각하는가. 대부분 사람들은 느림보 거북이 보다는 토끼가 경주에서 승리한다고 생각한다. 그런데 학교에서 가르치는 교훈은 느림보 거북이가 쉬지 않고 달려서 거북이가 승리한다는 결론을 내리고 있다. 그 이유는 토끼는 잘 달리기는 하지만 중간에 느림보 거북이가 느릿느릿 기어오는 것을 보고 자신은 중간에 낮잠을 자더라도 이길 수 있다는 확신을 하고 한숨 자는 바람에 결국 그 경주의 승리자는 거북이라는 것이다.

그런데 그리스의 자연주의 시대에 괴짜 철학자이며 괴변론자인 제논은 세상에서 가장 느린 느림보 거북이와 당시 그리스에서 가장 빠른 용사 아킬레우스가 경주를 하는 경우 누가 승리할 것인가에 대해서 제논은 만일 느림보 거북이가 한걸음이라도 먼저 출발하는 경우 그 경주는 거북이의 승리다. 반면 용사 아킬레우스가 한발이도 먼저 출발하는 그 경기는 아킬레우스의 승리라고 주장하였다. 결국 제논은 출발의 중요성을 강조하고 있다. 이것을 후세인들은 "제논의 역설"Paradox of Zenon 이라고 부른다. 그러면 철학자 제논은 왜 이러한 역설을 후세인들에게 교훈으로 제시하였을까.

엘리아 출신의 대표적 진보주의 사상가로 제논(Zenon of elea, B.C. 490-430)을 들 수가 있으며 제논은 약 490년경에 엘리아에서 태어났다. 그의 사상은 스승인 파르메니데스의 이론을 논리적으로 옹호하여 아리스토텔레스로부터 변증법의 발견자로 불리고 있다. 제논은 그의 스승인 파르메니데스의 사상인 존재하는 것은 어떤 것도 변화하지 않는다는 이론에 대해 역으로 논리를 전개 모든 존재가 변화를 하면 모순에 빠지게 된다는 제논의 유명한 역설을 내놓고 있다. 제논은 지적인 면에서나 양적인 면에서 아무리 많은 것이라도 작은 단위로 나눌 수 있으며 다시 세분화하면 무한대의 영속성으로 가서 불변의 영속성으로 이어진다.

또한 제논은 운동을 부정 한다. 지구상에서 가장 빠른 군인인 아킬레우스Akilleus와 세상에서 가장 느림보인 거북이와의 경주에서 만일 거북이가 한 걸음이라도 아킬레우스에 앞서서 출발 하였다면 이미 거북이와 아킬레우스 사이에는 무한대의 영속적이 점들이 존재하기 때문에 군인이 거북이를 따라가는 것은 불가능하다. 또한 날아가는 화살의 변화의 존재를 부정 한다. 화살은 언 듯 보기에는 날아가는 것처럼 보이지만 순간순간이 정지되어 있는 상태이다. 따라서 날아가는 화살도 운동을 하고 있지 않으며 운동 그 자체도 불가능한 것이다. 제논의 사상은 당대에 있어서는 획기적인 이론이며 변증법적 방법을 이용하여 논리적으로 전개하여 후세의 사상에 크게 기여 했다.

그러면 제논이 21세기를 살아가는 현대인들에게 주는 철학적 지혜는 무엇인가.

현대인들에게 주는 교훈은 거북이와 아킬레우스와 경주에서 어느 편이든지 한걸음이라도 먼저 나가는 쪽이 승리를 한다는 것이다. 제논은 당시 그리스 사회의 젊은이들이 사회에서 성공을 하기 위해서는 출발을 빨리 하여야 한다는 논리를 전개해 나가고 있다. 비록 재주가 부족하고 능력이 없더라도 인생에서 빨리 시작을 하는 사람은 성공할 가능성이 크다는 교훈을 주고 있다. 인생은 마라톤이다.라는 말로 현대인들은 자신을 위로하고 있다. 자신이 현재는 비록 다른 사람들만큼 잘 나가지 못하고 있기는 하지만 길고 짧은 것은 두고 보아야만 한다. 이러한 논리가 바로 현대인들이 가지고 있는 사고인 것이다. 그러나 제논이 보는 변화의 부정의 논리는 인생에도 적용이 된다고 할 수 있다.

인생은 마라톤이 아니라 100미터 단거리 경주인 것이다. 100미터 단거리 경주에서 가장 중요한 것은 바로 스타트를 잘 끊는 사람이 결국은 그 경기에서 성공을 거둔다는 것이다. 그 이유는 바로 인생이 그렇게 길지가 않다는 것이다. 고작 살아야 1백년을 넘지 않는 삶을 살아가면서 처음의 스타트가 좋은 사람은 대개가 끝도 좋다는 것이다. 따라서 제논의 역설과 같이 비록 재주가 비상하고 뛰어난 인물이라고 할지라도 젊은 시절에 방탕한 생활과 준비 없는 생활을 하는 사람은 결국 인생에서 성공을 거두지 못하고 실패를 하게 되는 것이다.

제논의 역설과 비교하여 될성부른 나물은 떡잎부터 알아본다는 말은 바로 같은 맥락에서 이해 할 수 있다. 이 말은 큰 인물이 될 사람은 이미 어린 시절에 남과는 다르다는 것이다. 따라서 현대인들에게 성공을 위해서는 젊은 시절부터 꾸준한 노력이 필요하다. 처음 잘못 꿰어진 단추는 다시 풀어서 고쳐 매는데 상당한 시간이 걸린다. 또한 처음에 설은 밥은 끝까지 맛없는 설은 밥으로 끝이 나기 때문에 처음부터 다 잡아서 밥을 지어야만 한다. 철학자 제논으로부터 배우는 논리는 현대인들에게 필요한 것은 바로 시작부터 바짝 붙어서 인생을 시작하는 노력이 필요 하다는 것이다.

4. 울고 있는 철학자 헤라클레이토스와 웃고 있는 철학자 데모크리토스

최근 직장인들의 약 75 %가 자신이 다니는 직장에서 소속감을 느끼지 못하고 있다는 연구 보고서가 나왔다. 이것은 현대인들이 직장에서 삶을 살아가면서 소외감을 극복하지 못하고 있다는 것을 의한다.

21세기 현대인들의 정신건강을 위해서 필요한 것은 무엇인가. 사실상 현대인들은 디지털 혁명과 4차 산업혁명으로 인해서 누구나 다 소외감에 시달리고 있다. 현대인들이 성공적인 삶을 살아가기 위해서는 소외감을 어떻게 극복하는가 하는 것이 현대인들이 가지고 있는 철학적 과제인 것이다.

그리스 철학자 헤라클레토스는 당시 사람들로부터 울고 있는 철학자로 불리었다. 반면 데모크리토스는 후세인들로부터 웃고 있는 철학자라고 불리 우고 있다. 헤라클레이토스와 데모크리토스로부터 현대인들은 어떠한 철학적 지혜를 얻을 것인가.

자연주의 철학자로서 피타고라스 다음에 나타난 사상가는 헤라클레이토스(Herakleitos, B.C. 535-475)이다. 헤라클레이토스는 밀레토스 북쪽의 에페소스의 귀족 출신으로 후세 사상가들로부터 울고 있는 사상가로 불린다. 그는 신비적 정신이 농후하여 정신생활에 일생을 바쳤다고 전해지고 있다. 헤라클레토스는 밀레토스 북쪽의 에페소스시의 귀족출신으로 처음에는 공직생활을 시작했다. 그러나 학구적이며 사색적인 성품으로 인해 공직생활을 사양하고 학문에만 몰두하였다. 그는 밀레토스 학파의 자연철학을 더욱 발전시켰으며 밀레토스나 피타고라스를 정면으로 반박한 당대의 최고의 사상가임에 틀림없다.

헤라클레이토스의 진보적 사상은 만물은 흘러간다.라는 명언에 함축되어 있다. 이러한 세계를 변화의 과정으로 보고 변화하는 가운데서 조화와 결합이 이루어져 만물은 항상 발생과 소멸을 거듭하는데 그의 사상의 근원이 내재하고 있다. 그러나 만물은 변화하는 가운데서 무질서하게 변화하는 것이 아니라 변화하는 과정에는 어떤 일정한 법칙과 괘도적인 순환에 의해서 변화한다. 그 변화하는 가운데 불변하는 원리가 로고스Logos이다.

또한 모든 인간들은 야수가 매를 맞아야만 길들여지듯이 인간사회에서 힘에 의한 강제를 받아야만 질서가 유지된다. 전쟁이 가장 좋은 것이며 전쟁은 만물의 아버지요, 만물의 왕이며, 싸움은 정의이다. 모든 만물의 존재는 전쟁에 의해서 생성과 소멸을 거듭한다. 이러한 헤라클레스의 힘에 의한 안정론은 후세의 국제사회에서 이론적으로 기반을 마련한 힘의 균형론 및 패권안정론의 기초를 이루었다고 할 수 있다.

헤라클레토스는 모든 것은 변화 유전하지만 근본적으로 변화하지 않는 실체로서 불을 제시하고 있다. 밀레토스학파가 물이나 공기를 근본실체에다 둔데 반해 그는 불을 만물의 근본 실체에 둔다. 불에서 만물이 생성되며 불에서 물이 생성 다시 물에서 땅이 형성된다. 땅에서부터 물이 생성되며 다시 불로 돌아간다. 이불은 꺼져서 없어지는 불이 아니라 영원히 만물의 기본원소로 존재한다. 헤라클레토스의 사상은 불이라는 불변의 원소가 끊임없는 대립과 대립을 통해서 통일과 조화를 이루고 있다. 인간 세상에서 사람과 사람, 계급과 계급의 대립을 통해서 유지되면서 조화를 이루게 된다. 그의 이러한 이론은 당대의 최고의 사상가임에 틀림없다. 그의 사상은 후세의 헤겔과 마르크스의 이론인 변증법에 의해 소개되었다. 따라서 헤라클레토스는 변증법의 시조 사상가로서 불리고 있다.

현대인들은 헤라클레토스의 철학적 사고의 근원인 조화와 결합을 이해하여야만 한다. 또한 그는 외모에서와 같이 항상 울고 있는 철학자로서 인간세상은 야수가 매를 맞아야만 길들여지듯이 인간은 전쟁이 가장 좋은 것으로 생각하였다. 그는 처음에는 공직생활을 하였으나 그가 조직에서 적응하지 못하고 물러난 원인이 바로 이러한 인간세상을 부정적인 시각에서 보았기 때문이다. 따라서 현대인들에게 필요한 것은 항상 웃는 얼굴과 외모로서 조직에서 생활하여야만 한다는 것을 알 수 있다.

울고 있는 철학자 헤라클레토스와는 대조적으로 웃고 있는 철학자로서 20세기의 과학적인 견해를 가진 철학자는 데모크리토스(Demokritos, B.C.460-370)를 들 수 있다. 또한 데모크리토스는 유머감각이 탁월한 사상가로서 당시 사람들은 그를 처다 보기만 해도 웃음을 감추지 못했다고 전해 내려오고 있다. 당대의 최고의 진보주의적 사상을 가진 데모크리토스가 미쳤던 공헌은 지대하며 데모크리토스에 대한 문헌은 약 300편에 달한다.

그리스의 대철학자인 데모크리토스는 후세 사람들로부터 웃고 있는 사상가라는 별명을 듣고 있으며 아리스토텔레스 이전의 최대의 박식한 학자이자 진보주의 사상가로 손꼽히고 있다. 데모크리토스는 레우키포스의 학문을 승계하여 체계화시킨 사실상의 원자론의 창시자이다. 데모크리토스는 프로타고라스, 소크라테스, 플라톤과 거의 동시대인 이었으며 피타고라스의 영향도 많이 받았다. 플라톤은 그를 잘 몰랐기 때문에 그의 저서에서 데모크리토스에 관해서는 한마디 언급이 없었으나 오직 아리스토텔레스만이 그에 관해서 설명하고 있다.

데모크리토스는 파르메니데스의 이원론과 엠파도클레스 및 아낙사고라스의 다원론을 혼합하여 원자론을 창안해 냈다. 그의 사상은 만물은 질적으로는 한 종류의 물질로만 이루어져 있으며 이것이 아토마Atoma 즉 원자이다. 데모크리토스는 파르메니데스의 의견과 일치하나 차이점은 파르메니데스가 모든 물질의 공간은 존재하지 않으며 결과적으로 부동하다 보는데 반해 데모크리토스는 모든 물질은 공간이 있기 때문에 공간 속의 원자들이 서로 운동에 의한 결과에 의해서 사물의 현상이 이루어진다는 것이다.

이 세상에 존재하는 무수한 원자들은 질적인 면에서는 같으나 양적인 면에서는 차이가 있다. 따라서 만물은 형상을 달리하고 있으며 양은 질에 우선 하며 질은 양의 작용에 의해서 형성된다는 것이 데모크리토스의 당시 사상에 입각한 근본사상이다. 데모크리토스는 학문적인 면에서 볼 때 플라톤, 아리스텔레스와 비교할 만큼 큰 업적을 남기고 있다. 원자론과 공간설을 윤리학과 관련 시켜서 논한 것은 흥미로운 일이며 원자론과 공간설은 근세 자연과학에 크게 공헌 했다.

웃고 있는 철학자 데모크리토스로부터 현대인들은 무엇을 배울 것인가. 현대인들이 직장과 조직에서 성공하기 위해서는 울고 있는 철학자가 아닌 웃고 있는 철학자이자 유머감각이 뛰어난 데모크리토스와 같은 사고를 가져야 조직에서 성공적인 삶을 살아갈 수 있다. 과거에는 리더십에서 유머감각을 중요시 여기지 않았다. 과거에는 고급으로 올라가면 갈수록 얼굴에 근엄함을 보이면서 직원들을 멀리하였다. 대부분 초급관리 시절에는 유머감각이 뛰어나고 직원들과 가까이 하던 사람들도 고급관리자가 되면 갑자기 자세가 엄숙하게 된다.

그러나 현대에서 진짜 본게임으로 진출하고 성공하는 직장인은 그 반대의 성격을 가진 사람들이다. 고급으로 가면 갈수록 더욱 더 유머감각을 가지려고 노력을 하여야만 한다. 직원들과 더욱 더 가까이에서 스스럼없이 유머감각을 발휘하여야만 한다. 그런데 유머감각은 어느 정도는 선천적으로 타고 나기는 한다. 그러나 조직에서 성공하는 사람들은 후천적인 노력에 의해서 유머감각을 기른다.

우리가 웃고 있는 그리스 철학자 데모크리토스로부터 배워야 할 산 철학과 지혜는 항상 미소를 지은 얼굴과 유머감각의 필요성이다. 웃고 있다는 것은 나는 상대방에게 아무런 나쁜 감정을 가지고 있지 않다는 것을 의미한다. 데모크리토스는 현대인들이 말하는 웃는 얼굴에 침 못 뱉는다.라는 말을 몸소 실천한 행동주의자였다.

제2장

왜 도시 중심의 철학인가

자연중심의 철학은 그 후에 나타난 도시국가 철학의 맥을 잇도록 만들어 주었으며 자연주의 철학은 도시국가 철학의 대표적인 철학자인 플라톤과 아리스토텔레스의 철학이 형성되는 근원이 되었다. 플라톤과 아리스토텔레스의 철학은 동양 철학에서 공자와 맹자 사상에 비교될 만큼 서양 철학사에서 큰 비중을 차지하고 있다. 서양 사상에서 플라톤과 아리스토텔레스의 사상을 뛰어넘을 사상가는 현재까지 나타나지 않고 있다. 이들 플라톤과 아리스토텔레스의 스승이 되는 소크라테스 역시 서양철학의 모태를 이루고 있다.

현재 서양인들의 내면에 깊이 자리 잡고 있는 사고는 도시중심 철학이다. 고대 그리스 문화는 식민지 사회인 소아시아의 이오니아 지방에서 꽃을 피웠으며 철학을 비롯한 학문도 그리스 본토에서는 크게 발달되지 못했다. 그런데 기원전 490년 경 페르시아의 다리우스왕이 마라톤에서 패배하고 또한 480년경에는 다리우스왕의 후계자인 크세르크세스가 아테네에 패배하여 두 번에 걸친 페르시아와의 전쟁에서 아테네의 승리는 아테네를 정치·문화·학문의 중심지로 만들었다. 이리하여 아테네의 인구는 약 20만 정도밖에 되지 못했으나 기원전 430년에 이르기까지 약 30년 동안 아테네를 통치한 페리클레스의 지도하에 이름있는 학자와 예술가들이 모여들어 철학 및 예술의 발달을 가져와서 아테네의 번영은 절정에 달했다.

이 무렵 철학의 연구에 있어서도 많은 변화를 가져 왔다. 여태까지 자연에 관해서만 연구의 대상으로 삼던 자연주의 철학가들에 대해서 회의를 느끼기 시작했다. 자연주의 사상가들이 제시하는 사상의 연구는 인간이 매일 생활해 나가는 일상생활과는 관계가 없을 뿐 아니라 일반 시민들의 상식으로는 이해할 수 없는 상식에 대한 반항이었다. 따라서 이시대의 철학의 특성은 사상의 연구 대상을 순수한 자연주의 사상에서 인간의 생활과 직접 관련시켜서 연구하는 소위 휴머니즘에로 복귀 현상이다. 자연을 연구대상으로 하는 사상의 연구에서 인간의 생활과 직접 관련된 사상을 연구의 대상으로 삼기 시작 하는 사상으로의 변화는 서양의 사상을 사실상 괴도에 오르도록 만들었다. 이러한 사상 연구의 변화는 여태까지 자연이 인간보다도 더욱 중요시하는 소위 자연중심의 사상에서 인간들이 터전을 마련하여 살고 있는 도시 중심의 사상으로 바뀌게 되었다. 다시 말하면 인간이 일차 집단인 혈연중심의 가족사회로부터 이익을 추구하기 위해서 모여서 형성된 이익집단이 도시사회이다.

혈연인 부족 중심사회는 그 규모가 자꾸 커지면서 도시를 형성하게 되었다. 그 당시의 도시는 인구를 감안하면 도시국가City State였다. 이렇게 가족과 달리 이익을 추구하기 위해서 모여든 사람들을 위해서 필요한 것이 인간을 다스리는 기술 다시 말하면 통치술이었다. 우리가 일반적으로 사상의 기원을 그리스 도시 국가시대에다 두는 원인이 여기에 있는 것이다. 그러나 도시 국가 중심 사회 이전에 이미 부족 국가 형태의 사회이든 또는 혈연 중심사회의 국가이든 인간은 혼자 살 수가 없으며 집단 속에서 살아야만 하는 운명을 타고났기 때문에 인간과 인간 간의 관계에 관한 규율은 필요했다. 자연주의 철학은 비록 인간보다 자연을 더 중시 하였다는 의미이며 결국은 인간과의 관계를 자연과 연관시켜서 연구 대상으로 삼았다. 따라서 자연중심의 연구를 대상으로 하던 시대와는 달리 도시중심을 연구대상으로 옮겨오면서 처음으로 등장한 학파가 그 유명한 소피스트Sophist들이었다.

1. 소피스트와 소크라테스의 정의란 무엇인가

소피스트들 : 출세지향적 방법론

그리스 사회의 도시중심 사상의 초기의 진보적 사상가들을 소피스트라고 부르고 있으며 소피스트Sophist란 말의 본뜻은 현명한 사람이란 뜻이다. 당시의 소피스트란 우리가 사회 관념상 사용하는 현명이라거나 정직이라는 말보다 더욱 지혜롭고 학식과 덕망을 갖춘 사람을 말한다. 그리스 도시사회에서 소피스트의 역할은 도시민들의 요구에 의해서 돈을 받고서 학생을 교육시키는 전문적인 직업 교사들로서 최초의 전문적인 지식을 갖춘 지식인 단체였다. 그러나 그들은 어떤 특수한 단체에 가입되어 있거나 또는 어떤 학파를 이룰 만큼 단체적으로 행동하지는 않았다. 이들 소피스트들은 그날그날의 직업으로서 학생들을 가르쳤으며 대다수의 소피스트들은 학생들이 도시사회에 나가서 출세하기 위한 방법과 사업에 성공하기 위한 상술을 가르쳤다. 그러나 몇몇 극소수의 소피스트들은 일관성 있는 사회사상을 가르쳤다.

서양 철학사적인 관점에서 볼 때 소피스트들이 기여한 바는 고대 그리스 철학가들이 관심의 대상으로 삼았던 자연으로부터 인간중심으로의 방향을 전환했다는데 있다. 이러한 관점에서 볼 때 그들은 분명히 새로운 행동과 사상으로 당대 사회문화의 변화에 획기적인 기여를 한 것만은 사실이다. 소피스트 철학자들이 기여한 또 다른 공로는 고대 자연주의 철학자들로부터 플라톤, 아리스토텔레스로 이어지는 아테네 철학의 전성기를 맞이하는 교량적 역할을 했다는 점에 있다. 소피스트 철학자들은 그 이전의 자연주의 철학자들이 순수한 과학적인 측면에서 연구한 철학을 직접 인간들의 일상생활과 연관해서 윤리적인 측면까지도 고려하여 합리적인 철학의 대상으로 삼음으로서 철학자로서 자리를 매김 함과 동시에 후기의 서양철학의 발전에 크게 기여했다.

소피스트 철학의 대표적 사상가로는 프로타고라스를 들 수가 있으며 프로타고라스(Protagoras, B.C. 500-430)는 B.C. 500년 경부터 430년 경까지 생존한 사람이며 에게해 북부 아부데라 출신이다. 프로타고라스에 대해서는 플라톤의 대화에서 논의되고 있다.

프로타고라스는 소피스트들 중에서 가장 뛰어난 인물로서 아테네 전역을 배회하면서 정치 및 법률에 관한 자기의 지식과 대화를 가르치면서 일생을 보낸 소피스트들 중에서 가장 대표적인 인물이다. 프로타고라스는 도시사회가 존재하기 위해서는 개인 각자의 주관성을 고려하여 일반법을 적용해야 한다는 당대의 사회에는 한걸음 앞서 간 견해임에 틀림없다. 그의 법의 주관성은 인간은 만물의 척도라는 뜻을 의미하며 이 명언은 사물이란 각자에 맞는 대로 적용해야 한다. 이 뜻은 갑에서 옳다는 사실은 을에게는 맞지 않는다는 의미이다. 인간이란 일반적인 인간이 아니라 개개인의 인간을 말하며 일반적으로 적용하는 기준은 사회적으로 심각한 결과를 초래한다. 따라서 사람들의 의견이 일치하지 않는 경우 어떤 것은 정당하고 다른 것은 그르다고 할 만한 객관적인 진리가 없다.

프로타고라스의 진보주의적 주장은 도시사회에서 도시민 각자는 모든 관습을 받아들일 준비를 하고 있어야 한다는 것이다. 도시민이 이러한 관습을 잘 받아들이지 못하면 그 도시는 위험할 뿐만 아니라 무정부 상태를 초래하게 된다. 따라서 소피스트들은 도시민이 문명된 사회의 관습에 잘 적응하여 관습과 제도를 잘 받아들일 수 있는 적응력을 기를 수 있도록 가르쳐야 한다. 이러한 적응력이 없는 경우 인간은 자연 상태에 있는 동물과 같다. 프로타고라스에 의하면 소피스트들은 법이란 주관적이며 사람에 의해서 만들어지기는 했으나 공리적인 차원에서 인간에 의해서 정당화되어졌다. 프로타고라스는 신의 존재에 대한 종교적인 문제에 대해서는 회의적인 입장을 나타내고 있다. 인간은 삶 그자체가 너무 짧기 때문에 신의 존재를 알 수 없다는 무신론적인 견해를 가지고 있었다. 그의 이러한 사상 때문에 그는 아테네에서 추방되었으며 그의 모든 저서들은 아테네 광장에서 불태워졌다.

프로타고라스와 거의 같은 시대에 시실리의 레온더노이에서 출생한 고르기아스(Gorgias, B.C. 483-375)는 프로타고라스와 함께 소피스트들 중에서 가장 유명한 사상가로서 달변이자 수사가로 유명하다. 프로타고라스가 사물의 주관성을 인정한 것과는 대조적으로 고르기아스는 만물의 주관성을 부인하여 주관적인 것은 허위라고 보며 어떠한 진리도 존재할 수 없으며 실존까지도 부정하는 허무주의자이다. 그의 진보주의적 명제는 아무것도 존재하지 않는다. 만일 어떤 것이 존재한다 해도 전혀 파악 할 수 없다. 그것을 파악 한다 해도 전달 할 수 없다는 것이다.

고르기아스는 파르메니데스의 존재를 부정하면서 제논의 변증법을 이용하여 그의 명제의 증명을 시도했다. 특히 파르메데니스의 이론을 부정하여 존재란 영원한 것이기 때문에 결국은 아무것도 없는 것이 된다. 그의 사상은 확실한 진리란 결코 존재하지 않는다. 비록 존재하더라도 사람의 감각을 통해서 전달되며 사람의 감각은 주관적이다. 따라서 전달이란 다르게 전달되며 올바른 전달이란 불가능한 것이다.

기원전 5세기 후반의 소피스트들 중의 진보적 철학자로 트라슈마코스Thrasymachus를 들 수가 있다. 플라톤의 국가론에서 소개된 칼리클레스의 사상이 트라슈마코스에 미친 영향은 상당히 크다. 그의 현실주의에 입각한 사회철학은 정의나 옳음이란 단지 강자의 이익에 불과하며 정의는 단지 강자에게 이익이 되는 것 이외는 아무것도 아니다. 트라슈마코스가 가진 사상에 의하면 사회에서 강자가 개인이거나 집단이거나 간에 그들의 이익을 위해서 행동하는 것이 정의이다. 국가에 있어서 절대 권력과 그 권력이 인정해서 옳다고 생각되는 권력 간에는 충돌이 있을 수 없다. 이러한 권력들 간의 행동은 올바른 행동인 것이다. 소수의 약자가 옳다고 생각하면서 행하는 행동은 다수의 강한 힘을 가진 강자가 옳다고 인정할 때까지는 약자의 행동은 올바른 행동이라 볼 수 없다.

플라톤은 국가론에서 소크라테스의 말을 인용하여 몇 가지 반론을 제기하고 있다. 강자는 그의 힘을 과시하기 위해서는 절대로 행동하지 않는다. 강자인 지배자는 의사의 기술이나 선장의 항해기술에 비유 할 수 있다. 의사는 자기의 환자가 나을 때 까지 극진히 치료하려고 노력하며 선장은 자기 배가 목적지에 도착할 때 까지 배가 안전하게 운행될 수 있도록 노력 한다. 이와 마찬가지로 강자인 지배자는 자기가 통치하는 도시민들을 잘 보호 하려고 노력하고 있다. 따라서 강자는 결코 자기 개인의 이익만을 위해서 행동하지는 않으며 약자인 도시민의 이익을 위해서 노력한다.

트라슈마코스의 이론에 대한 논쟁의 목적은 강자는 어떤 권력행사의 목적에 의해서 행동하는 것이 아니라 합리적인 목적에 의해서 행동한다. 그의 이론은 도덕적인 법 즉 정의롭고 바른 법이란 그 자신의 이익 추구를 위한 목적을 가지고 있다. 따라서 그의 진보주의에 의한 사상은 국가의 절대 권력에 의해서 만들어진 법이란 그 권력 자신의 이익을 보호하기 위해서 만들어진 것으로 해석 할 수 있다. 그러나 대다수의 사회 사상가들은 트라슈마코스의 이론에 반박하고 있다. 법이 권력자의 이익추구를 위하여 만들어 졌다는 그의 이론은 그 자체가 상대적으로 부적합한 이론이다. 거의 모든 법은 권력자 개인의 이익 추구만을 위하여 만들어진 것이 아니라 객관적인 도덕성의 원칙에 의하여 만들어진 것이다.

소크라테스의 지행합일설

소피스트 사상가들의 사상이 중심을 이루고 있을 때 소피스트들의 사상에 대한 날카로운 비판으로 출발한 그리스 최대의 철학자가 소크라테스이다. 소크라테스는 당시 그리스 사회에서 학문적으로 주도해 나가고 있던 소피스트들의 철학에 정면으로 충돌하였으며 그들의 반감을 샀다. 또한 정부에 대해서도 도전적인 행동과 발언으로 정부에 대해서도 적을 만들어서 당시 정부의 미움을 받았다. 소크라테스는 일반적으로 소피스트중의 한사람으로 불리고 있으나 소피스트들과 구별하여 설명해야 한다. 비록 소크라테스의 생존시기가 확실하기는 하나 그에 관한 연구는 대단히 힘든 일 중의 하나이다. 그것은 소크라테스는 그 자신의 저술을 한권도 남기지 않았기 때문이다.

소크라테스는 아테네의 중류 가정에서 조각가인 부친과 산파인 모친 사이에서 태어나서 평생 동안 아테네를 위해서 살다가 아테네에서 죽은 충실한 아테네 시민이다. 전하는 일화에 의하면 소크라테스는 굉장한 추남으로 맨발의 초라한 차림으로 어디든지 나타났다고 한다. 그의 부인인 크산티페Xanthippe는 악처로 유명하다. 그는 플라토닉 러브 이외는 연애는 몰랐으며 오르페우스교의 성자로 자처하면서 어느 장소에든지 항상 사람들에게 둘러싸여 논쟁을 벌였다. 따라서 그는 많은 적을 만든 결과 정부로부터 청소년들의 신앙심을 경감하고 부패와 타락의 길로 유도했다는 죄명으로 70세에 처형당했다. 그는 악법도 법이기 때문에 반드시 따라야 한다는 주장과 함께 처형당하기 직전의 태연한 태도는 유명한 일화로 전해지고 있다.

소크라테스에 관한 연구는 그의 제자인 크세노폰Xenophon과 플라톤에 의해서 전달되고 있다. 소크라테스에 관한 자료는 플라톤의 국가론에서 플라톤과의 대화의 주인공으로 등장하는데서 찾아볼 수 가 있다. 소크라테스의 사상은 소피스트들과 같이 자연을 중심으로 한 연구보다는 인간을 연구대상으로 삼기는 했으나 대부분의 소피스트들이 인간주의에 대해서 각자에 맞는 기준을 정하는 주관주의에 빠져 버리는 대신에 소크라테스는 소피스트들에게 결여되어 있는 객관적인 진리성을 찾으려고 노력하고 있다. 프로타고라스와 같은 소피스트들이 주장하는 모든 선이나 악의 기준은 인간 각자의 환경에 따라 각자에 맞는 기준을 정하자는 것이다. 그러나 소크라테스의 진보적 사상은 모든 인간에게 공통적으로 적용할 수 있는 선과 악의 객관적인 기준을 찾아서 정하자는데 있다. 소피스트들의 약점인 객관적이고 보편적인 진리를 찾고자 하는 것이 바로 소크라테스 사상인 것이다.

이러한 진리를 찾기 위해서 소크라테스의 사상은 두 가지 방법을 전개해 나가고 있다. 첫째의 방법은 소위 소크라테스적 반어법으로 상대방으로 하여금 자기가 무식하다는 것을 자각하도록 하는 것이다. 소크라테스의 너 자신을 알라라는 명언은 델포이의 아폴로 신전에 새겨져 있다. 이 명언은 바로 소크라테스는 자기 자신을 아무것도 모른다. 그렇지만 나는 아무것도 모른다는 것만을 알고 있다.라는 소위 반어법을 이용하여 타인에게 지식을 전달하려고 했다. 이와 같이 소크라테스는 겸손한 태도로서 자기의 무지를 고백함으로서 상대방이 자기의 지성을 알고서 따르라는 확고한 신념을 가지고 있었다. 소크라테스는 그의 이러한 반어법 이외에 또 다른 방법으로 자기 자신이 무식하다는 것을 안 후에 지식을 얻도록 도와주는 적극적인 방법을 쓰고 있다. 이와 같이 남의 지식을 도와주는 방법을 소위 소크라테스의 산파술 또는 조산술 이라고 부르는데 이 방법은 소크라테스의 모친의 직업으로부터 유래되어졌다.

소크라테스의 반어법과 산파술을 합친 것이 소크라테스의 유명한 대화법 또는 문답법이며 소크라테스는 이것을 철학하는 것이다. 라고 규정하고 있다. 소크라테스는 그의 대화법을 실천하기 위해 30년 동안 아테네거리 어디든지 나타나서 지식을 전파하였다. 그의 사상은 인간이 지식을 내부적으로만 습득하도록 하는데 그치는 것이 아니라 그 습득된 지식을 행하도록 하는 소위 지행합일설의 사상을 주장하였다. 그가 가진 진보적 성향의 사상이 서양사상에 끼친 공헌은 이론적인 자연사상을 실천적인 정신사상으로 전향시킨 데 있다. 소크라테스의 실천사상은 그의 국가나 법에 관한 사상에서도 나타나고 있다. 그에 의하면 국가란 단순한 이해관계에 의해서 성립된 것이 아니라 우주 만물에 의해서 형성 된 것이다.

국가에 대해서는 복종하는 것이 진리를 찾는 것이며 국가의 법률에 복종하는 것이 정의를 실현하는 것이다. 그는 국가의 모함에 의해 감옥에 있을 때 간수로부터 탈옥의 권고를 받았으나 악한 시민이 옳은 법을 침범하는 것을 방지하기 위해서 선량한 시민이 악법을 따라야만 한다는 말을 남기면서 독약을 마신 후 죽은 일화는 유명하다.

2. 플라톤의 이상주의와 아리스토텔레스 현실주의

플라톤의 동굴론처럼 이상과 비전을 제시하라

플라톤은 고대 그리스 도시국가 시대에 있어서 가장 뛰어난 철학자 중의 한사람이다. 그의 출생 배경에 관해서는 정확하게 알려진바 없으나 문헌에 의하면 기원전 427년 경 아테네에서 태어나서 347년 경 그의 나이 80세가 될 때까지 살았다. 플라톤의 부모는 아테네의 전통 명문 집안이며 그의 두 형제 골라곤Glaugon과 아데만두스Ademantus는 플라톤의 대표적 저서인 국가론에서 중요한 역할을 하고 있다. 플라톤은 소크라테스의 제자이자 아리스토텔레스의 스승으로 21세에서 28세까지 소크라테스에게 배웠다. 플라톤은 소크라테스의 학문과 방법에 크게 감화를 받고 현실 정치에 뜻을 두었다. 그러나 스승 소크라테스의 처형과 아테네의 부패와 타락상을 보고 학문에만 전념하기로 결심했다고 한다.

플라톤은 소크라테스가 처형당한 후 남부 이태리를 여행한 후에 아테네 교외에 아카데미를 설립하여 제자들을 양성하였다. 이후 학문에만 전념하여 피타고라스학파의 수학이나 소피스트들의 상대주의론 및 데모크라토스의 유물론 등을 집대성하여 고대 그리스 최대의 관념론적 철학자가 되어 플라톤주의적인 철학체계를 수립하였다. 그리스 철학자 중에서 최대의 저술가로 35편의 대화편과 서한집이 있으며 13세기까지 중세의 사상이 그의 영향 하에 있었다. 인류 역사상 아리스토텔레스와 더불어 그를 뛰어 넘을 철학자는 없으며 그가 서양 철학사에 끼친 공헌은 지대하다. 따라서 동양에서 동양철학하면 공자라고 하듯이 서양철학하면 플라톤 철학을 바탕으로 하고 있다. 현대의 철학자들은 서양 철학은 플라톤 철학에 주석을 붙이는 일에 불과하다. 라고 말하고 있다. 이처럼 플라톤이 서양사상에 끼친 영향은 지대하며 플라톤은 하늘이 내린 철학자다. 라고 말하고 있다.

플라톤이 태어나서 청년기까지는 아테네는 정치적으로 매우 불안정한 시기였다. 정치적으로는 다수의 통치 형태인 민주주의와 소수의 선택된 사람에 의해 통치되는 형태인 과두제가 반복되고 있었다. 특히 아테네와 스파르타간의 전쟁인 펠로폰네수스 전쟁 및 몇 차례의 혁명으로 인한 도시국가의 정치적인 불안정은 청년기의 플라톤에게 양당 모두가 부패와 타락 및 자기 개인들의 이익만을 추구하고 있다고 믿었다. 플라톤의 저서 「국가론」은 무엇이 도시국가에 있어서 정부가 해야 할 일인가를 보여 주는데서 출발하고자 했다.

플라톤의 사상에 깊은 영향을 준 것은 그가 청년기에 살던 아테네의 정치 상황과 스승인 소크라테스와의 대화에 있다. 소크라테스는 아무런 저술을 남기지 않았다. 아테네의 길거리 어디서나 사람들이 모이는 곳이면 어떤 장소든지 누구든지 와도 대화를 통해서 지식을 전달하고자 했다. 소크라테스가 사람들과 대화에 사용했던 방법은 소크라테스의 화술 또는 소크라테스의 대화법으로 유명하다. 플라톤의 국가론에서 많은 부분이 언급되고 있다. 이 방법은 오만한 아테네인들의 비위를 건드렸으며 그 결과 많은 적을 만들었다. 기원전 399년 소크라테스는 아테네의 젊은 이 들을 불손과 부패와 타락의 길로 유도하고 있다는 죄목으로 사형에 처해졌다. 그의 죄목과 처형에 관해서는 플라톤의 용서 Apology라는 대화 부분에서 언급되어지고 있다.

소크라테스의 죽음은 플라톤의 인생에 전환점이 되었으며 소크라테스의 생존 시까지 플라톤은 아테네의 정치에 적극적으로 관여하기를 원했다. 그러나 소크라테스의 죽음은 플라톤에게 큰 충격을 주었으며 이후 플라톤은 현실정치에의 참여를 포기하고 단지 철학가로서 연구에만 전념하기 시작했다. 플라톤이 믿기에는 철학의 이해만이 부패와 타락한 사회를 구할 수 있다고 믿었다. 소크라테스 사후 플라톤은 약 10년 동안 아테네를 떠나서 이탈리아 이집트 등 해외여행을 떠났다. 이 기간 도중 플라톤은 메가라라는 도시에서 대화형식인 소크라테스의 변명 Apolgia Socrates을 저술하기 시작하였으며 이탈리아 여행 중에는 피타고라스 학파인 아리기타스를 만나 수학이 철학의 근원이라는 것도 알게 되었다. 그가 후일 아카데미를 설립하여 교육하는 동안 수학을 필수 과목으로 택한 이유가 여기에 있다.

10년간의 여행으로부터 돌아온 플라톤은 아테네에다 아카데미를 설립하여 조직적인 교육을 실시하였다. 기원전 386년 플라톤은 아카데미를 설립하여 이곳에서 그의 생애를 마칠 때까지 가르쳤다. 플라톤이 설립한 아카데미의 목적은 철인 통치자를 양성하는데 있었다. 아카데미의 기본 교재는 「국가론」이었다. 이 아카데미는 요즈음 서양 대학의 효시가 되었으며 중세기에 문을 닫을 때까지 약 1000년간 계속되었다. 플라톤의 아카데미가 배출한 가장 훌륭한 학자는 플라톤에게 19년 이상 배웠던 아리스토텔레스를 들 수가 있다. 플라톤의 아카데미의 목표는 이상국가론의 실현을 아카데미를 통해서 이루고자 하였으며 아카데미에서 배운 최고의 지식인은 상아탑에만 머무르지 말고 바로 현실 정치에 참여하여 국가에 봉사할 수 있는 기회를 찾아야 한다. 플라톤은 이것을 동굴속의 영상에 비유하고 있다.

아카데미에서 배운 철인들은 동굴속의 쇠사슬에 얽매여 있는 사람들을 동굴 밖의 밝은 곳으로 인도하여야 할 의무를 지니고 있다. 말년의 플라톤은 그의 일생을 거의 아카데미에서 교육에만 열중 하였다. 특히 많은 정치인들이 그를 방문하여 현실 정치에 관한 조언을 받았으며 몇몇 정치인들은 그를 해외에까지 초청하기도 했다. 그의 아카데미 출신 제자들 가운데에는 많은 사람들이 현실정치에 참여하여 도시국가의 입법에 관여 하였으며 플라톤은 그들에게 많은 자문을 하였다. 플라톤은 기원전 347년 아테네에서 80세를 일기로 세상을 떠났다.

플라톤은 고대의 가장 위대한 사상가 중의 한사람으로 불리고 있다. 그의 사상은 26편의 대화를 통해서 세상에 알려졌다. 그의 스승인 소크라테스와의 대화를 통해서 그의 사상을 나타내고 있다. 플라톤과는 대조적으로 소크라테스는 자신의 작품을 남기지 않았다. 단지 플라톤과의 대화에서 그는 자기의 개성과 인격을 잘 나타내고 있다. 그리스에는 소크라테스, 플라톤, 아리스토텔레스 3인의 사상을 나타내는 조각품이 있다. 소크라테스는 땅 밑을 내려다보고 있으며 반면 플라톤은 하늘을 향해서 쳐다보고 있다. 이들 두 사람 사이의 중간을 쳐다보는 사람이 아리스토텔레스이다. 소크라테스의 사상은 정신불멸성, 도덕기준의 주관성, 시대와 상황에 구애받지 않는 불변의 실체이다. 플라톤의 강의 방식은 소크라테스보다 더욱 공식적이었다. 소크라테스의 교육방법은 질문과 답변의 대화방식이었다. 반면 플라톤의 강의는 소크라테스 보다 공식적인 장소인 아카데미의 학교 강의실에서만 했다. 기원전 387년 플라톤의 나이 40세가 되던 해 세운 아카데미는 비 영리목적의 순수한 지식추구를 목적으로 세워졌다. 그 당시 상인들에 의해서 영리를 목적으로 세워진 학교들도 있었다. 플라톤이 설립한 아카데미가 오늘날 대학의 효시로 부르기 때문에 플라톤은 오늘날 대학의 총장이라 볼 수 있다.

아리스토텔레스의 중용과 설득의 도를 지켜라

플라톤의 제자로서 당대 그리스 최고의 석학이며 철학자로서 아리스토텔레스를 들 수가 있다. 아리스토텔레스는 기원전 384년 트라키아Thracia의 스타게이라Stageira에서 태어났다. 그의 부친 니코마고스는 마케도니아 왕 아민타스 2 세의 개인의사로 유명하다. 아리스토텔레스는 부친으로부터 초기의 지적 성장의 영향을 많이 받았다. 특히 그의 생물학이나 자연과학에 대한 관심은 그의 부친으로부터 물려받은 의학을 토대로 이루어 졌다. 아리스토텔레스는 그의 양친과 사별한 17세 되던 해 플라톤의 아카데미에 들어가기 위해 아테네로 갔다. 이곳에서 이십 년 가까이 수사학 교사로 머물렀다. 이 기간 동안 플라톤과 아리스토텔레스 간에 많은 인간적인 갈등에 관한 이야기가 있으나 확실한 근거는 없다. 그가 아카데미에서 공부하면서 대부분의 초기의 저서들은 플라톤의 사상에 크게 영향을 받았다. 플라톤의 사후에까지도 학문적으로나 인격적으로 플라톤을 존경하는 마음을 그의 윤리학에서 찾을 수 있다. 플라톤이 붙여준 별명이 독서광이었다. 그 후 아리스토텔레스는 아카데미에서 가장 뛰어난 학자중의 한사람이 되었다.

기원전 384년 플라톤이 죽자 플라톤의 생질인 스페우시프스(Speusippus, BC. 395-339)가 학교의 학장으로 임명되었다. 아리스토텔레스는 학장인 스페우시프스와는 개인적인 친분관계가 없었으며 학문적으로도 철학에서 수학까지 모든 분야에서 의견의 대립을 가져왔다. 그 결과 아리스토텔레스는 아카데미를 떠나게 되었다. 그러나 일부 학자들은 그가 아카데미를 떠난 것은 스페우시프스가 물러 받은 학장 자리를 아리스토텔레스가 승계하지 못했기 때문인 것으로 본다. 이후 몇몇 학생들을 데리고 아카데미시절부터 가장 친한 친구이자 소아시아 근처의 작은 도시인 아트라누스를 통치하는 헤르미아스Hermias에게로 갔다. 그곳에서 아리스토텔레스는 헤르미아스의 사촌과 결혼하여 헤르미아스가 제공한 트로이 근처의 아소스에다 자신의 학교를 설립하였다. 몇 년 후 헤르미아스가 친 페르시아 일당에게 살해되자 아리스토텔레스는 신변의 위협을 느껴 더 이상 그곳에서 머물러 있을 수 없게 되었다. 곧 아카데미시절의 친구인 데오프라스토스Theophrastos, B.C. 372-288)의 집인레스모스 섬에 있는 미테렌스에다 그의 가족을 데리고 갔다. 그곳에서 3년을 보내면서 생물학을 공부하기 위한 자료를 모집하는데 시간을 보냈다. 이곳에서 3 년간의 공부는 아리스토텔레스로 하여금 그의 사상을 완전히 바꾸는 계기가 되었으며 특히 플라톤의 철학으로부터 탈피하기 시작했다.

기원전 343년 마케도니아의 필립왕의 13세 된 왕자의 가정교사로 제의를 받아 가족과 함께 마케도니아의 수도인 펠라로 옮겼다. 그곳에서 약 8년간 머물렀으나 알렉산더가 아버지와 함께 정치에 관여했기 때문에 가정교사로서는 약 4년밖에 일하지 못했다. 그 후 알렉산더와 아리스토텔레스 사이는 좋은 친구가 되었다. 그러나 알렉산더의 경력이나 사상으로 미루어 그의 교육은 알렉산더에게 크게 영향을 주지 못했다. 기원전 335년 마케도니아 필립 왕이 암살되자 알렉산더가 왕이 되었다. 얼마 후 알렉산더가 그리스 국가들을 평정한 후 페르시아 및 동방국가들의 원정에 나서자 아리스토텔레스도 동행하여 동. 식물 및 광물 등을 채집하여 관찰하였다. 원정 동반에서 돌아온 후 자신의 교육 기관인 리케이온Lykeion을 설립하였다. 이 리케이온은 후에 페리파토스학파 또는 소요학파라고 불렀다. 아리스토텔레스가 매일 아침 일찍 그의 제자들과 산보하면서 다양한 주제를 가지고 강의를 하였기 때문에 소요학파라고 불렀다.

아리스토텔레스는 아테네에서 12년 동안 머물면서 저술 및 강의를 하였다. 그의 강의는 결론을 내리기 전에 경험적인 연구와 축적된 자료를 이용하였다. 리케이온은 플라톤이 세운 아카데미의 경쟁 학교로서 그 후 약 800년 동안 존속 하였다. 기원전 323년 알렉산더가 페르시아에서 죽었을 때 아테네 및 그리스에서는 반 마케도니아 감정이 일어났으며 알렉산더의 친구이자 가정교사인 아리스토텔레스가 그 첫 희생자였다. 아테네의 자유를 박탈한 알렉산더의 친구라는 이유에다 소크라테스와 마찬가지로 무신론자라는 누명까지 쓰게 된 아리스토텔레스는 아테네인들로부터 고발당했다. 그의 나이 62세 되던 해인 기원전 322년 그의 어머니의 고향이자 사유재산이 있는 하르키스Harkis에서 세상을 떠났다. 아리스토텔레스가 죽은 시기는 폴리스가 완전히 붕괴된 것과 같은 시기였다. 그의 오랜 친구인 테오프라스토스가 그를 계승하여 리케이온의 학장이 되었다. 또한 그의 아들과 제자들이 그의 강의 내용을 기록 보존하는데 공헌하였다.

아리스토텔레스의 윤리학이나 모든 분야의 연구에 있어서 그의 방법론은 그의 진보적 사상에 기원을 둔 비평적이고 경험적이며 그의 연구방법론은 현대사회과학의 관점에서 보면 상당히 진보주의적인 경험적인 접근방법이다. 어떤 분야에 있어서도 우선 자료를 모으기 시작하고 그 다음으로 모든 상관되는 사실들을 단위별로 선정하여 서로 상관되는 것들을 체계적으로 분석한다. 이렇게 분석한 정확한 사실들을 토대로 하여 어떠한 규정이나 법칙을 만들어서 일반화 시키려고 한다. 일반적으로 아리스토텔레스는 귀납적인 접근방법을 이용하여 관찰들로부터 일반적인 사실을 만들어내는 방법을 사용하였으며 그의 방법론은 삼단논법을 사용하고 있다. 이 방법은 두 가지 주제를 사용하였다. 하나는 평범한 방법을 사용하고 하나는 특수한 방법으로 구분하여 끝으로 결론을 내리고 있다. 예를 들면 평범한 주제로서 모든 사람은 죽는다.라는 주제와 특수한 주제로서 소크라테스는 사람이다.라는 주제를 상호 관련시켜서 결론을 내리고 있다. 결론은 소크라테스는 죽는다.라는 추론적인 방법을 사용한다. 아리스토텔레스의 방법은 플라톤의 방법과는 다르다. 플라톤은 인간이 척도가 되어야 한다는 원칙을 무시하고 이상적으로 존재하는 절대적 원칙과 기준을 세우고 있다. 그러나 아리스토텔레스는 이러한 추상적이고 절대적인 기준의 존재를 부정하고 있다. 똑같은 문제에 대해서 경험적인 관찰과 논리적인 분석에 의해서 어떤 사실의 특성을 결정한다. 또한 아리스토텔레스는 자료에 의한 실험의 결과에 의존하지 않고서는 결코 가설을 설정하지 않는다.

아리스토텔레스의 작품과 방법은 서양 사상의 발전에 크게 공헌 하였다. 특히 그의 방법론은 초기 중세의 학자들에 의해서 무시당하기는 했으나 그의 사상은 토마스아퀴나스에 의해서 진정한 사상가로 불려졌으며 단테에 의해서 모든 것을 알고 있는 지식인이라는 평으로 존경을 받았다. 아리스토텔레스의 기술과 영향은 후기 중세 사회에 크게 영향을 끼쳤으며 경험과학과 자연과학의 시조로 불리고 있다. 그가 학문 분야에 공헌한 분야는 논리학 · 심리학 · 정치학 · 문학비평 · 과학적인 연구방법 · 생물학 등 모든 자연과학 분야이다. 아리스토텔레스가 인류문명의 발전에 기여한 영향에 대해서 일부학자는 크게 평가하고 있고 일부학자는 적게 평가 하고 있어서 현재까지도 논란의 대상이 되고 있다. 그러나 그가 사상가로서 인류의 학문 발전에 기여한 공로가 크다는 것만은 어느 누구도 부인할 수 없는 사실이다.

제 3장

중세 신 중심의 철학

플라톤과 아리스토텔레스의 사상에 크게 의존하고 있던 도시국가는 기원전 322년 아리스토텔레스가 죽은 후 마케도니아의 필립 왕과 알렉산더대왕이 만들어 놓은 거대한 왕국의 일부분이 되어 버렸다.

그리스 도시국가에서 거대한 왕국으로 변화는 사상에 변화를 가져오게 되었다. 개인 각자는 도시국가의 독립으로부터 거대한 왕국의 틈에 끼여 작고 무기력한 단위로 변했다. 따라서 황혼기에 들어선 도시국가 시민들은 국가의 정치에는 관여하지 못했으며 개인들의 범위 내에서 개인의 만족과 행복을 추구하는데 그쳤다. 이러한 시대에 초기에 나타난 사상은 에피큐로스 학파와 스토아학파를 들 수 가 있다. 에피큐로스 학파의 창시자인 에피큐로스의 사상은 간략하게 요약하면 국가란 개인의 행복을 위해서 반드시 필요한 수단 이외에는 더 이상의 것은 아니다. 합리적은 사람은 이상적인 생활의 조건으로서 그 자신의 것만을 사용하면 된다. 에피큐로스에 의하면 개인의 쾌락의 추구 및 만족은 인간의 가장 좋은 목적이며 인간은 정치적으로나 사회적으로 독립해서 자신을 추구해나가면 된다. 에피큐로스의 이러한 진보적 사상은 개인의 현실 형태로 나타나서 개인의 방종의 구실로 밖에 볼 수 없을 정도로 나타났다. 그러나 사회적으로나 정치적으로 조건이 어떻든 간에 인간의 개인적인 내면에서 이상을 찾는다는 것이 그 전의 플라톤이나 아리스토텔레스의 사상과는 다른 당시 사회에 도전하는 진보적 사상인 것이다.

에피큐로스와는 다른 학파는 스토아학파이며 대표적인 학자는 제노였다. 제노의 사상은 개인의 정치적 무기력한 상황을 가장 강하게 반박 하였다. 인간사회의 정치적 변화에도 불구하고 인간 개인의 중요성을 나타내려고 했다. 스토아학파의 진보적 개인주의적 형태는 에피큐로스학파에서 보다 더욱 강하게 나타났다. 스토아학파의 진보적이고 도전적인 사상은 로마인들의 기질 속에 역력히 나타나 있으며 로마의 보통법과 로마 시민권에 이 사상이 포함되어 있다. 그 후 스토아학파의 사상은 크리스천 사회에서 인간의 교회구성원으로서 형태와 신의 의식에 관한 새로운 형태의 사상으로 나타났다. 따라서 스토아학파가 비록 개인적인 차원에서의 강령에다 역점을 두기는 하지만 로마의 제국주의와 크리스천 종교에다 근본 원칙을 두고 있다.

1. 에피큐로스의 쾌락추구 철학

에피큐로스학파의 창시자인 에피큐로스Epikuros는 기원전 340년 경 사모스섬에서 출생하여 데모크라토스의 신봉자로 알려져 있다. 그의 당시 사회에 도전하는 사상은 인생의 최고의 행복은 쾌락의 추구에 있으며 육체적 쾌락 보다는 정신적 쾌락을 더욱 중요시 하였다. 그는 개인은 국가나 정치에는 무관심해야 하며 오직 개인의 사생활에만 열중해야 하며 숨어서 살지어다.라는 명언을 남겼다. 에피큐로스의 진보적 사상에 의하면 국가란 단지 개인의 행복을 위해서 필요한 수단에 불과하며 합리적인 사람은 이상적인 생활조건으로서 개인의 쾌락추구 및 만족을 위해서 추진해 나가야한다. 또한 인간은 정치적으로나 사회적으로 독립해서 자신의 쾌락을 추구해 나가면 된다는 것이다. 그러나 잘못 이해하면 에피큐로스의 개인쾌락추구 사상은 개인의 방종의 구실로만 보여질 수 있다.

사회의 정치적인 조건이야 어떻든 간에 인간의 개인적인 내면에서 이상을 찾는 다는 점이 이전의 플라톤이나 아리스토텔레스의 사상과는 다른 점이다. 에피큐로스가 아테네에 세운 학교는 남여 노소를 불문하고 모두 집단생활을 해야 했으며 노예나 창녀들까지도 집단 거주생활을 하였다 하여 주위의 학교들로부터 많은 비난을 받았다. 에피큐로스가 세운 학교는 매우 엄격하였다. 학생들이 검소한 생활을 하도록 교훈으로 삼았으며 음식도 주로 물과 빵 만을 먹었다. 검소한 생활을 강요한 이유는 호화로운 생활로부터 생기는 고통은 검소한 생활로 인하여 생기는 고통보다 더욱 크기 때문이다. 따라서 에피큐로스는 육체적인 쾌락보다도 정신적인 쾌락을 더욱 중요시했다. 정신적인 쾌락을 추구하는 가장 좋은 방법은 개인 각자가 자기의 마음을 고유하고 만족스러운 상태로 지켜나가는 일이다.

에피큐로스의 당시 사회에 도전하는 사상은 데모크라토스로부터 자연적인 유물론을 개인적인 차원에서 도입하여 개인 각자가 자기의 행복을 추구하는 윤리학으로 변경시켰다. 따라서 에피큐로스의 사상은 플라톤이나 아리스토텔레스 등 그리스 도시국가 사회의 사상가들이 개인보다는 도시국가 자체의 이익과 행복을 중요시 했던 사상에 반기를 들었다고 볼 수 있다. 에피큐로스에 의하면 국가는 개개인의 안전과 행복을 지켜주기 위해서 존재하는 것이며 각자는 자기의 이익과 쾌락을 추구하기 위해서 노력하여야 한다. 그가 보는 사상사적인 관점에 의하면 문제는 인간 개개인의 쾌락과 이익의 추구는 다른 사람들과 마찰을 초래 할 염려가 있다. 더욱이 모든 인간은 본성적으로 이기적이기 때문에 그대로 두면 폭력과 불의가 난무하는 사회가 우려된다. 따라서 개인 각자는 의무적인 동의하에서 국가를 만들었다는 계약론적 국가관을 주장하고 있다.

퀴니코스학파와 오직 부러운 것은 개와 같은 생활뿐이라

퀴니코스학파는 소크라테스의 사상을 이어받아 발전시킨 학파이다. 이학파의 최초의 창시자인 안더스테네스Antisthenes는 소크라테스의 제자로서 나이가 플라톤 보다 20세가량 위였다. 그의 성품은 당시 정상적인 사회인들이 볼 때는 괴짜라고 불리 울 정도로 개성이 강한 사람이었다. 안더스테네스는 소크라테스의 죽음에 크게 영향을 받았으며 소크라테스가 죽은 후에는 그의 귀족적인 생활태도에 갑자기 변화를 가져왔다. 그의 옷차림은 걸인과 같이 하고 다녔으며 항상 빈민들, 노동자, 걸인들과 동행하고 다녔다. 강의도 학교 밖에서 했으며 개와 같이 생활하려고 노력했으며 또한 개와 같은 생활을 즐겼다. 따라서 이 학파를 개와 같은 학파 즉 퀴니코스학파라고 한다.

퀴니코스학파는 사회로부터 도피사상이라고 볼 수 있으나 이면에는 혁명의 정신이 누적되어있는 사상이었다. 그들의 사상은 도시국가 사회에서 최 하류를 이루고 있는 계급의 항의라 볼 수 있다. 그들의 주장은 도시사회에서 존재하는 계급의 철폐, 빈부격차의 금지, 도시 일반인과 노예의 차별대우 금지 등 범세계적인 차원에서 모든 인간의 평등과 동등한 사상을 주장하고 있다. 안더스테네스의 사상은 인간은 사회로부터 생기는 재산욕· 명예욕· 혼인 · 종교 등 모든 관습적인 규범으로부터 벗어나서 사회 에 대해서는 아무런 의무도 지지 않는다. 인간은 자기 스스로가 자연의 이치에 따라서 행동하는 것이 바로 선을 수행하는 길이라고 믿었다. 따라서 그의 사상은 자연으로 돌아가야 만 한다는 사회에 대한 비판적인 것이며 국가에 대한 도전적인 사상인 것이다.

같은 퀴니코스학파인 디오게네스는(Diogenes, B.C. 412-325) 안더스테네스의 제자로서 고리대금업자의 아들로 태어나서 모든 화폐는 불태워버리고 개와 같은 걸인 생활을 하였다. 안더스테네스의 제자이기는 하지만 퀴니코스학파를 대표하는 디오게네스는 정처 없는 방황생활로 일생을 보냈다. 그의 생활은 퀴니코스학파 하면 디오게네스 할 만큼 철저하게 개와 같은 걸인 생활을 하였다. 그는 이 세상의 인간사회에서 존재하는 화폐 · 명예 · 지식 · 관습 · 예의 등 모든 것을 부인하는 사회에 도전하는 진보적 사상가이다. 오직 부러워하는 것이 있다면 개의 생활관을 부러워했으며 개의 생활이 가장 행복한 생활이라고 믿었다. 개의 생활은 인간들이 가지고 있는 모든 위선적인 행동이라든가 명예욕이나 수치심으로부터 해방되어서 만족한 생활을 누리고 있다는 것이다.

디오게네스는 평생 걸인 생활을 하면서 큰 원통형의 통나무에 숨어 살았다. 그의 사상을 대변해 주는 일화는 디오게네스가 알렉산더 대왕과의 일화에서 나타나고 있다. 알렉산더가 그의 괴팍스러운 생활에 관심을 가지고 그를 방문해서 그에게 무엇을 원하는가라고 물었을 때 디오게네스는 그가 원하는 것은 단지 알렉산더대왕이 그의 앞에서 햇빛을 가리고 서 있지 말고 옆으로 비켜서주는 것만을 원한다는 유명한 일화가 있다. 디오게네스의 사상은 우리가 보기에는 단지 사회 현실에 대한 도피적인 사상으로 보기 쉬우나 사실은 그의 사상은 철저한 현실주의 사상을 부르짖은 사회에 도전한 사람이었다. 개와 같은 생활을 부르짖은 이유는 모든 인간이 가지고 있는 모든 욕망으로부터 해방되어서 덕을 향해서 행동하기를 원했다.

그의 사상은 당시 헬레니즘 사회에서 차별당하고 있는 사람과 사회 부조리에 대한 강한 도전이었다. 따라서 그의 사상은 당시 헬레니즘사회에 깊숙이 파고들어서 그 당대의 사회에 크게 영향을 주었다. 이러한 퀴니코스 사상은 다음의 스토아 사상의 모태가 되었다.

스토아학파와 벼룩의 존재는 인간의 잠을 깨우기 위해서다

고대 그리스 도시국가 사회의 사상은 개인보다도 도시국가의 번영을 위해서 개인을 희생시켜야 한다는 것이었다. 이러한 사상은 아리스토텔레스가 죽은 후 정치적 환경의 변화에 의해서 개인의 만족과 쾌락을 추구하는 국가에 도전하는 진보적 사상으로 변화되었다. 이처럼 개인의 행복과 쾌락을 추구하는 대표적인 학파로서 스토아학파와 에피큐로스학파를 들 수 있다. 스토아학파는 기원전 4세기 중반부터 제논에 의해서 창건되어서 180년 경 로마황제 마르쿠스 아우렐리우스가 죽을 때까지 약 4세기 반 동안 계속되었다.

제논은 스토아학파의 대표적인 진보주의 학자로서 아테네에서 살았으나 원래는 사이프러스섬에서 태어나서 그곳에서 성장하였다. 제논은 인간사회의 모든 법률의 제정보다는 자연법을 중요시 하였다.

제논에 의하면 인류는 각자 다른 정의의 법칙 하에 각기 다른 도시에 나누어져 살아서는 안 된다. 공동의 목장에서 풀을 뜯는 양과 같이 공동의 법아래 오직 하나의 생활과 하나의 질서를 이루고 살아야 한다. 제논은 급진적 진보적 유물론자였으며 퀴니코스학파와 헤라클레토스학파를 결합한 교설을 주장하고 있다. 그는 헤라클레이토스가 주장하는 만물의 근원은 불이다.라는 생각을 따와서 정신이 인간의 육체에 있어서 불과 같다. 신이란 단순히 어느 곳이든지 있는 단순한 불이며 이 세상은 완전히 질서가 정연하고 운명적이다. 제논은 후기 스토아학파들과 같이 점성술을 믿었으며 별들이 어떤 신적인 능력을 가지고 있다고 믿었다.

제논에 의하면 모든 자연현상과 법칙은 우연에 의해서 이루어진 것이 아니라 신의 섭리와 자연의 법칙에 의해서 이루어진 것이며 자연이 일정한 목적을 달성하기 위해서 이루어진 것이다. 예를 들면 돼지가 존재하는 이유는 인간들의 식용을 위해서 존재하며 벼룩이 존재하는 이유는 인간들이 아침에 일찍 일어나도록 깨우기 위해서이다. 따라서 자연은 존재 이유를 분명히 가지고 있으며 인간은 자연과 조화를 이루는 곳에서 선과 덕을 찾을 수 있다. 인간의 일상생활은 덕을 지켜나가는 것이 올바른 길이다. 이러한 덕을 지켜나가기 위해서는 인간사회에 존재하는 물질적인 재산이나 명예와 같은 세속적인 욕망으로부터 벗어나야만 완전한 자유의 몸으로 순수한 인격자가 된다. 따라서 제논을 비롯한 스토아학파의 특징은 우주에 존재하는 만물의 결정론에서 출발하여 인간의 자유의사를 내세움으로서 덕을 주장하는데 있다.

스토아학파의 사상도 에피큐로스학파와 같이 인간의 행복의 추구에 있다. 그러나 에피큐로스 학파는 인간의 행복을 쾌락에서 구했으며 스토아학파는 인간의 행복을 금욕으로부터 얻을 수 있다는 사상으로부터 출발 하였다. 따라서 인간은 행복하기 위해서는 모든 욕정으로부터 벗어나서 자율적인 경지에 이르러야한다. 자신과의 일치 및 자연에 맞추어서 생활하여야 하며 극기의 덕을 추구하는 것이 스토아학파의 목표인 것이다. 이러한 자신의 극복이 스토아학파의 목표이기 때문에 오늘날까지 스토이즘하면 금욕주의를 연상하게 한다.

신플라톤 학파와 인간의 악에 대한 투쟁

신플라톤학파의 대표적인 사상가로서 플로티누스를 들 수가 있다. 플리토누스Plotions는 기원후 204년 경에 이집트의 리코 폴리스에서 태어나서 알렉산드리아의 암모니우스 삭카스 밑에서 배웠으며 삭카스가 죽은 후 로마에 학교를 세워 약 25년간 이곳에서 강의를 하였다. 플로티누스의 사상적 기여는 플라톤의 사상을 중심으로 아리스토텔레스와

스토아 사상을 결합하여 발전시켰다. 그는 고대사상과 아우구스티누스를 잇는 다리 역할을 하였다는 점에서 그의 공헌을 크게 평가하고 있다. 플로티누스는 플라톤, 아리스토텔레스, 피타고라스, 스토아 등 모든 사상을 집대성하였다. 그는 플라톤 사상을 기본으로 하는 당시에는 진보적인 사상에 바탕을 두었기 때문에 플로티누스를 중심으로 한 사람들을 신플라톤주의 학파라고 부른다. 플로티누스는 플라톤의 이상국가론에 근거를 둔 플라토노 폴리스라는 이상도시를 건설할 계획을 세웠으나 그 뜻을 이루지 못했다. 그는 전 54편에 달하는 글을 썼다. 그의 제자 프로티리오스에 의해서 다시 9편 6권으로 나누어 안네아세라는 이름의 저서로 후세에 남겨졌다.

신플라톤 학파인 키케로Cicero는 기원전 106년부터 43년까지 살았던 대 사상가이었다. 그가 활동하던 시대는 전 세계가 기독교 중심의 중세시대가 성립되기 바로 전인 로마시대이었으며 이 시대에 가장 영향력 있는 사상가 중의 한 사람이었다. 그는 로마법에 근거를 둔 금욕주의에 의해서 자연법과 보통법으로 구분하였으며 신에 의한 법과 인간에 의한 법으로 분류하였다. 키케로의 이론에 따르면 모든 인간은 동등하다는 사상에 근거를 두고 있다. 인간은 그의 능력이나 재산에 의해서는 필연적으로 동등하다는 것은 아니지만 선과 악 사이에 합리적으로 판단하는 능력에 따라서 구분하여야 한다.

키케로에 의하면 국가란 개인 각자가 자기의 주관에 따라서 합리적인 방법으로 판단하는 개인들로 구성되어 있는 도덕적인 집단이다. 국가란 어떤 행동과 관련된 사람들의 각 집단을 말하는 것이 아니다. 국가란 상호간의 이익을 위한 집단에 참여할 욕망에 의해서 법과 권리에 관한 공동적인 동의에 의한 사람들의 단체를 말한다. 이러한 키케로의 국가에 관한 시각에서의 정의는 만민법과 개인의 동등성의 원칙이 국가의 개념에 잘 적용되었는지 하는 것을 보여준다. 그가 주장하는 금욕주의에 관한 기본원칙은 민주주의의 원칙, 법치주의의 원칙, 정부의 도덕적인 차원에서 지켜야 할 기본원칙 등 현재의 자유민주주의 원칙에 대해서 크게 영향을 미치고 있다.

키케로와 더불어 또 다른 로마 대 사상가는 세네카Seneca이다. 세네카는 기원 전 3년부터 기원 후 65년까지 살았다. 네로황제의 통치기간 동안 집정관으로 황제가 독재정치를 못하도록 막았으며 네로가 자살하도록 강요까지 했다. 세네카가 태어날 당시의 로마사회는 모든 권력은 황제에게 주어져 있었으며 절대적인 권력형태의 정부가 되어야 한다는 이론이 지배적으로 작용하고 있었다. 그러나 세네카는 절대적인 권력은 옳은 사상을 가진 개인이나 계급에 주어져야 한다는 당시사회에 도전하는 사상을 주장한 사상가이었다.

세네카가 살던 시대는 폭군정치가 난무하여 정치적으로 부패 와 타락된 사회였다. 세네카는 개인이 시민으로서 존재하는 시민국가와 인간이 그의 합리적 도덕성에 의해서 살려는 합리적으로 구성된 국가의 두 개의 형태로 나누고 있다. 이러한 양분적 성격에 역점을 두고서 세네카는 그 당시의 정치적 타락성에 대해서 더욱 당황과 실망을 거듭하였다. 세네카는 그리스도 하에서 지배되는 세계와 타락된 인간세계로 구분하고 있다. 그리스도 세계가 아닌 당시의 인간 사회는 암흑기였기 때문에 올바른 교훈에 의해서 인간을 위로하고 교훈을 주도록 하고 있다. 세네카에 의하면 인간은 보다 합리적이고 더욱 타당한 국가의 선을 추구 하도록 노력하여야 하며 모든 지도자들은 악을 치유하도록 준비하여야 한다. 세네카의 국가관은 플라톤이나 아리스토텔레스의 국가관과는 정반대의 대조적인 견해를 가지고 있다. 플라톤이나 아리스토텔레스에 의하면 국가란 최선의 생활을 누리기 위한 필수조건이다. 그러나 세네카에 의하면 국가는 인간의 악에 대해서 투쟁을 하여야 하며 그렇지 못하면 인간의 행복을 억압하는 강압단체이다.

그리스도교의 영향과 아우구스티누스의 인간은 오직 신에게만 의존하라

예수는 세네카가 활동하던 시기에 태어났다. 그리스도교의 사상은 그 후 14세기까지 전 세계의 사상에 영향을 미쳤으며 아울러 그리스도 사상은 전 세계의 모든 사회에 대해서 크게 영향을 미쳤다. 기독교 사상은 인간의 생활을 두 가지로 이분화 시키고 있다. 인간이 현실의 지상국가에서 일원으로서 뿐만 아니라 인간이 죽은 후 천국에서 까지도 국가의 일원으로서 영원히 존재한다는 현실국가와 천국의 국가에서 인간생활로 구분하고 있다.

중세기 전반을 통해볼 때 인간의 사회생활을 지배해 나가는데 있어서 국가의 역할은 교회보다 훨씬 작았다. 정치적 지배자와 성직자들 간의 갈등은 지배자들에게 정치형태의 범위와 한계에 대해서 논쟁의 대상이 되었으며 일반적으로 논의의 대상은 권위에 대한 것이었다. 정치지배자와 성직자들은 성서, 신부, 교회역사의 유래에 대해서 논의 하였다. 따라서 중세의 사상은 완전히 교회나 성서의 교리에 복종하는 것이 아니라 교리를 번역하거나 적용하는데 있어서 그리스나 로마의 그리스도에 대한 이단자들의 사상을 도입하여 논쟁을 삼았다. 중세기의 사상은 고대의 이론에다 새로운 문화조건을 적용했다. 더욱이 그리스도 교리의 일부는 인간행동 평가를 위한 깊은 암시가 들어있는 지침서이다. 따라서 중세시대는 결코 사상의 발전에 있어서 불모의 시대라고는 볼 수 가 없다.

성 아우구스티누스St. Augustine는 고대 사상을 중세그리스도 사상으로 바꾸는데 중간적 역할을 한 중세기의 중요한 사상가 중의 한사람이었다. 아우구스티누스는 일반적으로 고대의 가장 위대한 신부로 불리고 있다. 아우구스티누스는 무신론자인 아버지와 진실한 기독교 신자인 어머니 사이에서 아프리카의 넘이디앙에서 태어났다. 그는 기독교 교육을 받기는 했으나 젊은 시절은 그리스도교와 가장 경쟁교인 마니교를 믿었다. 아우구스티누스가 기독교로 귀의한 것은 30대 초반이었다. 그가 기독교에 귀의한 것은 어머니의 간곡한 권유와 주교 암부로스의 영향 때문이었다. 아우구스티누스는 교회에서 급성장 한 결과 마흔두 살에는 아프리카 히포의 주교가 되었으며 그 후 그가 죽을 때까지 45년 동안 같은 자리를 지켰다.

아우구스티누스의 참회록은 루소의 참회록과 톨스토이의 참회록과 더불어 세계 3대 참회록으로 유명하다. 참회록을 제외한 대부분의 서적들은 기독교에 관한 종교서적들의 번역과 기독교를 보호하기 위해서 저술되었다. 그의 많은 작품들은 기독교이외의 다른 종교들을 비판하기 위해서 썼다. 그의 대부분의 대표작들은 몇몇 성서들을 평하는 서적들이다. 그중 가장 유명한 책은 신국론이며 그가 신국론을 쓰는데 10년 이상 걸렸다. 신국론에서 아우구스티누스의 사상이 가장 잘 나타나 있다. 아우구스티누스의 사상은 중도주의 입장에서 시작되고 있다. 인간의 본성을 육체적으로 인간세계와 정신적으로 인간세계의 두 가지 종류로 나누고 있으며 지상에서의 도시민과 천국에서의 도시민으로 구분하고 있다.

아우구스티누스의 생애는 강렬한 활동으로 이루어 졌으며 그의 작품은 거대하다. 그의 작품은 350편에 달하는 논문과 500편의 설교 집과 200여 편의 편지를 들 수가 있다. 그러나 그의 작품 전부는 영어로 번역되어 있지 않다. 세계 삼대 전집인 참회록은 반은 그의 자서전이며 반은 신학으로 구성되어 있다. 참회록의 대부분은 감사와 청원으로 구성되어져 있으나 대부분은 참회에 대한 기도로 구성된 정신적인 세계에다 치중하고 있다.

아우구스티누스의 철학은 그리스도교 보다는 플라톤주의에로 전환이다. 그러나 후세의 대부분 학자들이 볼 때 그의 철학은 말년까지도 플라톤주의와 크리스천주의 사이에서 심한 방황을 하였다. 중세 신중심의 세계에서 두개의 거대한 사상적 산맥은 아우구스티누스의 플라톤주의 사상과 토마스 아퀴나스의 아리스토텔레스주의 사상으로 나누어서 구별된다. 따라서 토마스 아퀴나스하면 아리스토텔레스사상의 부활이라고 하듯이 중세 초기의 신 중심의 사회에서 아우구스티누스하면 플라톤 사상의 맥을 이은 대표적인 사상가이다.

토마스 아퀴나스와 스콜라와 장미의 이름으로 아리스토텔레스 철학을 다시 부활시키다

후기 중세사상은 스콜라사상scholasticsm이라고 부른다. 스콜라사상이란 그리스도교의 교리와 합리적인 사상을 조화시키는 학문이다. 모든 스콜라 사상가들은 교회의 강령은 절대적으로 받아들이고 있다. 그러한 강령들은 인간의 이성과 부합하여야만 한다. 기독교 사상과 인간의 이성의 부합에 관해서 진보주의적인 관점에서 크게 공헌한 학자로는 12세기의 피터 롬바르트, 13세기의 알버트 마르누스, 토마스 아퀴나스, 둔스 스코트 등을 들 수가 있다. 이러한 학자들의 연구대상은 현실적인 면에서 인간의 윤리관이나 사회적인 문제를 형이상학적이고 본체론적이며 이론적인 차원에서 접근을 시도하였다.

스콜라 사상의 방법은 공식적이고 추론적이며 모든 질문에 대해서 삼단 논법식의 체계적인 적용, 권위에 대한 균형, 단어들의 정의 등을 체계적으로 정립하였으며 스콜라 사상가들의 연구는 13세기 후반에 아리스토텔레스의 과학적 윤리적 차원에서 재발견 되면서 스콜라사상은 극치를 이루었다. 아리스토텔레스의 작품들은 중세기에 알려져 있던 어떤 학자들의 작품보다 더욱 체계적이고 분석적이다라는 평을 받게 되었다. 13세기 스콜라 사상의 특성은 성서에 나타나 있는 교부신학의 이론과 전통적인 교회사상을 아리스토텔레스에 의해서 이루어진 인간의 이성과 합쳐서 더욱 높은 차원의 학문으로 올리는데 기여했다. 이러한 세 가지 사상인 성서에 나타난 교회신학, 전통교회사상, 아리스토텔레스 사상의 세 가지 사상 중에서 교회 신학과 전통 교회 사상은 서로 부합될 수 없는 많은 점을 가지고 있으나 양 사상 모두가 아리스토텔레스의 사상과는 모두 합치할 수 있는 점을 가지고 있다.

스콜라 철학의 대가가 바로 토마스 아퀴나스이다. 토마스 아퀴나스의 작품들은 대부분 독선적인 이론들이기는 하나 그의 법률에 관한 정의와 분류는 신학자들이나 후세 법률가들에게 큰 영향을 끼쳤다. 특히 그의 왕권의 권력의 범위 및 왕의 통치권에 관한 연구는 다른 어떤 학자들보다 더욱 발전적인 사상을 가지고 있다. 토마스 아퀴나스는 13세기

초에 나폴리 왕국의 명문가의 후손으로 태어났다. 아퀴나스는 사상가이자 신학자 이었으며 파리, 나폴리, 로마 등에서 강사와 교수 등을 했다. 그는 젊은 시절부터 교회에 봉사하는 일에 적극적이었으며 도미니칸 수도원에서 일했다. 토마스 아퀴나스의 연구 경력과 저서는 아우구스티누스와 더불어 로마 교회에 끼친 영향은 지대했으며 아우구스티누스와 함께 가장 훌륭한 신학사상가로 추대되고 있다.

그의 저서인 신학대전Summa Theologica은 아리스토텔레스의 사상과 교회의 사상인 교부사상을 전반적으로 분류 해석하여 아리스토텔레스 사상과 교부사상을 이해시키려고 노력했다. 아퀴나스의 정치학적 학술논문인 왕의통치Rule of Prince는 당대로서는 상상하기 힘든 시각에서 시민 정부의 기원과 근본법칙, 가장 좋은 형태의 국가, 국가의 통치영역 등을 다루고 있다. 왕의 통치라는 논문은 군주제형태의 정부가 어떤 다른 형태의 정부보다 낫다고 보고 있으며 현재의 정부보다도 교회가 우월하다는 교회 우월성에 관한 의견을 보여주고 있다. 토마스 아퀴나스의 가톨릭 교권이 현 정부보다도 우위에 있다는 사상은 교황 레오 13세에 의해서 신학을 바탕으로 한 이론이 정립됨으로써 교권의 우월성이 극치에 달했다.

국가와 교회에 있어서 상대적인 권위에 대한 복잡한 논쟁은 중세기 동안 계속 되었으며 이러한 시대의 대표적인 인물이 성 토마스 아퀴나스이었다. 아퀴나스는 신성한 교회의 교훈을 실지로 가르쳤을 뿐만 아니라 철학적이고 과학적인 사실도 잘 조화시켜 융합해 나가고자 한 사람 중의 한 사람이다. 이러한 철학적이고 과학적인 방법에 필요한 것이 13세기 아리스토텔레스 작품들의 재발견이었다. 대표적 작품이 1260년경에 그리스 아리스토텔레스의 「정치학」의 번역이었다. 아리스토텔레스의 전제는 인간의 이성은 진리에 대한 최종적인 중재인이며 특수과학의 발견은 철학에 의해서 제공된 최종적인 통합을 조정하고 통합하는 것이라고 보고 있다. 토마스 아퀴나스는 이러한 과학적이고 철학적인 법칙을 부인 하지는 않았지만 만일 우주가 궁극적으로 신비에 싸여 있지 않다면 신성한 교회의 성서에 의해서 보충되어야 만 한다는 것이다. 성서의 발견은 과학과 철학 간의 모순을 보여주는 것이 아니라 우주와 인간의 장소를 완성하고 전체를 이해하는데 필요하다.

우주 자체는 최고는 신으로부터 최하위는 살아있는 하위동물로 구성되어 있다. 모든 자연의 목적과 기능 및 살아있는 만물은 목적을 성취하기 위해서 크든 작든 우주의 목적을 충족하기 위해서 노력하고 있다. 인간의 우주에서 위치는 육체만 분리해서 보면 하등 동물과 같으며 정신만 분리해서 보면 신과 유사하다. 이렇게 양분화 되어져 있는 인간이 우주에서 신분을 유지해 나가기 위해서는 인간의 도덕적인 생활을 유지해 나가는 것이 중요하다. 인간사회도 우주의 한 부분이며 서로 다른 계급에 의해서 형성되었다. 각 계급은 각기 맡은 목적과 기능을 수행해 나가며 아래 계급은 위 계급을 위하여 봉사하여야만 하며 위 계급은 아래 계급에게 지시와 지도를 하여야 한다. 따라서 보편적인 선이란 위와 아래 계급이 서로 권리와 의무를 정하여 결정하는 일이다.

아퀴나스의 사회에 대한 사상은 그의 조직과 국가관에서 찾아 볼 수 있다. 부하에 대한 지배자의 권위는 독단적인 것이 아니라 사회전체의 복리를 위할 때만 존재 한다고 본다. 사실상 장관의 직위는 신의 임명에 의해서 나왔으며 합법성에 의해서 부여된 권위란 권력을 독선적으로 행사하는 것과는 아주 다르다. 그의 통치자에 대한 도전적인 사상은 정당한 경우에는 국민들은 통치자에게 대항할 수 있다. 통치자를 제거하는 것이 국민들에게 덜 해가 된다고 볼 때는 언제든지 통치자를 제거하는 것이 정당하다고 볼 수 있다.

루터와 중세 교황권에 도전장을 던진 진보주의자들

마르틴 루터는 중세의 신 중심사회가 서서히 붕괴되어가면서 인간중심사회로 복귀되는 시대에 교권의 권위에 대해서 도전한 사상가였다. 문화적이나 사회적인 차원에서 인문주의의 복귀는 인간의 외적인 면에서 신 중심사회에서 인간중심사회로 복귀를 의미하고 있다. 반면에 정신적인 차원에서 루터의 역할은 교회의 개혁을 통한 인간의 정신적 개혁의 필요성을 강조한 사상가였다. 루터는 신부이자 신학자로서 당시 교황을 비롯한 교회에서 면죄부를 판매하는 등 부패를 저지르고 있었다. 특히 교황을 비롯한 교황청의 권위주의적인 계급제도에 대해서 정면으로 도전한 진보주의자였다.

신학자이었던 루터는 당시 부패된 로마 교황청에 대해서 95개조의 조건을 내세워서 교회의 면죄부 판매의 금지 등 교회의 개혁안을 내놓았다. 그 중에서도 교황의 인간사회에서 차지하는 위치에 대해서 반박하고 나섰다. 당시 사회에서 교황의 위치는 신의 의사를 전달하는 중개인이며 인간이 사회에서 범하는 모든 범죄는 교황만이 유일하게 죄를 면하게 할 수 있는 권한을 가지고 있었다. 인간이 저지른 모든 범죄는 교황의 면죄부를 통해서 완전히 없어지며 인간이 죄를 면죄 받기위해서는 교황청이 발부하는 면죄부를 비싼 값으로 사야 한다. 또한 교황청은 면죄부를 팔아서 얻은 수입을 교황청의 수입으로서 사용하였다. 인간이 아무리 악한 죄를 저질러도 일단 면죄부를 사면 죄가 없어져서 신의 나라인 천국으로 갈 수 있다는 것이다. 이러한 면죄부는 신과 인간 사이에서 중재 역할을 하는 교황을 반드시 통해야 한다는 것이다. 비록 악인이 마리아를 범하더라도 면죄부만 사면 모든 죄는 면제를 받아서 신국으로 갈 수 있다는 것이다.

루터는 신과 인간과의 사이에는 교황이라는 중개인이 필요 없으며 신과 인간이 직접적으로 연결하여 신으로부터 바로 면제와 구원을 받는 것이기 때문에 교황의 개입을 부정하고 나섰다. 따라서 교황과 교회는 새로운 개혁을 통해서 새로운 정신사회를 만들 수 있는 새로운 교회의 설립을 주장 하였다. 루터의 이러한 사고방식은 당시 절대적인 권력을 가지고 있던 교황청은 루터에 대해서 사제직을 파직시킴과 동시에 강력한 재제를 가하였다. 처음에는 루터도 교황청의 세력에 대해서 맞서서 저항을 하였으나 교황청의 워낙 강력한 처벌에 순종 할 의사할 뜻을 밝혔다.

그러나 문제는 루터자신의 문제가 아니라 당시 교황의 권위에 대해서 도전하는 세력들에 의해서 루터는 지지를 받게 되었다. 그중에서 가장 큰 세력은 바로 교황과 권력분배 문제로 팽팽하게 맞서있던 세속 왕권의 루터에 대한 지지였다. 루터의 교황에 대한 도전은 교황에 대해서 권위를 부정하며 대항한 재 침례교회와 농민운동의 신호탄이 되었다. 루터가 교황에 대한 도전장은 당시 사회가 신 중심사회에서 민족국가 중심사회로 변모해 가는 과도기적 단계에 있던 시대이었다. 당시 교황에 대해서 루터는 면죄부 판매 금지 등 새로운 교회의 혁신만을 요구하고 더 이상 세속적인 문제에 대해서는 관여하기를 원하지 않았다. 당시 사회에서 가장 심각한 문제는 교황 권과 왕권의 범위의 정립이 가장 큰 문제였다. 왕은 허물어져가는 교황의 권위에 도전하여 왕권도 신으로 부여 받았다는 왕권신수설이 대두되는 단계에 있었다. 당시는 민족국가 중심으로 사회가 변모되는 과정에 있었다. 따라서 정치와 경제 사회 법률문제 등 모든 문제는 왕을 중심으로 해결해 나가야 하며 교황은 단지 종교문제에만 국한 하여야 한다는 관념이 대두되는 시대였다. 왕을 중심으로 새로운 국가를 성립하여야 하기 때문에 교황의 권위를 왕의 권위의 아래에 두어야하는 시대였다. 루터는 왕과 교황과의 관계에서 교황도 세속적인 문제는 왕의 권위아래에서 왕의 지배를 받아야만 한다는 주장이다.

왕은 종교적인 문제를 제외한 모든 문제는 왕이 국가의 절대적인 권위자로서 해결하여야 한다. 그러나 왕의 잘못된 문제는 오직 신에 대해서만 책임을 진다. 루터의 이러한 왕의 신에 대한 직접적인 책임은 왕의 권력을 절대왕권으로 비약시키는 결과를 초래하여 왕권신수설 등의 강력한 왕권정치를 하는데 크게 기여 하였다. 루터의 사상에 의한 교황의 권위에 대한 도전은 우리 인류사에 획기적인 변화를 가져오게 만들었다. 거시적인 차원에서는 르네상스시대의 출현과 함께 인간의 외면세계의 개조를 요구하게 되었다. 내적인 면에서는 종교를 순수한 종교자체로 개조해 나가도록 만들었다.

루터의 교황 권에 대한 도전은 서구 민족국가의 탄생에 결정적인 역할을 하게 했다. 민족국가의 탄생에는 모체가 되는 중심세력이 필요했으며 바로 왕권의 강화라는 이론이 필요했다. 왕이 민족국가를 설립하는데 필요악이었다. 교황으로부터 독립해서 국가의 권력을 가진 왕권도 신으로부터 받았다는 신권 제왕 설은 결국 교황 권을 약화시킴과 동시에 천 년간 유지되어온 유럽 신 중심 사회를 급속하게 몰락시키는 결과를 가져오게 되었다. 또한 농민을 중심으로 한 농민들의 반란이 민주주의로 가는데 큰 역할을 하였다. 농민을 중심으로 한 사회빈민층의 반항은 결국 서양의 중산층을 중심으로 한 사회를 만들어 나가는데 결정적인 역할을 하였다.

루터의 종교개혁운동은 비슷한 시기에 스위스 제네바를 중심으로 종교운동을 전개해나간 캘빈을 비롯하여 많은 종교 개혁운동가를 배출해 나가는데 크게 기여 하였다. 캘빈의 종교개혁은 실제 경제문제와 정치문제를 관련 시켜서 개혁을 전개해 나갔기 때문에 서구사회에 경제적이며 민주적인 사회를 정착시키는데 크게 기여하였다. 성 토마스 아퀴나스의 뒤를 이어서 기독교 중심의 사회에 도전적인 사상을 가진 인물은 마르틴 루터와 존 캘빈을 들 수가 있다. 루터는 1483년부터 1546년까지 생존했으며 캘빈은 1509년부터 1564년까지 생존한 사람이다. 루터와 캘빈은 토마스 아퀴나스와는 대조적으로 신전 정치형태를 주장한 사람이다. 캘빈은 실제로 제네바에서 신전 정부를 수립하였다. 북유럽의 프로테스탄트 국민들은 국가와 교회가 조화를 이루어서 유지할 수 있는 종교를 강조 하였다. 따라서 정치 지도자들이 교권에 의해서 비평을 받지 않도록 했다.

정치와 종교의 분리의 목적은 교회의 기존의 교권원칙을 저버리지 않도록 하기 위해서였다. 대중의 특권의 영향에 의해서 민주정부의 정책은 점차적으로 기존의 교권의 교리에 덜 간섭을 받았다. 현대적인 시각에서 보면 교회에 의한 국가는 전체주의 국가에 비유된다고 볼 수 있다. 종교란 국가의 국민들의 전통에 불과하다고 하나 그것이 정치에 미치는 영향은 너무 크기 때문에 결국 정치가 종교의 강령에 의해서 좌우되어 버리는 현상을 초래하게 된다.

르네상스 시대의 도래와 왕권강화에 대한 비판철학

중세 신 중심 사회에서 인간중심사회로 환원하는 르네상스 시대는 또 한 번의 인류역사의 큰 격동기였다. 우선 모든 분야가 교회를 중심으로 하여 신에 의존하던 시대에서 인간을 중심으로 하는 인문주의의 복귀의 시대로 변하는 시대로 돌아섰다. 이러한 와중에 모든 중세의 존재와 가치는 몰락하고 파멸의 경지에 들어서게 되었다. 정치나 사회 문화적인 차원에서 신 중심에서 인간중심으로 변화는 기존의 것을 지키려는 보수와 기존을 파괴하는 새로운 것을 찾으려는 진보의 대결구도의 양상으로 바뀌어 졌다.

문화적인 차원에서도 신을 소재로 다루던 문제를 인간중심으로 변화시키면서 인문주의의 복귀를 가져오게 되었다. 또한 교회와 국가 간에 교회가 국가위에서 군림하던 위계질서의 파괴를 가져오게 되었다. 국가는 이제 민족과 영토의 회복을 위해서 노력하게 되었으며 이 과정에서 왕은 자연히 권위를 강조하는 시대에 돌입하게 되었다. 중세 신 중심사회에서 민족국가 중심사회로 넘어 가면서 교황 권에 대해서 개인의 권리를 보호하는데 위협적인 존재가 바로 왕권의 강화에 있었다. 왕은 교황을 대신해서 왕권신수설 등 인간위에서 군림하는 절대적 존재로 인권을 침해하는 가장 위협적인 존재로 등장하게 되었다.

왕권강화에 비례해서 개인을 보호해야 한다는 사상이 서서히 부각되면서 개인과 국가 간에는 마찰이 생기기 시작했다. 이러한 개인을 국가인 통치자로부터 보호해서 국가가 국민의 생명과 재산을 보호하지 못하는 경우에는 국가는 통치권을 국민들에게 내어 주어야만 한다. 국민들은 그 통치권을 국민들의 생명권과 사유재산권을 보호할 수 있는 다른 통치권자를 선택하여 그 통치권을 인계하여야 한다. 이 과정에서 통치자가 통치권을 인수하지 않을 경우 국민은 무력적인 힘의 행사인 혁명을 하여야 한다. 실제로 왕을 중심으로 한 국가의 통치자들은 국민들의 인권을 유린하였다. 이러한 단계에서 근세 유럽 국가들의 국민들에게 혁명 사상을 가지도록 사상을 전달한 사상가들이 많이 있었다. 이들 진보적 사상가들의 도움으로 근세 유럽은 세계 3대 혁명인 영국의 명예혁명, 프랑스 혁명, 미국의 독립혁명이 성공을 거두었다.

이러한 사상가들이 있었기 때문에 인류의 민주주의는 또 한 단계 올라서게 되었다. 이 시대의 대표적인 사상가로서 토마스 홉스, 존 록크, 장 자크 루소를 들 수가 있다. 홉스의 사상은 영국의 명예혁명을 일으키는 원동력이 되었으며 로크의 사상은 미국 혁명의 원동력이 되었다. 특히 미국인들의 기본사상과 미국 헌법은 로크의 개인주의 정신인 로키안 패러다임을 기초로 삼고 있으며 프랑스 혁명은 루소의 사회계약론인 일반의사의 정신으로부터 일어났다.

제4장
개인중심의 철학

토마스 홉스와 만인의 만인에 대한 전쟁상태

근세 서양의 계약론 사상을 대표하는 토마스 홉스Thomas Hobbes는 1588년 영국의 말메스버리에서 태어나서 1659년 91세에 죽었다. 1640년 영국의회에서 왕의 절대 권력을 지원하라는 명령에 반기를 들었다가 파리로 추방되었다. 파리에서 11년간 머물면서 그의 대표작인 리비아디안Leviathan을 저술하여 런던에서 1651년 출간 하였다. 리비아디안에서 그의 무신론적 입장은 영국교회로부터 크게 비난을 받았다. 1660년 왕정이 회복된 후 홉스는 왕으로부터 용서를 받기는 했으나 리비아디안은 교회로부터 계속적인 적대감을 불러 일으켰다. 의회에서 그 문제에 관해서 재심한 결과 아무런 죄가 없다는 판결이 내려져 그 이후 홉스는 그의 생애를 평안하게 보낼 수 있었다.

홉스의 생애 동안 일어난 정치적 사건들은 그 시대가 불안정한 시대였다는 것을 보여주고 있다. 1645년까지 왕과 의회 사이의 내란, 1648년의 두 번째 내란, 1649년 찰스 1세 처형, 1654년부터 1658년까지 크롬웰의 섭정, 1660년의 회복 등 정치적인 격동기의 연속이었다. 이러한 시대와 관련하여 그의 사상은 이 시대를 역력히 나타내고 있다. 그의 혁명적이고 진보주의 사상에서 그가 안정된 정부형태의 강조 및 국민들의 정부에 대한 복종 등을 강조한 이유를 이해 할 수 있다. 홉스는 인간은 모든 것을 할 권리를 가지고 있다는 것이다. 따라서 인간은 인간 각자에게 부여된 자연권을 모든 것에 행사할 수 있다. 홉스는 인간은 인간에게 주어진 권리를 사회계약이라는 방법에 의해서 양도가 이루어진다. 인간은 인간이 필요하다고 생각할 때는 인간이 가지고 있는 모든 권리를 그 권리를 행사할 수 있는 사람이나 기관에다 그것을 양도하여 권위를 부여할 수 있다.

홉스는 인간이 각자의 권리를 포기하거나 각자의 권리를 다른 곳으로 양도 할 때는 인간은 자신의 이익을 위해서 양도한 기관에 방해를 해서는 안 되며 반드시 그 사람 또는 그 기관에 복종하여야만 한다는 것이다. 인간의 이러한 권리 포기나 권리 양도는 자신의 의사이며 자신의 행동인 것이다. 홉스는 인간에게 부여된 이러한 권리는 자연권이며 자연권을 양도하려고 하는 사람은 그가 양도한 자연권을 행사하는 사람에게 방해되는 행동은 하지 말아야 한다. 더욱이 양도받은 기관이나 사람이 그 권리를 잘 행사 할 수 있도록 도와주어야 한다. 그러나 인간은 자기가 가지고 있는 권리를 강압에 의해서 양도한 사람에게는 복종할 의무를 가지고 있다고 보지 않는다. 그가 처음 생각했던 의도와 모순되는 경향이 있을 때는 자연권을 다시 돌려받거나 그것을 유보 시킬 수 있다. 홉스의 생각은 인간의 행동은 개인적인 욕망과 혐오에 의해서 결정된다. 인간은 그의 자연권을 다른 사람에게 양도함으로서 그의 욕망을 충족시킨다면 그가 가지고 있는 권리를 양도하여야 한다. 홉스는 인간이 그의 자연권을 유보 또는 양도하는 가장 근본적인 이유와 목적은 단지 자기 자신의 안전을 위해서이며 그것만이 그의 생명을 유지하는 일이다.

권력 또는 권리 상호간의 전도를 홉스는 계약이라고 부르고 있다. 어느 한쪽이 계약을 이행하기 전에 한쪽에서 먼저 계약을 이행하면 다른 쪽은 맹약이 되는 것이다. 여기에서 중요한 것은 의무에 관해서이다. 의무라는 것은 육체적이거나 정신적인 강요를 의미하는 것이 아니라 합리적인 방법에 의한 강요로서 한쪽에서 공약한 것을 이행하면 다른 편에서도 이미 계약된 부분을 이행하는 것을 말한다. 홉스에 의하면 인간은 천성적으로 탐욕이나 욕망이 너무 강하기 때문에 어떤 강압적인 힘이 없이는 그들의 계약을 지켜나간다는 것은 보장 할 수가 없다. 대부분의 사람들은 강압적인 칼이 없이 단지 말로만의 계약으로 모든 사람의 안전을 확보할 수가 없다. 만일 계약의 이행을 믿을 수 없다면 인간은 자연 상태나 마찬가지로 모든 불이익이나 위험을 감수하여야 한다. 홉스는 이러한 두려움으로부터 사람들을 지키기 위해서 공동의 힘을 만들어 공동의 이익을 추구해 나가도록 그들을 지시하도록 하자고 한다. 이것을 홉스는 정부라고 부르고 있다.

그러한 공통적인 힘을 모으는 유일한 길은 사람들의 모든 힘과 권력을 한사람 또한 한 집단으로 모으는 길이다. 국민들의 뜻을 감소 시켜서 그들의 목소리를 한곳으로 모아서 국민들이 그곳에 복종하도록 하는 일이다. 홉스는 이러한 목적을 수행하기 위해서 각자는 다른 사람들과 협의하여 어떠한 제도를 만들어야 한다는 것이다. 국민 각자는 어떤 한사람에게 자기의 권리를 다스릴 사람에게 자기의 권리를 수여하여야 한다. 이렇게 권리를 물려받은 사람 또는 집단은 그러한 계약 조건에 따라서 행동하여야 한다. 홉스는 이것이 단체의 기원이라고 본다. 이러한 권한을 양도받은 사람 또는 구성단체를 홉스는 주권이라고 한다.

홉스는 암시하기를 어떠한 환경에 따라서 사회계약을 취소한다는 것은 합법적으로 본다. 주권에 대한 국민들의 의무는 주권이 그들을 보호 할 수 있을 때 까지만 가능하다. 주권이 그들을 보호할 수 없을 때에는 누구도 철회할 수 있다. 국민들이 안전을 위해서 가지고 있는 자연권을 주권자에게 양도할 수 있다. 그러나 주권자가 그들의 목적을 달성하지 못할 때는 복종자인 국민들은 주권자에게 준 권리를 양도받아서 그들의 생명과 안전을 보호 해 줄 수 있는 다른 주권자에게 그들의 권리를 양도할 수 있다. 주권자와 국민들 간의 계약을 깨뜨릴 수 있느냐 아니냐의 문제와 관련하여 홉스의 견해는 일관성이 없으나 강하고 안정된 정부를 희망하는 그의 의도와는 다소간 다른 표현이다. 이와 관련하여 홉스의 또 다른 견해는 사회계약은 되돌려 받을 수 없는 것이다. 어떠한 조건 하에서도 양도한 권력을 주권으로부터 되돌려 받는다는 것은 불가능한 일이다. 국민들이 그들의 행동과 판단에 의하여 만든 계약은 그들 사이에 새로운 계약을 만든다는 것은 합법적인 일이 아니다. 주권자의 허가 없이는 새로운 계약을 만든다는 것은 불가능하다. 사회계약에 의해서 주권자에게 주어진 권력의 양도를 다시 취소시킨다는 것은 불합리한 일이다.

홉스의 사회계약은 분명히 일관성을 잃고 있다. 그러나 분명한 것은 홉스는 안정되고 강한 정부를 희망하고 있다. 홉스가 강조하는 있는 점은 주권의 필요조건은 절대적이며 자격을 따질 필요가 없으며 정부가 소유하고 있는 주권의 힘은 안정되고 질서 정연한 사회를 구성하고 있어야 한다. 그러나 정부가 처음의 의도대로 국민을 위해서 권력을 행사하지 않더라도 주권은 그대로 유지하고 소유할 수 있다는 것을 의미하는 것은 아니다.

존 로크와 미국식 개인주의를 탄생시키다

미국 혁명과 미국사회형성에 가장 크게 영향력을 행사한 진보적 철학가는 존 로크이다. 존 로크(John Locke, 1632-1704)는 영국 웨스트 민스트 학교와 옥스퍼드의 크리스천 교회에서 교육을 받은 후 의학을 공부하였다. 로크는 1666년 안토니 코터의 개인비서가 되었으며 후에 샤프 베리의 개인 의사가 되었다. 1672년 그가 개인 의사로 있는 샤프베리가 맘모스 공작의 왕위 계승 음모에 관련되자 로크는 그 음모에 전혀 관련되지 않았음에도 불구하고 영국을 떠나도록 권고 받았다. 1684년 찰스 2세는 로크가 1659년 이래로 계속 누리어온 학문적인 이득을 박탈시켰으며 제임스 2세는 그를 해외 망명으로부터 소환 시키려고까지 했다. 그러나 로크는 윌리엄 오렌지왕의 승낙을 받고서 영국으로 돌아왔다. 로크는 신앙에 관한 연구를 비롯하여 시민정부이론 등 다수의 정치적인 논문을 제외하고는 인간의 이해에 관한 수필집이라는 제목의 지식론에 관해서도 큰 공헌을 하였다.

로크의 사상은 그 시대의 상황을 잘 반영하고 있다. 홉스와 마찬가지로 불확실하고 위험한 영국 내란기에 살았기 때문에 모든 것을 압도

할 만큼 강한 정부를 정당화 시키려고 고심했다. 비록 1688년 전에 일어난 혁명은 도덕적인 가치를 더할 때만 정당하다는 로크의 견해에도 불구하고 로크는 스튜어트왕조 아래서 박해를 받았다. 로크의 사상은 정부는 사회를 붕괴하지 않으면서 혁명에 의해서 정부는 제거될 수 있다는 것이다. 어떤 정부도 어떤 특정 조건하에서는 이러한 방법에 의해서 교체되는 것이 정당하다. 로크의 이러한 사상은 백년 후 영국의 식민지였던 미국이 영국의회를 인정하는 것을 거절하는 것을 정당화시키는데 상당한 영향을 끼쳤다. 또한 로크의 사상은 영국과 미국의 정치적 독립을 초래하는 이론적인 바탕이 되었다.

로크와는 대조적으로 홉스는 기존 정부의 혁명에 의한 전복은 무정부상태를 초래한다고 했으나 1688년의 영국의 혁명은 그러한 무정부상태와 같은 참극은 초래하지 않았다. 그와는 반대로 1688년의 혁명은 영국 사람들에게 주권의 변화와 왕정을 약화시킨 반면 의회를 그만큼 강화시켰다. 이러한 변화들은 영국에서 정부의 중요성을 보여주었다. 그 결과 폭력 없이 정부를 전복하여 소위 명예혁명에 성공하였다. 대다수의 영국국민들은 명예혁명을 환영하여 영국은 국민들로부터 환영받는 정부를 구성하게 되었다. 존 로크 자신도 이러한 혁명을 정당화시켜 정부의 권위와 정당성을 도덕적인 법칙에다 의존하도록 하고 있다. 이러한 그의 사상은 로크의 「시민 정부이론」의 책에서 찾을 수 있다. 여기에다 다시 이름을 붙여 「시민정부의 신기원에 관한 고찰과 목적」이란 책을 저술하였으며 이 책은 1688년의 명예혁명 2년 후인 1690년에 출간되었다.

로크의 견해에 의하면 모든 정부는 자연법이란 정의가 내려진 도덕적인 기준에 복종하여야만 한다. 만일 정부의 행동이 이러한 도덕적인 기준과 마찰이 생길 경우 자멸이 있다. 어떠한 정부도 그가 하고 싶은 대로 하고 통치할 수 있는 절대적 권한은 갖고 있지 않다. 또한 어떠한 개인도 자기가 하고 싶은 대로 행하는 절대적 권리를 갖고 있다고 할 수 없다. 로크의 사상은 기존의 왕의 신성한 권한의 법칙에 정면으로 도전하고 있다. 기존의 일반적인 사상인 왕은 절대적으로 죄를 저지를 수가 없다. 왜냐하면 왕의 권한은 신으로부터 나왔으며 왕의 행동이 신의 의지로부터 나왔기 때문이다. 이에 대해 로크는 왕은 틀리기 쉬운 인간이며 왕은 도덕법에 따라서 행동하는 인간이며 도덕법을 파괴하기 쉽다. 반면 홉스의 견해는 정부의 권위는 도덕적인 면에서는 한계가 없다. 홉스는 개인의 이익을 위하고 공공의 질서나 안전을 위해서 정부에 국민들의 절대적인 권력을 양도하여야 한다. 만일에 정부가 공공의 질서나 안전을 유지하지 못하는 경우 국민들은 그들의 이익을 위하여 정부에 복종하는 것을 거부 하여야 한다. 또한 홉스에 의하면 반란을 정당화시키기 보다는 복종하는 것이 더욱 이익이 된다는 것이다. 그러나 홉스의 이러한 견해는 그의 개인적인 위험과 경험이나 자연적인 소시민적 개성이 더욱 그의 마음속에 작용하고 있기 때문이다.

정부의 권위의 역량에 대한 홉스와 로크의 차이점은 홉스가 로크 보다는 더욱 원칙을 주장하고 있다. 어쨌든 두 사람은 매우 다른 차원에서 혁명을 인정하고 있다. 홉스는 반란이란 개인의 이익추구라는 근거에서 정당화 될 수 있다. 만일에 정부가 정당한 자연법을 수행하지 못할 때는 혁명의 정당성을 인정하고 있다. 반면 로크는 정부가 도덕적인 면에서 자연법에 위배되는 행위를 하였을 때는 혁명이 가능하다는 것이다. 그러나 두 사람 모두 정부가 어떠한 환경 하에서도 죄를 범하지 않는다고 생각하지는 않았다. 홉스는 정부는 통치할 강권을 가지고 있으며 이러한 목적을 수행하기 위해서 정부는 결정을 집행할 강권을 가지고 있다. 한편 로크는 정부는 이러한 강권을 가지고 있기는 하지만 그 강권에 복종하도록 건의하는 대다수의 강권이 사용될 때만 정부는 강권을 행사할 수 있다. 만일에 정부에서 그들이 받아들인 도덕적인 원칙들을 수행하지 않는다면 그 동의를 국민들이 유보할 수 있다. 홉스는 로크보다도 국민이 동의를 취소 할 수 있다는 점을 덜 강조 하고 있다. 홉스는 국민의 동의의 취소는 아주 예외적일 때만 가능하다는 것이다.

홉스와 로크의 동의와 권위는 상대적 중요성의 강조에 따라서 차이가 있다. 그 차이점은 의심할 필요 없이 홉스는 강하고 안정된 정부만이 모든 사람들의 기본적인 이익을 위하는 일이며 추진하는 정책이 일반 도덕적인 차원에서 법과 불일치한다는데 따라서 반란을 정당화시키려고 하고 있다. 반면 정부의 대중으로부터 동의의 원칙은 정부에 의해서 자연법의 준수를 확인하는 것이 필요하다는 로크의 강한 견해보다는 홉스의 견해가 덜 분명하다. 로크는 정부는 개인 한 사람 한 사람의 동의에 기초를 둘 수가 없다. 개인 한 사람 한 사람은 정부의 의무의 개념에 의견을 달리 하기 때문이다. 로크는 정부의 권위는 국민다수의 동의에 달려있으며 국민 다수가 결정적인 정책 권력을 가지고 있다는 것이다. 집단에서 한사람의 동의에 의한 행동은 단지 한사람의 의견이며 집단에서 다수의 동의에 의해서 움직여졌을 때는 각자는 모든 사람의 동의에 의해서 뭉쳐졌다고 할 수 있다.

이러한 관점에서 볼 때 로크의 사상은 분명히 민주주의 사회에 대해서 밝히고 있다. 귀족 국가에서는 몇 사람이 힘과 폭력에 의해서 다수를 지배하고 있다. 그러나 민주주의에서는 어떤 개인의 어떤 행동에 의해서 의사가 결정될 수 없으며 다수의 지지를 받고 있는 의견이 분명히 수행되어야 한다. 따라서 로크는 한 사회에 소속되어있는 시민 각자는 다수의 지배 원칙을 받아들이는데 동의 하여야 한다. 로크는 다수 지배원칙과 그가 이해하고 있는 자연법 사이의 잠재적인 불일치를 인정하는 것 같지 않다. 로크의 자연법이란 도덕적인 법 즉 어느 누구도 다른 사람의 생명· 건강· 자유· 재산을 해쳐서는 안 되는 법을 의미한다. 이러한 논리에 의하면 다수는 다른 사람을 해칠 권리를 가지고 있다는 것이 불가능 하지 않다.

로크는 자연권이란 다수의 의견의 권리라고 정의를 내리고 있다. 로크는 자연권의 일반적인 개념을 근본적인 민주주의 법칙과 결부시켜 나갔다. 따라서 로크의 국가에 관한 이론은 실질적으로 현대 민주주의 헌법의 정확한 분석이 되었으며 자연권의 상대성의 인정은 어느 사회 어느 시대에서나 인정되어졌다. 민주주의의 기본 요소는 개인의 권리는 신성한 것으로 인정되었으며 정부나 어떤 집단에 의해서 침해받았을 때 개인의 이러한 권리들을 보호해 준다. 민주주의는 로크가 보았던 것과 같은 자연권은 아니다. 그러나 국민이 동의하는 가장 중요한 의무는 개인의 권리가 결국은 독재적인 폭력의 행사에 의해서 희생되어서는 안 된다.

로크의 다수 지배에 관한 원칙은 그의 사상의 기본 원칙을 바꾸지는 않았다. 그의 이론의 기본원칙은 개인이나 정부 모두가 도덕법에 복종하여야 한다. 개인은 일관성이 없고 불확실하며 잘 모르는 다른 독재자에게 복종하여서는 안 된다는 것이다. 로크와 홉스는 사상 면에서 많은 유사성이 있다. 그러나 로크의 의무에 관한 이론은 홉스의 이론과는 정반대의 입장에 있다. 홉스에 의하면 주권에 의해서 한번 제정된 법률은 상당한 효력을 가지고 도덕은 법의 기초이다. 그러나 로크에 의하면 자연법의 개념으로서 도덕은 시민이 복종해야만 하는 기본법이다. 만일에 시민법이 시민들이 가지고 있는 도덕법과 모순이 있다면 시민들은 시민법에 복종해야 할 의무가 없다. 도덕적인 관점은 정치에 있어서 중요한 역할을 한다. 로크의 이론은 도덕법에 기초를 두고 있기 때문에 더욱 포괄적이며 함축적이다. 정부의 정당성으로 볼 때 로크의 이론은 홉스의 이론보다 더욱 세련된 것처럼 보인다. 그러나 로크의 이론의 약점은 그가 독립된 도덕의 기준을 부활시키는 중요성에 있는 것이 아니라 도덕의 기준을 어떻게 확인하고 정의를 내리느냐 하는 것이다. 로크는 자연법과 신의 의사에 관해서 언급했다. 로크는 자연법과 신의 의사가 모든 인간사회의 기본 원칙이 된다는 것이다. 로크가 자연법과 신의 의지가 가장 중요한 법칙이라면 자연법과 신의 의사에 관해서 어느 정도의 독선적이며 명백한 한계 및 기준을 내세울 수 있는 설명이 필요하다.

제 5장

개인보호 중심의 철학

루소와 인간을 자연의 고상한 야만인으로 남겨 놓아라

프랑스 혁명의 원동력을 가져온 루소의 사상을 이해하기 위해서는 다른 사상가들과는 달리 그의 특수한 성격과 남다른 인생 경력을 이해하지 않고서는 불가능하다. 루소가 살아온 주위환경은 그의 정치사상에 지대한 영향을 미쳤다. 그가 살아온 생애를 깊이 앎으로서 그의 난해하고 일관성이 결여된 사상을 이해 할 수가 있다. 장 자크 루소Jean Jack Rousseau는 1712년 캘빈교의 중심지인 제네바에서 시계 수리공의 아들로 태어났다. 태어나자마자 루소의 어머니는 죽었다. 루소가 10살이 되었을 때 그의 아버지는 대소동을 일으킨 뒤 루소를 버리고 달아나 버렸다. 부모 없이 어린 시절을 제네바에서 보내면서 루소는 이 직업 저 직업을 전전하면서 거짓말뿐만 아니라 남의 물건을 훔치는 일도 서슴없이 해냈다. 루소가 16살이 되었을 때 제네바를 빠져나가는 것이 필요하다고 느낀 루소는 파리로 갔다. 루소의 천부적인 미남형과 재치는 많은 사람들을 사귀었으며 특히 여자 친구들을 많이 사귀었다. 그러나 그의 사교성은 언제나 오래가지 못했다. 루소의 가장 큰 후원자는 마담 위렌이었다. 마담 위렌의 도움으로 루소는 많은 양의 공부를 독학으로 해냈다. 이러한 공부과정에서 그는 오페라도 쓰고 비록 프랑스 아카데미에서 거절되기는 했지만 음악 작곡도 했다.

루소의 생활은 다른 사람들과는 완전히 다른 생활을 했다. 그의 독특한 성격 때문에 그는 자주 마찰을 일으켰다. 그는 일생동안 다섯 자녀를 두었으며 부인의 만류에도 불구하고 낳는 즉시 고아원으로 보내 버렸다. 이러한 루소의 비인간적인 행위는 그의 유명한 참회록에서 많이 후회를 하고 있다. 특히 그는 플라톤의 공화국에서 모든 자녀들의 공동소유화에 대해서 긍정적인 반응을 보이고 있다.

1749년 디존 아카데미가 주최한 수필대회에서 과학과 예술은 인간의 도덕에 공헌을 했는가 또는 퇴화시켰는가?라는 제목의 콘테스트에서 루소는 그의 특유의 고집을 살려서 과학과 예술은 인간의 도덕의 청결에 도움을 주지 못했다는 입장을 취했다. 당시는 계몽주의로서 모든 것이 문명과 과학만이 인간의 도덕과 발전을 가져온다는 시대였다. 루소의 이러한 진보적 입장은 당시 사회에 있어서는 하나의 큰 충격이었다.

아카데미수필 대회에서 입상은 루소의 인생을 바꾸어 놓았다. 루소는 이 순간부터 나를 새로운 세계에서 새로운 사람으로 탄생시켰다라고 말하고 있다. 이 논문에서 루소는 인간의 순수성과 착함은 문명에 의해서 부패되어 버렸으며 파리사회를 무서운 속도로 망쳐가고 있다는 것이다. 결국 루소는 사회 자체를 부인하고 있다. 1754년 두 번째 경기에서 디존 아카데미 후원회에서 했던 것과 같이 인간 불평등 기원론의 논문을 제출했다. 이 연구 논문에서 루소는 비록 입상은 하지 못했지만 인간 불평등 기원론의 논문은 그를 더욱 유명하게 만들었다. 이 논문에서 루소는 그의 기본사상을 대담하게 잘 드러내고 있다. 1755년 백과전서파가 주최한 정치경제에 관한 연구에서 루소는 그 유명한 사회계약론을 나타내고 있다. 여기에 인기도를 타고서 루소는 1762년 그의 가장 유명한 책인「사회계약론」과「에밀」을 출간 하였다. 말년의 루소는 학문적인 업적을 거의 찾아볼 수가 없다. 1766년 루소는 흄의 초청으로 영국으로 갔다. 그러나 두 사람 사이의 불화로 인해서 방황하였다. 1768년 루소는 술주정뱅이이자 게으른 테레사와 결혼했다. 이후 8년간 파리에 머물렀으나 건강 악화로 인해 파리에서 약 10마일 떨어진 에몬빌 이라는 마을의 오두막에서 머물면서 건강을 관리했다. 1778년 5월 루소의 가장 오랜 친구이자 적이던 볼테르가 죽자 루소는 나는 자네와 운명을 같이 한다고 보네, 자네가 세상을 떠났으니 나도 곧 따라가야지 라고 말했다. 볼테르가 죽은 후 두 달 뒤인 7월 2일 루소도 죽었다. 그의 처 테레사는 1801년까지 살았다.

루소의 인간성과 사회에 관한 논문은 많은 난해성을 가지고 있다. 인간의 도덕과 관련된 문제나 국가관에 관한 그의 사상은 비교적 일관성이 있다. 루소의 논문에서 자연 상태에 관해서 더욱 급진적인 사상을 전개해 나가고 있다. 루소가 자연 상태로 돌아가라고 부르짖은 이유는 사회의 제도나 관념 때문에 인간의 순수한 도덕성은 타락되긴 했지만 마음 속 깊은 곳에서 아직까지 순수한 도덕성이 깃들어 있다고 보기 때문이다. 자연 상태란 이러한 목적을 달성하기 위해서 고안되어졌다. 그러나 루소는 현대의 자연법의 세속성이나 종교적 형태에는 순응하지 않았다. 루소는 신학에 바탕을 둔 자연법을 부정 하였다. 로크나 토마스

페인의 자연권 같은 인간의 행복 추구 역시 무시 하였다. 이러 한 관점에서 보면 루소는 로크나 홉스보다 더욱 고전적이라 할 수 있다. 루소는 순수한 선과 덕에 있어서 홉스의 인간 보호 면에 치중한 것 보다 더욱 관심을 가지고 있기 때문이다. 그러나 근본적으로 볼 때 도덕의 지표이며 기준인 이성을 거부했기 때문에 고전학파와 현대학파와는 의견을 달리했다.

루소는 자연 상태에 대해서 서술하고 있다. 인간 중에서 단지 생각만 하는 인간이야말로 타락된 인간이다. 인간의 의식이란 사회법에 대항해서 자연의 특성에 따르고자 한다. 인간의 이러한 합리성은 논리적이거나 이해 타산적은 아닌 것이 분명하다. 자연 상태에서 인간은 거의 논리나 이해타산은 염두에 두지 않은 순수한 야만인과 같은 것이다. 따라서 자연 상태에서 인간의 욕망은 현대의 인간들보다 덜 욕정 적이며 덜 폭력적이다. 특히 루소는 그의 논문에서 밝히고 있듯이 자연 상태에서 인간은 더욱 동물에 가깝고 평범하기 때문에 섹스에는 더욱 관심이 없다. 루소는 인간사회는 도덕적인 윤리관이 중시되며 육체적인 면은 소홀히 한다고 생각하지만 사실은 그렇지 않다. 남녀 간의 사랑은 야만인들이 하는 것보다 더욱 난폭하며 무절제 하다고 본다.

루소의 사회계약론은 정치학적 관점에서 상당히 이해하기 어려운 부분이 많다. 예를 들면 인간은 자기가 쇠사슬에 묶여 있다는 것이 정당하다고 느끼는 사회에서는 인간은 자유로워질 수 있다는 구절은 이해할 수 없다. 또한 개인과 전체 사이의 확고한 모순은 이해하기가 힘이 든다. 루소의 사회계약의 정의는 사회계약이란 개인 각자가 관여하는 전체가 된 하나의 도덕이나 하나의 집단을 만드는 것을 의미한다. 개인은 그의 모든 권리를 전체 사회에다 양도해 버리는 것이 사회계약이다. 루소는 주권이란 개인 각자를 보호할 특수한 문제점을 가지고 있다. 개인 각자는 국가의 구성원으로서 행동할 뿐만 아니라 주권자로서 행동하여야 하는 이중성을 가지고 있다. 주권이란 법에 기초를 두고 있기 때문에 법에 구속될 수가 없다. 또한 주권이란 개인들의 집합체로 구성되어 있기 때문에 그것을 어느 누구에게 양도하거나 어느 누가 쪼개서 가질 수 있는 것이 아니다. 주권이란 항상 모든 것이 복합되어져 있기 때문에 어느 누구도 반드시 복종하여야 한다.

루소의 사회계약은 인간 각자는 각자와의 계약을 통해서 계약을 하고 있다. 개인은 국가의 일원으로서 뿐만 아니라 주권자 로 행세하는 두 가지 역할을 수행하고 있다. 주권도 역시 법률의 일원이기 때문에 어떠한 법률에도 제약을 받지 않는다. 주권이란 개인들이 구성요소로 되어있기 때문에 그것에 반해서 어떤 이익 을 가지는 것은 있을 수 없다. 주권을 구성하고 있는 개인들은 항상 모든 것을 할 수 있다는 관념은 이해하기가 힘이 든다. 루소는 주권은 능력 면에서 일반의사에 따라서 움직이기 때문에 주권에 따르는 사람이 바로 건전한 시민이다. 루소의 사회계약론은 개인 각자는 사회계약론을 체결하면 체결하는 순간부터 자연적 자유를 포기하여한다. 루소의 자연적 자유란 인간을 유혹하는 모든 무한대의 자유를 말한다. 사회계약의 체결로 인해서 인간은 무한대의 자연적 자유로부터 일반의사에 의해서 인도되는 한정된 시민자유로 바뀌게 된다.

루소의 의견에 의하면 일반의사는 공동이익의 완전한 표현이다. 개인 누구나 일반의사에 참여하여야 하며 개인은 개인 의사를 가지고 있다. 개인의사란 공동적이 아니고 특수하며 이기적이기 때문에 매우 위험하다. 개인의사는 공동전체를 파괴할 위험성을 내포하고 있다. 누구든지 일반의사에 복종하기를 거부하는 사람은 전체의사에 의해서 복종하도록 만들어야하며 이것은 개인을 자유롭게 하는 일이다. 이렇게 하는 것이 모든 시민을 정당하도록 하며 일반의사 없이는 우둔하고 비합리적이다. 루소의 문제점은 어떠한 확실한 도덕성을 가지고 있지 않으면서 인간이 일반의사에 복종하는 자유를 박탈당하여야 하는 점이다. 또한 독재자를 막기 위해서 개인 각자는 독재화 되어야 한다. 그러나 루소가 의도하는 것은 자유사회에서 인간의 자유를 지키는 것이 그의 사회계약론의 근본 목적인 것이다.

루소 사상의 가장 큰 문제점은 일반의사에 관한 논의이다. 루소의 일반의사는 항상 바르고 일반대중에게 유리하도록 지시하고 있느냐 하는 문제이다. 더구나 일반의사가 현 사회에서 부조리한 것과 올바른 것을 정확하게 판단할 수 있느냐 하는 것이다. 추상적이고 낭만적인 루소는 철학적이고 깊이 있는 사고가 부족했다. 따라서 루소는 일반의사는 모든 것을 해결 할 수 있다고 생각했다. 루소가 만들어놓은 일반의사는 루소 자신도 정확히 모르고 있는 것 같다. 또한 루소는 누가 또는 무엇이 우리를 자유롭게 만들고 있는지 정확하게 파악하지 못하고 있다. 일반적으로 볼 때 루소의 일반의사는 해석하는 관점에 따라서 다양하다. 일반 의사를 이해하는 가장 좋은 방법은 우리가 하루의 생활을 위해서 아침 7시에 일어나도록 강요하는 것이 일반의사이다. 반면 특수의사는 늦잠을 자도록 강요한다. 또한 자동차의 운전수가 술집에 갔을 때 술을 못 마시도록 하는 것이 일반의사이며 술이 취해서 운전수의 기분이 좋도록 만드는 것이 특수의사이다. 따라서 일반의사와 특수의사의 차이점은 일반의사란 무조건 사회와 관련시켜서 옳은 일이며 특수의사는 그렇지 않다.

주권을 일반의사와 관련시켜 설명 할 수 있으며 주권도 일반의사에 따라서 움직인다. 예를 들면 축구 경기 팀에 팀장이 어떤 신호를 주면 그 팀의 구성원들은 자기 맡은 직책에 따라서 행동한다. 루소의 주권이란 축구팀에서 각 선수가 자기가 맡은 일을 하는 개인 각자의 일을 나타내는 것이 아니라 그 전체를 나타낸다. 사회에서 주권이란 어느 개인의 역할이나 개인 집단을 의미하는 것이 아니라 전체를 나타낸다. 루소에 의하면 주권이란 양도할 수가 없는 것이며 주권은 나눌 수가 없다. 일반의사는 절대적으로 일반적 이어야 한다. 그러나 문제는 일반의사는 항상 만장일치를 나타내고 있느냐 하는 것이다. 일반의사는 항상 만장일치를 나타내고 있는 것이 아니라 한 가지 반드시 필요한 것은 일반성을 무시하고 있는 것은 배제하여야한다. 일반의사는 항상 올바른 것이다. 그러나 사람들은 생각하는 면에서 항상 똑바르게만 하도록 하지 않는다. 일반 사람들의 의사는 항상 자신의 선을 위하여 추구하고 있으며 항상 그것이 무엇인가를 생각해 보지는 않는다.

일반의사와 전체의사는 구별하여야 한다. 전체의사란 개인의사를 전체로 모아놓은 것을 뜻한다. 일반의사란 만장일치를 통해서 발견하는 것이 아니라 만장일치는 통하지 않더라도 확신되는 수가 많다. 의사의 일관성이란 투표자의 숫자에 담겨있는 것이 아니라 공통적인 이해가 더 중요하다. 그것은 목적에 있어서 뿐만 아니라 본질에 있어서도 일반적이어야 한다. 각 투표는 계산되어져야 하지만 그 표의 분석이 우리들에게 어떤 절대적인 것을 제시하지는 않는다. 루소는 단순한 양을 가지고 질을 따지기를 싫어했으며 일반 의사를 인정하는데 일반성을 어기는 것은 고려할 대상으로 삼지 않았다. 초기의 사회계약에서 루소는 일반 시민 각자는 자기의 의사를 충분히 전달하기 위해서 파벌이나 도당을 피해야 한다고 했다. 그러나 대부분의 사람들은 무엇이 일반의사인지 잘 이해하지 못하고서 투표를 하는 것은 실질적인 면에서 일반의사와 관계가 있다. 일반사람들은 일반의사에 복종함으로서 도덕과 자유를 누릴 수 있다. 그러나 일반인들은 그것을 느낄 때까지는 그렇게 할 수가 없다. 모든 사람들은 도시가 그러한 조건을 갖출 때까지는 동등하다고 할 수 없다. 도시에서의 일반의사란 전체 사람들 중에서 보다 우수한 사람 즉 입법자를 통해서 이루어 질 수 있다.

입법자는 개인의 의사가 방황하는 것으로부터 막을 수 있다. 입법자의 이미지는 플라톤의 철인왕과 같다고 생각한다. 루소는 입법자는 위대한 인간의 재능이 얻을 수 있는 가장 완벽한 지위에 있다고 생각했으며 정치인을 높이 찬양하고 있다. 플라톤의 철인 왕과는 달리 정치인의 탁월성은 직접 다스리는 것이 아니라 법을 통해서 정치능력을 발휘해야 한다. 정치인은 그의 개인적인 목적 때문에 정치를 하면 재능이 더럽혀 질는지 모른다. 정치인이 제출한 법률은 국민들로부터 심판을 받아야 한다. 만일 국민들은 정치인이 제출한 법률에 심판을 하지 않으면 정치인들에게 구속되어져 버린다.

루소의 종교관은 시민종교가 애국심을 조성하는 가장 효과적인 형태이다. 입법자들의 지혜는 순수하게 금지되어진 권위가 가미 되어져야 한다. 이러한 경우는 신이 입법자들의 지혜를 대변해주기 때문에 더욱 권위가 부여되어 진다. 루소의 시민 종교는 사람들을 예속시키겠다는 것이 아니라 시민들이 자유를 지킬 수 있도록 만든다. 시민종교는 입법자가 일반 의사를 대중적인 분위기가 조성되도록 만드는 창구역할을 하고 있으며 동시에 특수의사를 배제 할 수 있도록 하고 있다.

루소는 모든 것이 신비로 시작해서 정치로 끝난다. 라고 말하고 있다.

그는 그의 정신적 고통에 사로 잡혀 그의 유명한 참회록에서 모든 것이 정치와 관련되어져 있다는 점을 강조하고 있다. 이점은 루소가 인간사회에서 일반의사와 관련한 현실정치의 중요성을 강조하고 있다. 루소가 만든 일반의사는 모든 것을 분리하거나 모든 문제에 대답을 할 수가 없었다. 루소의 사상은 많은 부분이 불완전하다. 루소는 사회계약론에서 건설적인 철학의 역할과 국가이론을 제시했다. 루소는 그 문제를 해결하기 위해서 몇몇 형태를 만들었다. 사회계약론에서 루소는 인간은 태어날 때는 자유롭게 태어났으나 어느 곳에든지 쇠사슬에 묶여져 있으며 자기 자신이 주인이라고 느끼는 사람은 단지 노예와 같을 뿐이다. 또한 어떻게 하면 이러한 인간사회를 변화 시킬 수 있으며 무엇으로 그것을 합법적으로 보상받을 수 있는가 하는 문제를 제시하고 있다. 자유와 평등이 자연 상태의 특징이며 무엇이라고 하든지 문명국에서는 자유와 인간의 평등은 존재하지 않는다. 루소는 자유와 평등이 이미 사라졌음을 정당화 했다. 인간의 자유와 평등은 정부가 완전히 제도화된 후에 어느 정도 명맥을 유지해 나가고 있다. 루소는 그의 교육사상 저서인 「에밀」에서 자연과 정치사회, 자유와 권위는 절대적으로 논리적인 모순성을 가지고 있다고 밝히고이다. 사회계약론에서 루소는 이러한 것들을 서로 분리하거나 분석할 수 없는 개념이라고 설명하고 있다. 개인들이 서로 서로 계약을 이루고 있는 상태가 사회이다. 루소의 이러한 사상은 홉스와 로크로부터 강한 영향을 받았다. 홉스는 사회계약론의 논리를 바탕으로 강력한 군주제를 만들었으며 루소는 이것에 대해서 강력하게 경고를 했다.

루소의 사회계약에 의하면 인간 모두를 하나의 전체로서 보고 일반의사라는 최고의 지휘자를 통해서 사람을 다스리고 통치하자는 것이다. 루소는 인간들의 전체를 한 인간의 신체에 비유하고 있다. 하나의 신체로서 개인 각자는 전체의 분할할 수 없는 한 부분으로 간주하고 있다. 개인들은 각자의 행동을 통해서 이러한 도덕적인 신체가 구성되어져 있으며 루소는 이것을 신체정치라 한다. 일반의사는 국가·주권·권력으로 매여져 있는 동시에 다양한 구성원으로 이루어져 있다. 루소는 그의 사회계약론에서 완전한 자유를 발견하고 있다. 루소는 인간은 자신은 자신을 포기함과 동시에 자기 자신을 누구에게도 주지 않는 사회계약 체결 방법을 사용하고 있다. 각 자가 포기한 모든 권리를 집단이 얻음으로서 더 큰 기관에 그들의 권리를 유보함으로서 그들이 잃어버린 권리 이상의 것을 얻는다는 점에서 루소의 사상은 의미를 지니고 있다.

제 6 장

개인과 사회를 동시에 보호하는 철학

공리주의

개인을 왕을 중심으로 한 통치자들로부터 보호하려는 사상적 풍토는 점차적으로 산업혁명으로 인한 복잡한 도시산업사회로 형성되어졌다. 이러한 산업사회에서의 형성은 개인의 보호에만 치중하던 사회를 개인과 사회를 동시에 보호해야하는 사회로 발전하게 되었다. 이러한 개인과 사회의 동시 보호를 위해서 나타난 진보적 사상가들 중에서 대표적인 진보적 사상가가 초기의 벤덤을 중심으로 한 영국의 공리주의 사상가이다.

벤뎀의 사상에 맞서서 공리주의를 보다 거시적인 차원에서 공리주의를 발전시킨 사상가는 제임스 밀과 그의 아들 존 스튜어트 밀을 들 수가 있다. 그러나 공리주의는 개인과 사회 중에서 개인의 보호에 치중하는 경향이 계속되면서 비판적인 견해를 가진 이상주의적 접근법을 사용한 진보적인 사상가가 나타났다. 이상주의 사상의 대표적인 사상가는 옥스퍼드학파의 토마스 힐 그리인을 들 수가 있다.

공리주의의 진보적 사상가는 인류의 역사에 개인의 보호에만 치중하던 시대를 벗어나서 인간과 사회가 동시에 공존해서 발전해야한다는 현대 복지사회의 토대를 형성하였다.

벤덤과 양적인 쾌락을 추구하라

벤덤Jeremy Bentham은 공리주의 이론의 대가로 알려진 대표적인 진보적 사상가이다. 벤덤은 19세기 초반부터 중반까지 영국의 정치 경제에 크게 영향을 기친 대표적 인물로 간주되고 있다. 공리주의 이론은 헤겔의 이상주의 이론과는 대조적으로 개인과 국가 간의 인공적인 특성에다 역점을 둔 이론을 제시하고 있다. 벤덤은 1748년 런던에서 태어나 웨스트민스트에서 교육을 받고 13살에 옥스퍼드의 퀸스 칼리지에 입학하여 교육을 받았다. 옥스퍼드에서 벤덤은 자연과학에 관심을 가졌으나 곧 진정한 성향은 실질적인 법률의 연구와 도덕적인 기준의 실험과 비평에 있다고 보았다. 따라서 벤덤은 일생을 사법부와 입법부의 과학적인 제도의 연구에다 일생을 바치기로 결심했다. 벤덤은 몇 권의 저서를 출간했는데 그 대표적인 저서가 「도덕과 법률에 관한 연구」이다.

벤덤의 저서는 국제적인 명성을 가져왔으며 법의 문화에 관한 그의 충고는 몇몇 외국에까지 소개되어 채택되었다. 벤덤은 25년동안 원형 감옥을 세우는데 정부와 협동했으며 이러한 그의 계획이 정부에 의해서 취소되었을 때 정부로부터 상당한 금액을 배상을 하라는 판결을 받았다. 벤덤은 1832년 85세로 죽을 때 까지 여러 가지 활동을 추구했으며 1823년 웨스트민스트 리뷰를 창간하여 수에즈와 파나마에 운하 계획을 세웠다.

벤덤의 이론은 영국 전통 사상을 지배하고 있던 홉스와 로크의 개인주의 사상의 원칙으로부터 혁명적인 변화를 가져왔다. 벤덤의 국가에 대한 기본사상은 국가란 국가 자신의 존재를 위해서 개인이 있는 것이 아니다. 국가란 개인을 위해서 존재하며 정부의 존재의 정당성은 개인의 권리와 개인의 이상 실현을 만족시켜주기 위해서 개인들에게 봉사하는데 있다. 만일 개인 각자가 다른 욕망을 가지고 있다면 정부는 개인 각자의 욕망을 충족시켜주어야 하며 이러한 개인 각자의 단순한 욕망까지 만족 시켜주는 것이 정부의 권리이자 의무이기도 하다. 벤덤은 인간의 근본적인 욕망은 즐거움이나 행복이다. 개인과 정부의 기본의무는 가능한 한 즐거움을 누리고 고통을 줄이는 일이다. 따라서 어떤 행동의 정당성은 즐거움을 증진 시켜나가는데 있으며 유용성에 의해서 측정된다. 이러한 이유로 인해서 벤덤의 사상을 공리주의 사상이라 부른다.

공리주의에 의하면 행동이란 그것이 즐거움을 증가시키느냐 감소시키느냐에 따라서 인정되거나 비난을 받는다. 직관론자들은 거짓말하는 것은 항상 나쁘다고 한다. 그러나 공리주의자들은 거짓말하는 것이 만일에 즐거움을 감소시키면 나쁘며 거짓말 하는 것이 즐거움을 증가시키면 그것은 옳은 일이다. 공리주의 사상에 의하면 어떤 행동의 결과의 옳고 그름은 그것이 즐거움 이냐 고통이냐에 따라서 결정된다. 공리주의의 근본원칙은 즐거움은 단지 본질적으로 선이며 선 그 자체는 근본적으로 선 이외에 아무것도 아니다. 그러나 공리주의자들이 이것을 규정하고 있다고 할지라도 그 기준은 분석적이며 종합적인 분석을 분명히 하고 있지 못하다. 공리주의자들은 사람들이 선이라고 부르는 것은 진실로 즐거움이며 사람들이 악이라고 부를 때는 그것은 고통이라고 간주한다.

벤덤의 사상은 다음과 같이 분석 할 수 있다. 자연은 즐거움과 고통에다 인간을 두고 있다. 공리의 법칙이란 인간들에게 행복을 증가시키느냐 감소시키느냐에 따라서 각자의 행동이 인정되느냐 또는 아니냐를 결정한다. 대부분의 현대의 심리학자들은 벤덤의 의견과 불일치한다고 생각된다. 벤덤의 윤리적 쾌락주의의 원칙은 모든 행동은 공리의 원칙에 부합하여야만 한다. 도덕적 행동의 근원인 윤리적 쾌락설은 벤담의 사상에 근본적인 뿌리를 이루고 있다. 홉스의 사상은 욕망의 목적으로서 선을 규정하며 굴욕의 목적으로 악을 정의하고 있듯이 벤덤도 도덕의 기본개념을 비도덕적인 관점에서 정의를 내리고 있다. 벤덤은 올바른 행동이란 행복을 증가시키는 것을 의미하며 행동이 그르다는 것은 전체 행복을 감소시키는 것을 의미한다. 벤덤은 모든 판단이 우선적인 지식을 나타낸다는 주장을 거부하고 있다. 공리의 계량적인 판단은 반드시 과학적인 관점과 실험의 결과에 의해서 입수되어져야만 한다. 또한 도덕이 과학이며 도덕의 판단은 자연과학의 통상기준에 따라야만 한다. 벤덤은 자연법이란 비합리적인 편견을 정당화시키는 것에 불과하다. 공리론의 원칙은 종전의 자연법에 대신하여 기준으로 삼아야 하며 인간의 행동을 계량적인 기준을 바탕으로 해서 벌을 주어야 한다. 벤덤은 그 당대에 법과 도덕사이에 깊이 자리 잡고 있는 편견에 대하여 반론을 제기하고 있다. 벤덤은 법과 도덕은 근본적으로 비합리적이며 법과 도덕은 공리주의의 원칙에 적용될 때까지 남겨져야 한다. 법이란 궁극적으로 최대 다수의 최대 행복에다 궁극적인 목적을 둘 때까지는 단지 독단적인 제도들의 모음으로서만 남겨 놓아야 된다.

벤덤이 사상에 기여한 공헌은 사회과학의 조사방법을 실제로 법률문제와 사회개혁의 문제에 적용 했다는 점이다. 그는 공리주의를 자연과학인 물리적 분야로부터 형이상학적인 도덕적 분야로 확대를 시도했다. 벤덤은 19세기의 영국의 기존의 제도를 제 정비시키는데 크게 기여했다. 구체적 문제나 사실적 연구를 적용하는 벤덤의 조사방법은 페이비언주의자에 의해서 계승되었다. 경제적인 관점에서 벤덤은 평등보다는 소유권의 안정에 주력하였다. 그의 견해는 자유방임의 정책이 항상 올바른 정책은 아니며 경우에 따라서 정부의 간섭도 필요하다는 것이다. 그러나 정부의 공적 활동에 대해서 궁극적인 목적은 최대다수의 최대행복에 두고 있었지만 어떤 특정한 한계를 정하지는 않았다. 벤덤의 이러한 사상은 제임스 밀과 존 스튜어트 밀의 사상에 크게 영향을 주었다.

존 스튜어트 밀과 만족한 돼지보다는 불만족한 소크라테스가 되라

존 스튜어트 밀은 제임스 밀의 아들로서 영국 공리주의를 급진적인 개혁적인 차원에서 변화를 시킨 공리주의의 완성자이다. 당대의 석학인 아버지 제임스 밀에 의해서 철저하게 교육을 받은 스튜어트 밀은 경제학을 비롯하여 철학과 정치학의 다방면에서 박식한 사상을 보여준 당대의 석학이었다. 그의 경제학적인 차원에서의 학식과 정치학적인 관점과 철학적인 바탕은 산업사회의 과도기적 사회의 문제점을 지적하고 경제 정치적인 관점에서 문제점을 제시하면서 문제를 해결하도록 노력했다. 그의 사상은 밴덤의 쾌락주의와 최대다수의 행복을 양적인 면에다 치중한 것을 질적인 면으로 바꾸어서 그의 논리를 전개해 나간 사상가 였다. 또한 그는 당시 영국사회의 모순점을 혁명을 통해서 보다는 점진적인 개혁을 통해서 정치·경제·사회적인 면에서의 개혁을 주장한 사상가 였다.

밀의 사상은 개인과 사회의 어느 쪽에 더 역점을 두어야 하는지에 대해서는 분명하지 못한 점이 많이 있다. 밀의 사상을 대표하는 저서로서 「자유론」, 「대의정치론」, 「공리주의론」, 「자서전」 등이 있다. 그의 사상은 개인과 사회를 어떻게 동시에 발전시켜나가는가 하는 것이 그의 근본과제이자 공리주의 이론의 궁극적인 목적이라고 할 수 있다. 벤덤이 주장하는 인간의 쾌락의 양적인 문제에 대해서 그는 질적인 문제로 전환시켜 보려고 노력한 사상가 였다. 정치적으로 자유주의와 경제주의의 문제가 동시에 사회의 문제로 제기되는 시대에 그의 사상은 자유경쟁제와 정부의 개입의 한계, 특혜제도의 배제 등 경제적인 관점에서의 문제점을 제기시키고 있다. 또한 정치적인 관점에서 그가 지적하는 것은 영국의 대의정치의 문제점과 여론, 선거제도의 문제점과 복수선거제등 구체적인 문제점을 지적하면서 점진적인 수정의 필요성을 주장하고 나섰다. 여성과 노동자 문제에 대해서도 당시로서는 획기적인 사상을 가지고서 사회에 도전한 사상가이었다. 특히 그는 당시 남성 우위의 사회에 여성과 남성을 동등시하는 진보적인 사상가이었다.

존 스튜어트 밀은 개인 인격과 발전을 사회의 발전과 연관시키고 있기는 하나 개인의 자유를 우선시하고 개인의 인격과 발전을 중요시한 철저한 개인주의 사상가이었다. 이러한 밀의 개인주의 사상은 만족한 돼지보다는 불만족한 소크라테스가 되라는 그의 논제에서 알 수가 있다. 행복의 사회적 기준이 사회의 질서와 안정에 있다는 것에 대해서 반대의 입장을 나타내고 있다. 개인의 인격적인 발전이 결국 사회의 발전인 것이다. 인간의 자유는 행동과 사상 및 언론의 자유인 것이다. 개인의 독창성과 자주성을 최고로 발전시키는 것이 바로 사회의 발전인 것이다. 인간의 사회의 발전과 인간개인과의 관계를 동시에 연관시켜서 발전 시켜 나가기를 원하고 있으나 개인의 발전여하에 따라서 사회의 발전이 뒤따른다는 주장이다.

밀의 사상은 그리인의 사상과 벤덤의 사상과는 다른 점을 가지고 있다. 벤덤과 그리인의 중간정도의 사상을 가지고 있다고 생각하면 어느 정도 그의 사상을 이해 할 수가 있다. 따라서 그의 사상은 벤덤의 개인의 양적인 쾌락추구와 최대다수의 최대행복론에 좀 더 질적인 면에서 수정을 가하기는 하였다. 그러나 그리인이 주장한 사회와 개인을 동시에 보호하는 사회를 중요시하기보다는 개인이 우선시 되는 사회를 중요시 했다. 정치적인 차원에서 대의 민주주의 제를 주장했다. 그러나 당시 산업민주주의 사회의 과도기에 처해있던 영국사회에 대의제의 문제점을 지적하면서 개혁을 요구하고 나섰다. 빈곤층과 노동자 문제에 있어서도 그는 노동자의 선거권을 주도록 했으며 비록 재산이 없더라도 지적인 판단능력이 있는 경제적 빈곤층에게는 복수 선거권을 부여 하도록 하는 획기적인 제안을 했다.

토마스 힐 그리인과 사회복지제도의 철학을 제공하라

토마스 힐 그리인Thomas H. Green은 영국 옥스퍼드학파를 대표하는 급진적 이상주의자로 분류 할 수 있다. 그리인은 산업혁명으로 인한 기존사회로부터 사회체제의 복잡화 현상에 초점을 맞추었다. 그는 진보적 노동자 계급에 대한 선거권 부여와 함께 사회적 참여도의 급증 등 변혁기의 사회에 맞는 사상을 제시한 인물이었다. 그리인은 당시 주류를 이루고 있던 공리주의에 대해서 반기를 든 사상가이었다. 공리주의는 개인보호를 중심으로 한 소극적인 사상에 불과하며 보다 적극인 개인보호의 정부정책을 필요성을 주장하고 나섰다. 그리인의 대표적인 저서 「자유주의적 입법과 계약의 자유 및 정치적의무의 제 원리」에서 밴덤이나 존 스튜어트 밀의 공리주의의 비판에서 그의 논리를 전개해 나가고 있다. 벤뎀이나 밀의 쾌락이 최대의 행복을 추구하는 논리와 최대다수의 최대 행복 론은 개인보호차원의 소극적인 개인보호주의에 불과하다.

그리인의 사상은 개인과 사회를 연결하는 개인과 사회를 동시에 보호하는 적극적인 자유의 필요성을 주장하고 나섰다. 그리인의 사상은 오늘날 사회복지국가를 창출하는데 결정적인 역할을 했으며 그리인을 사회복지제도의 원조로 불리고 있다. 그리인에 의하면 과거의 자유는 통치자로부터 개인의 자유나 재산을 보호하는 소극적인 자유를 중심으로 하는 정부와 법이 존재하고 있었다. 그러나 이러한 법률은 개인을 단지 보호하는 차원에서의 존속에 불과하다. 이러한 법과 정부의 존속은 자칫하면 개인의 인권을 침해하는 소극적인 역할을 할 우려가 있다. 그리인은 개인과 사회를 동시에 보호하는 복지사회의 창출을 위해서는 개인의 적극적인 자유가 필요함과 동시에 정부의 적극적인 개인보호 차원에서의 역할을 강조하고 나섰다. 자유방임주의의 자본주의 체제에서의 자본가 중심의 대기업의 등장은 개인을 노동자로 전락시켜서 중산층의 몰락과 함께 개인의 자유는 무시당할 염려가 크다는 것이다. 그렇다고 그리인은 헤겔이 주장하는 국가유기체설이나 보상케의 보수주의 국가이론을 동조한 것이 아니다. 그의 이론은 산업혁명에 의한 산업주의 사회에서 경제적인 면에서 보다는 자유주의적인 관점에서 인간 개인과 사회전체의 공존의 필요성을 주장한 진보주의자이었다.

최대다수의 최대행복은 결국은 개인 하나 하나의 복지는 생각하지 않는 많은 허점을 가지고 있다. 또한 사회의 발전과 증진은 고려하지 않고 단지 개인의 쾌락만을 강조한 것은 많은 문제점을 가지고 있다는 것이 그리인의 사상 전개의 출발점을 형성하고 있다. 그리인의 사상은 당시 사회가 소극적인 개인보호 차원의 사회라는 점에서 비판을 가하고 있다. 소극적인 개인보호는 법률의 제지를 받아서 개인의 자유는 침해를 받게 마련이다. 또한 당시 정부형태인 소극적 정부는 개인의 인권과 재산 침해 정도의 소극적인 보호에만 관여하는 소극적 정부형태는 산업사회에는 적합하지 않다는 것이다. 그리인은 적극적인 개인보호에 관심을 돌리게 한 이상주의자이였다. 그의 공헌은 근대 자유주의 사상으로부터 현대 자유주의 사상인 개인과 사회를 동시해 보호하는 현대의 사회복지국가를 형성하게 한 사상가이었다. 그리인은 자유방임주의에 바탕을 둔 공리주의 사상에 대해서 강하게 비판을 가했다.

그리인은 개인과 사회의 연계성을 주장하며 개인과 사회의 상호의존성의 원칙을 내세우고 있다. 영국의 공리주의가 주장하는 질과 양의 양쪽의 균형 있는 개인의 행복과 쾌락의 추구는 사회가 가지고 있는 많은 문제점을 제대로 파악하지 못하고 있다는 것이다. 이러한 사회와 개인의 상호의존 관계에 적극적으로 개입하여야 하는 것이 국가이다. 국가의 적극적인 개인과 사회의 보호를 위해서 하는 일이 바로 국가의 존재이유인 것이다. 그리인은 노동자 계급의 선거권 인정에 대해서 아리스토텔레스의 그리스 시민이 아닌 노예의 선거권을 주어서는 안 됀 다는 이론을 반박하고 나섰다. 시민의 권익과 사회의 안정을 위해서는 노동자 계급에게 선거권의 부여의 중요성을 강조 하였다. 또한 경제적으로 부르조아지의 급격한 성장에 제동을 걸어야 사회와 개인이 모두 생존해 나갈 수 있다. 그렇지 않으면 중산층의 몰락을 초래 할 우려가 있음을 강조하고 있다.그의 국가에 대한 존재는 헤겔이 국가유기체 설에 의한 폐쇄적이고 보수적인 사상과는 달랐으며 보상케의 보수주의적 국가이론과는 달랐다. 그의 이론은 현대의 공리주의를 바탕으로 한 자유주의이론을 한 단계 끌어 올려서 현대의 개인과 사회의 동시보호를 바탕으로 한 복지사회 실현에 결정적인 역할을 한 사상가이었다.

제 7 장

이상주의 국가 건설에 대한 철학

산업혁명으로 인해서 국가는 점차적으로 기능과 역할이 소극적으로 변하는 대신 대량생산을 위한 많은 공장 등이 설립되면서 자본가들의 영향력이 커지기 시작했다. 자본주들은 점차 무산자 계급인 노동자들의 인권을 침해하는 행동이 늘어나기 시작했다. 이러한 시대에 자본주의체제를 비판하고 지구상에서 가장 이상주의 국가와 사회를 건설하려는 움직임이 나타났다. 그대표적인 이상주의 사상가로서 헤겔과 마르크스를 들 수가 있다. 헤겔과 마르크스는 지구의 약 삼분의 일에 해당하는 공산주의 국가들의 사상적인 체제를 확립하였다. 또한 헤겔과 마르크스의 사상은 후세의 헤겔파와 마르크스 파를 형성하여 현대의 자본주의체제를 비판하여 민주주의사회를 더욱 발전시키는데 크게 기여를 하고 있다. 그 대표적인 사상가로서 현대 소련의 공산주의와 미국의 사회체제를 비판하여 60년대 히피와 월남반전운동과 함께 프랑크푸르트 학파를 설립한 허버트 마르쿠제와 현상학을 바탕으로 휴머니즘 복귀를 주장하면 현대의 체제를 비판한 장 폴 사르트르를 들 수가 있다. 이들은 현대사회의 체제를 비판하여 현대사회의 모순점을 시정하려고 노력한 정치 사상가들이었다.

헤겔과 변증법적 변화를 추구하는 철학을 찾아라

현대나 과거의 사상사에서 헤겔을 빼놓고서는 사상사가 성립될 수 없다는 말이 있다. 헤겔이 인류의 정치·경제·사회·문화에 끼친 영향은 지대하다. 현대 전 세계의 많은 국가들이 공산주의 사상의 바탕위에서 움직이고 있다. 이들 공산주의 사상의 기초가 된 마르크스 사상은 헤겔로부터 크게 영향을 받았다. 학문적인 면에서 헤겔의 변증법적 방법론은 자연과학이나 사회과학의 모든 분야에서 기초를 이루고 있다. 그중에서 역사학분야에서 헤겔 사상은 깊은 관련을 가지고 있다. 윌리암 프리디히 헤겔George Wilhelm Fredrich Hegel은 1770년 독일 슈트가트에서 부뎀베르크 왕국의 재정관의 아들로 태어났다. 그는 슈트가트 문법학교에 다녔으나 그곳에서는 학문적으로 두각을 드러내지 못했다. 헤겔은 1788년 튀빙겐 대학에 들어가 1793년 철학박사학위를 받았다. 이 기간 동안 헤겔은 형이상학에 깊은 관심을 가지고 있었으며 플라톤의 도시국가의 윤리적 공동사회와 독일의 당시상황을 고대희랍의 도시국가와 비교하면서 연구했다. 헤겔의 구상은 인간의 자유가 그리스에서 실현 되지못한 것에 대해서 관심을 가졌다.

튀빙겐을 떠난 후 헤겔은 베른에서 개인 가정교사로서 일하다 프랑크푸르트로 갔다. 1799년 부친이 유산을 남겨놓고 사망하자 헤겔은 제나에서 대학에서 지식인으로서 성공하기로 결심했다. 1801년부터 헤겔은 대학에서 윤리와 형이상학을 강의하기 시작했다. 그가 겨우 교수로서 경력을 시작 할 즈음 나폴레옹군대의 침입으로 인해서 제나 거리를 휩쓸고 있는 나폴레옹을 보았다. 헤겔이 나폴레옹을 보는 순간 너무나 경탄한 나머지 나폴레옹을 지상의 영혼이라고 불렀다. 나폴레옹에 대한 그의 존경심은 인간에게 권력을 부여하는 것이 얼마나 중요한 것인가에 대해서 깊이 있게 사고하도록 했다. 이때부터 헤겔의 이론은 마키아벨리의 권력의 성격과 권력자의 역할에 대해서 깊이 있게 사고하도록 했다. 특히 프랑스 혁명은 그 당시 모든 사람에게 깊은 영향을 주었듯이 헤겔에게도 깊은 영향을 주었다.

프랑스 혁명은 독일사회에 있어서 상하의 조직구조에 있어서 지적이고 사상적인 면에서 새로운 도전을 가져오도록 했다. 프랑스 혁명은 독일사회에 있어서 여태까지 존재했던 봉건적이고 권위주의적인 사회로부터 합리적인 바탕을 배경으로 한 개인의 자유를 존중하는 사회로 재구성 되도록 하는 움직임을 보여 왔다. 테러행위에 대해서 깊은 반감을 가지고서 헤겔은 프랑스 사회가 빨리 합리적인 사회가 되도록 기대했다. 헤겔은 독일의 낭만적인 직관론 다시 말하면 합리적이고 직관적인 사상을 지구상의 장엄한 사상으로 바꾸려고 노력했다. 헤겔 사상의 본질을 이해하는 것은 사상의 복합성 때문에 굉장히 복잡하고 광범위하게 만들고 있다. 헤겔은 모든 영감으로부터 모든 위험성이 따른다고 본다. 쇼펜하우어는 헤겔을 협잡꾼으로 몰아 붙였다. 그럼에도 불구하고 철학이론에서는 헤겔의 영향력을 어느 누구도 따라 갈수가 없다. 모든 사상가들은 헤겔의 역사와 정치 질서의 특성을 보여 주려고 노력하고 있다.1807년 헤겔은 그의 가장 중요한 저서인 「정신현상」을 출간했다. 이 작품은 인간의 역사와 정신의 자아의식의 분석에 관한 연구였다. 이러한 학문적 성공은 헤겔이 나폴레옹전쟁으로 인해서 황폐된 제나를 떠나서 신문사의 편집인으로 변신하도록 만들었다.

1816년 헤겔은 그의 최대의 걸작품인 「논리의 과학」을 발표했는데 이 저서는 변증법에 관한 체계적인 분석이 포함되어 있다. 헤겔의 걸작 논리의 과학은 그의 명성을 더욱 높여서 베를린 대학과 하이델베르크 대학에서 교수직이 제공되었다. 헤겔은 하이델베르크 대학에서 1818년까지 머물렀으며 1818년 피에테가 죽자 베를린 대학의 학장으로 자리를 옮겼다. 1821년 헤겔은 「권리의 철학」을 발간했다. 이 시기에 그는 유명하고 권위 있는 사상가가 되어 있었다. 1831년 11월 헤겔은 콜레라에 감염되어 죽었다. 헤겔의 후기생활의 보수적인 경향은 나이가 들수록 더욱 심해졌다. 비록 헤겔은 많은 학자들로부터 존경을 받기는 했으나 헤겔의 강의는 별로 명 강의는 아니었다. 그의 인간성은 딱딱하고 메마른 사람이란 평을 받았으나 당대의 최대의 사상가임에는 틀림없다.

헤겔의 사상을 이해하기 위해서는 실체, 정신, 변증법 등의 용어의 개념을 이해하여야 한다. 실체에 대한 의식의 용어로서 의식, 자아의식, 이성, 정신, 종교, 절대의식 등을 들 수가 있다. 또한 정, 반, 합 과 정-반-합의 논리를 이해하여야 한다. 여기에 자유, 마음, 주제, 관념 등의 개념도 이해하여야 한다. 헤겔 사상을 요약하면 모든 것은 다른 것과 연결되어져 있다. 또한 모든 각각의 것은 전체와 상당한 응집력을 가지고 있기 때문에 서로 관련되어져 있는 것을 깨뜨릴 수 있다. 그러나 무엇보다도 중요한 것은 헤겔의 방법론적인 면에서의 기여이며 가장 위대한 공헌은 변증법이라는 새로운 논리이다. 헤겔이 풀려고 노력한 문제로 우리가 돌아가면 그것은 크게 도움이 된다. 처음부터 그것은 정치적이고 형이상학적인 문제를 가지고 있다. 일반적으로 철학자들은 어떤 것을 똑바로 교정하는 것으로부터 시작한다. 헤겔의 경우도 고대 그리스의 플라톤이나 근세의 칸트 두 사상가를 기준으로 삼고 있다. 헤겔은 칸트의 윤리적인 철학을 찬양하기는 했으나 만족하지 못했으며 데카르트와 스피노자의 수학과 지리학의 체계적이지 못하고 생동감 없는 철학에 대해서 만족하지 못했다. 그러한 결과로 인해서 헤겔이 창안해낸 것이 변증법이다.

플라톤의 대화의 변증법은 어떤 주어진 문제를 가지고서 정반대의 문제를 제기해서 서로 질문과 대답을 반복하므로 해답을 찾는 대화식 방법을 채택했다. 이 방법을 통해서 선의 이데아를 향해서 필요 없는 것은 하나하나 지워나가는 방법을 사용하고 있다. 아리스토텔레스가 분류한 종자와 종류의 개념 역시 절대적인 이분법이 필요했다. 칸트는 생각하기에는 더 이상 쪼갤 수 없는 12개의 인식론상의 범위를 나누었다. 구체적인 보편성이라는 헤겔의 논리는 플라톤의 선이라는 일원론을 부인하고 아리스토텔레스의 모순적인 논리 및 칸트의 제한된 숫자로 인식론의 범위를 좁히고자 한 논리를 반박하였다. 헤겔 사상의 근본은 모든 사상의 범위는 어떤 하나의 범주로부터 끌어낸다거나 또는 어떤 범주의 예가 될 수 있다는 종전의 사상가들의 이론을 반박하고 나섰다. 헤겔 사상의 근본은 어떠한 개념은 그 개념 자체 안에서 서로 반대가 되는 어떤 요소를 포함하고 있다는 것이다. 이러한 반대 요소는 그 개념 자체 안에서 구출 할 수 있다. 근본적으로 아주 작은 그 개념의 근본요소 까지도 찾아낼 수가 있다. 반대에서 나오는 더 높은 논리는 전체를 다시 회복시키도록 하는 합이라는 것을 요구하고 있다. 이 논리는 합법성을 창조하고 있다. 이러한 합법성은 예를 들어 설명하면 A냐 A+냐 의 둘을 창조 시킨다. A나 A+는 서로 차이점이 있다는 점에서만 동일 할 뿐이다. 그러나 결국은 두 가지가 합쳐진다고 볼 수 있다.

인간의 지식형태는 3인으로 구성되어져 있다. 헤겔이 말하는 정이라는 개념은 반이라고 하는 요소를 탄생시킬 요소들을 포함하고 있으며 이러한 두 가지 모두가 분석되고 합쳐져 결국은 합이라고 불리는 단계에 도달하는데 이 합이 바로 이성인 것이다. 이 정-반-합의 세 가지가 인간의 지식형태를 구성하고 있으며 인간의 지식이 알고 있는 모든 형태를 요구하고 있다. 헤겔은 존재라는 개념에서 시작해서 그의 존재에 대한 해석을 변증법적으로 풀어나가고 있다. 존재란 것은 모든 존재하는 특수한 것들을 깨끗하게 만들어서 결국에는 아무것도 존재하지 않는 무에로 향하게 한다. 존재가 무에로 변화란 죽는 것을 의미하며 존재로의 변화는 다시 탄생하는 것을 의미한다. 존재와 무가 합쳐서 된 것이 생성이라는 말로 표현 할 수 있다.

존재-무-생성의 3단계는 다른 곳에서 똑같이 적용되어 질 수 있다. 존재-본질-관념의 3요소가 정-반-합의 관계에 있다고 할 수 있다. 그러나 헤겔의 사상은 부정의 관념으로서 변증법을 사용하고 있으며 긍정적인 관념으로 사용하고 있는 것은 아니다. 따라서 헤겔의 목적은 사상에 있어서 정적인 상태에 있는 것을 사상과 행동의 양쪽을 합쳐서 생동감이 나도록 만드는데 있는 것이다. 헤겔의 변증법은 고유 전통적인 논리 방법과는 전혀 다른 방법을 사용하고 있다. 그것은 새로운 사상의 형태라고 볼 수 있으며 이 세상의 끊임없는 움직임을 적용하거나 반영시킨다고 할 수 있다. 변증법은 수학적인 관계나 추론적인 합리성을 나타내는 것은 아니다. 헤겔은 인간의 역사란 변증법의 전개임에 틀림없다고 본다. 권력을 잡아서 다시 그 권력 간의 갈등으로 인해서 다시 더 높은 곳으로 향하는 것이라는 것이다. 존재라는 것은 밑바닥부터 정-반-합의 원칙에 근거해서 무를 통해서 생성으로 전개되어 지고 있는 것이다. 정-반-합의 단계를 거친 후에는 다시 존재라는 곳으로 들어가서 변화를 계속한다. 절대적인 생각이란 주관과 객관이 합쳐진 것을 말하며 이 생각은 다시 변증법의 방법을 통해서 사상- 자연- 정신이란 삼단계의 변화를 추구하고 있다. 그러나 헤겔의 변증법의 문제점은 헤겔은 반박과 부정을 사용하는데 있어서 혼란을 가져오고 있다.

헤겔의 사상의 문제점은 두 가지 면에서 찾아 볼 수 있다. 헤겔은 당시 독일국가에서는 더 이상 올라갈 수 없도록 생각하도록 한 모순점을 가지고 있다. 마르크스가 노동자 계급의 사회에서 모든 사회계급이 중단되듯이 그 당시의 독일국가에서 모든 것이 중단되도록 만들었다. 헤겔은 주권국가 형태 이상의 정치생활은 생각하지 않았으며 주권 국가들 간의 갈등의 결과로 생기는 전쟁을 찬양했다. 헤겔의 관점은 독일 국가가 오랜 기간 동안의 문화적인 발전을 하여 왔다는 것은 사실이다. 그러나 최고 수준의 정점으로 잡는 것은 모순이라고 볼 수밖에 없다. 만일 헤겔이 믿는 사상이 사실이라면 어떠한 사상도 현세계로 변화할 수 없으며 독일문화의 찬양은 그가 알고서 칭찬하던 그 시대로 끝났다고 할 수 있다. 우리가 객관적인 시각에서 헤겔 사상을 비난하기에 충분하다. 헤겔이 나타낸 것은 독일인들의 문화적인 면에서 설명이 분명했지만 정치적인 면에서는 언급이 없었다. 헤겔의 전쟁에 관한 찬양은 분명히 낭만적인 면을 가지고 있다. 헤겔은 바람은 바다가 불결함으로부터 막아 주듯이 전쟁은 사람들의 윤리적인 건강을 보호해 준다는 것이다. 국가의 더 좋은 목적을 위해서 사람들을 희생시키는 것은 공통적인 의미이다. 전쟁이 국가의 통일을 위해서 발생한 것이라면 그것은 분명히 전쟁이라는 개념 속에 좋은 요소가 들어 있음에 틀림없다. 헤겔의 전쟁에 관한 개념은 분명히 20세기의 전면적인 전쟁의 개념과는 다르다. 합리적인 관점에서는 전쟁이란 분명히 법의 태두리 안에서만 이루어져야 한다.

전체와 부분간의 갈등을 동시에 보는 것은 불가능 하지 않다고 할 수 있다. 이것이 변증법의 본질이다. 헤겔이 보는 역사에 관한 관점은 역사의 궁극적인 선이란 항상 개인의 즐거움과는 일치하지 않는다. 이 세상의 역사란 행복의 극장이 아니다. 헤겔이보는 이세상의 행복한 기간이란 지구의 역사책에서 공백상태를 말하는 것이다. 그러한 근본적인 원인은 이기간은 정-반-합의 원리에서 반이란 상태가 없는 조화된 기간이기 때문이다. 헤겔을 20세기의 입장에서 볼 때 그가 전체주의자라는 생각은 분명히 부당하다. 헤겔은 그의 헌법에 관한 논문에서 지방자치정부, 재판의 배심원제도, 언론의 자유 등 민주 자유주의와 관련된 점들을 많이 언급하고 있다. 헤겔은 국가와 교회의 분리를 주장했다. 예술, 종교, 철학들은 비록 국가에 속해 있더라도 국가에 예속되어져서는 안 된다. 헤겔은 좋은 법을 지원할 공공여론의 필요성을 강조하고 있다. 국가의 의무와 시민의 권리뿐만 아니라 의무도 모두 중요하고 신성하기 때문에 법률로서 그것을 규정하여야 한다. 이러한 모든 것을 보면 헤겔은 분명히 전 근대국가에서 자유를 부르짖은 사상가중의 한사람임에 틀림없다.

헤겔의 정신을 이해한다는 것은 정신이라는 용어 하나만으로는 힘들다. 헤겔을 이해하기 위해서는 헤겔 체계 전체를 서로 연관 시켜서 개인적인 차원에서의 정신을 이 세계의 역사와 이 세계의 철학 모두와 관련시켜서 생각해야한다. 헤겔의 정신세계를 이해하기 위해서는 헤겔의 정신현상을 이해하여야 한다. 헤겔의 정신현상은 플라톤과 아리스토텔레스로부터 크게 영향을 받았다. 플라톤으로 부터는 표면상에 나타난 것과 그 속에 들어있는 실체를 구별하는 실체를 배웠으며 아리스토텔레스로부터는 물질세계와 정신세계 사이에 연결되어질 수 없는 어떠한 영속성을 찾아냈다. 그리스시대의 철학자로부터 칸트에 이르기까지의 철학사상가들과는 달리 헤겔은 주체와 객체의 이 분성을 초월하려고 노력했다. 이러한 주체와 객체의 분리를 극복하려고 노력한 결과 헤겔은 진정한 사물의 본체라고 보는 사물자체의 자아의식을 통해서 이분법을 극복했는데 이것이 바로 정신이다. 헤겔이 보는 정신은 플라톤적 정신 즉 계속해서 자기 자신이 움직이고 있는 이상적인 정신을 말한다. 순수한 주관이 되기 위해서는 정신을 내부에만 머물러 있는 것이 아니라 밖으로 나가서 밖의 세계에 있는 객체와 객체의 힘을 알아서 주체와 객체가 하나가 되는 세계를 만들어야만 한다는 것이다.

마르쿠제와 일차원의 인간에서 벗어나는 철학을 추구하라

마르쿠제Herbert Marcuse는 1898년 독일의 베를린에서 태어났다. 그는 베를린 대학과 프라이버그 대학에서 공부하여 1922년에 박사학위를 받았다. 마르쿠제의 학위논문은 헤겔의 존재론과 역사철학과 존재론에 관한 연구였다. 나치전쟁 하에서 그는 독일을 떠나서 스위스로 가서 일년 동안 제네바에서 가르쳤다. 마르쿠제는 미국으로 이민을 하여 콜롬비아 대학에 적을 두었다. 이차 대전 동안 마르쿠제는 미 국무성의 정보

연구소의 연구원으로 일했으며 연구소의 동유럽 분야의 소장직무대리로 일했다. 얼마 후 마르쿠제는 콜롬비아로 돌아왔으며 또한 하버드 대학의 러시아 연구소에서 마르크스 사상에 관해서 연구를 하였다. 1954년부터 1967년까지 마르쿠제는 캘리포니아 대학의 샌디애고 분교에서 가르쳤으며 1979년 사망했다. 마르쿠제는 20세기 중반의 미국사회를 비평하고 분석했으며 특히 급진파 학생들에게 인기가 있는 사상가이다. 마르쿠제는 제3세계에 강한 영향을 주었으며 프랑크푸르트 사회연구소의 공동 설립자였다. 마르쿠제는 그의 대표작인 「일차원의 인간」을 1964년에 출간하여 수백만부가 팔렸다. 일차원의 인간에서 마르쿠제가 나타내고자 했던 것은 현대사회에서 인간을 억압하는 요소들이 무엇이며 인간의 목적을 달성하기 위해서 사회제도와 태도를 바꾸는 혁명적인 변화가 필요하다는 것을 제시하였다.

마르쿠제는 부정적인 사상가이다. 부정적인 사상가란 현존하는 사회의 조건들을 비판하는 것을 의미한다. 존재한다는 것은 그것의 잠재력을 부정한다는 것이다. 존재하는 것의 완전한 잠재력을 개발함으로서 현존하는 질서의 부정적인 특성들을 긍정적으로 변화시키는 것이다. 마르쿠제의 사상은 인간은 자본주의 제도 하에서 완전히 포장되어서 쌓여져 있다는 것이다. 그의 대표작인 「일차원의 인간」에서 주요 쟁점은 현대의 발달된 단순한 사회에서 기술의 발달은 이전 사회에서 존재하던 체제에 대한 불만과 반대의사를 표시하던 개인의 갈등을 없애는 역할을 해왔다. 과거 시대의 물질적인 부족으로부터 해방은 현대인을 생산물의 노예로 전락 시키고 말았다.

마르쿠제에 의하면 이제는 현대인 개인 각자가 더욱 더 자기 자신을 잘 관리하고 있다. 다시 말하면 인간은 그들이 만들어 놓은 그물에 꽁 꽁 묶어져 버리게 되었다. 과거 같으면 사회에 대해서 불만을 표시하고 범죄를 저지를 사람도 새로운 사람으로 변모하여 현 체제에 맞추어서 개방하여 사회에 적응하려고 노력하고 있다. 따라서 사람이 사회에서 인간답게 살기 위한 새로운 개혁은 상당히 힘들어져 있다. 그 이유는 대부분의 사람들은 사회의 새로운 변화에 대해서 거부 반응을 보이고 있다. 뿐만 아니라 사회에서 실제로 힘을 행사하고 있는 사람들은 강하게 개혁을 거부하고 있다. 따라서 마르쿠제의 주장은 사회의 개혁은 사회로부터 소외되어있는 사람들에 의해서 주도 되어져야만 한다. 마르쿠제는 현 정부의 권위를 부정하고 있다. 현 정부의 권위를 부정함으로서 사람들은 자유의 필요성을 알며 피부로 느낄 수 있는 것이다. 자유란 단순히 그가 가지고 있는 사회의 신분을 의미하는 것이 아니라 자기 자신이 주체가 되어서 의식을 가지고 행사 할 수 있는 행동을 의미하는 것이다.

자유란 인간이 권리란 무엇인가 하는 것을 알고서 그것에 따라서 행동하는 힘을 말하는 것이다. 또한 자유란 자기 마음속에 가지고 있는 잠재력에 맞추어서 그 잠재력을 실제로 실체화 시킬 수 있는 힘을 말한다. 개인은 반드시 자기 자신의 상황을 판단하여 행동할 수 있어야 하며 단순히 그 상황에 따라서 행동하여야 한다. 마르쿠제에 의하면 일차원의 사회에서 인간은 더욱 감각적이며 더욱 강인한 감정을 가지고 있다. 일차원의 인간은 더욱 마비되어버린 인간이며 불행으로 가득 차 있으며 노동의 도구에 불과한 인간이다. 대량생산과 대량분배, 대량 소비는 인간을 개성 없는 대량 인간으로 만들었으며 개인은 사회가 요구하는 인간으로 만들어 버렸다. 그 결과 사회는 안정되고 평탄하고 합리적이고 민주적인 자유의 사회로 만들었다. 마르쿠제의 완전한 사상은 인간을 이러한 일차원의 사회의 죄수로부터 구출하는 것이 목적인 것이다. 마르쿠제는 현대사회의 현대인들에게 장래의 어떠한 밝은 전망을 제시하고 있다. 그가 보는 관점은 이 세계의 가장 나쁜 병폐는 사회의 풍부 성 때문이다. 사회를 악화 시켜나가는 원인은 자본주의 체제의 경제성에 달려있는 것이 아니다. 경제력으로 인한 풍부한 사회에서 생기는 인간의 이기심과 더욱 풍부한 물질문명을 느끼고 싶어 하는 인간의 마음이 사회를 더욱 위험하게 만든 다는 것이다.

사르트르와 실존은 본질에 앞서는 철학을 추구하라

사르트르Jean Paul Sartre의 학문적 배경을 이해하지 않고는 그의 사상을 이해한다는 것은 불가능하다. 사르트르는 1905년 파리에서 출생했으며 1차 대전 후 교육을 받았다. 그는 유명한 에꼴노말러 슈빼리에 들어가 1929년 거기서 시몬느 드보봐르를 만났다. 1930년부터 1944년까지 사르트르는 고등학교에서 철학을 가르쳤다. 그리고 훗셀의 현상학과 하이데거의 실존주의의 아성인 독일 프라이버그대학에서 1년간 공부했다. 사르트르의 교육경력은 전쟁으로 중단되었으며 1939년 징집되었으며 1940년 투옥되었다. 1941년 출감 후 사르트르는 멀로우 뽕뛰와 더불어 지식인 반항단체인 레지스땅스를 조직하였다. 사르트르의 레지스땅스 활동은 분명히 확인되지는 않지만 사르트르는 특별히 과격행동에는 개입한 것 같지 않다. 「구토」가 1938년 출판되었고 「존재와 무」는 1943년 출간되었지만 30대 초반부터 이 작품을 준비한 것 같다. 이 작품은 전쟁과 위기의 표현이라고 사르트르는 지적했다.

사르트르에게는 훗셀의 현상학이 전환점이 되었다. 1936년에서 1937년 사이에 출간된 자아의 초월이라는 논문에서 사르트르는 몇 가지 문제점을 제기했는데 그 문제에 대한 해답을 통하여 사르트르 자신의 독특한 현상학적 길을 열었다. 한편 2차 대전까지 사르트르는 정치에는 별로 관심을 갖지 않았다. 1945년 사르트르는 실존주의는 인간주의라는 유명한 강의를 했다. 그는 두 차례에 걸쳐서 도미 했으며 레지옹꼬노르 훈장 수여를 거절했다. 사르트르의 정치에 대한 관심은 그로 하여금 공산주의에 접근하도록 했다. 그는 자신을 마르크스주의자라고 묘사했지만 유물론자는 아니었으며 공산주의자도 아니었다. 1950년 사르트르는 마르크스시즘의 진보적 개혁을 시도했다. 1960년 사르트르는 마르크스시즘의 테두리를 벗어나지 않으면서 실존주의를 추구하는 거작「유물론 비판」을 출판했다. 여기서 사르트르는 당대의 마르크스주의자들이 마르크스가 인정한 인간존재의 특수성을 발견하지 못했다고 비난했다. 사르트르는 마르크스의 소외와 유사한 소외의 개념을 소개한다. 그러나 그것은 존재와 무의 연장으로서의 특징을 나타낸다. 1948년 이후 사르트르는 정치와 윤리 문제에 꾸준한 관심을 보여 왔다. 1968년 이후 소비에트 사회주의와 프랑스 공산주의에서 점차 벗어나 점점 모택동 노선과 출판물에 심취하게 되었다.

사르트르에 의하면 의식의 세계가 무의식의 세계 즉 암흑의 세계와는 근본적으로 구별되는 존재형태를 나타낸다. 사르트르는 의식의 세계와 무의식의 세계를 구별하기 위해서 헤겔의 용어법을 사용하고 있다. 즉 in itself는 무의식, 즉 암흑의 세계이며, for itself는 의식, 즉 광명의 세계이다. 이러한 존재의 두 형태는 인간의 현실 세계를 통하여 나타난다. for itself는 스스로 in itself와 차이를 확인하며 이러한 과정에서 그 자신이 무의 세계라는 것을 밝힌다. 의식의 세계는 in itself에 비하면 의식만을 통해서 존재할 수 있고 인간을 통해서는 아무것도 존재 할 수 없다. 존재 밖에 인간이 존재할 수 있는 것은 오직 의식을 통해서 만이다.

사르트르의 현상학적 존재론은 전적으로 의식의 현상학적 분석에 근거하고 있다. 사르트르는 의식의 분석에 집중적 관심을 집중시키고 있다. 그의 주장에 의하면 인간은 의식의 구조를 분석하지 않고는 인간의 실존적 상황을 이해할 수 없다는 것이다. 결국 사르트르는 의식을 여론의 출발점으로 삼았다. 의식이란 무엇인가? 우리는 어떻게 의식을 분석할 것인가? 사르트르에 의하면 모든 의식은 어떤 사물에 대한 의식이다. 의식의 활동은 개념적이다. 사르트르는 의식의 개념이론을 인정한 반면 훗셀의 선험주의에 대해서는 비판적이다. 사르트르의 주요 관심사는 정신활동은 의식 활동이라는 것을 보여주며 의식 활동은 결코 객관화 내지는 실체화 될 수 없는 그 무엇이라는 것을 보여주고자 하는 것이다.

우리가 즐거움을 경험하였거나 의자를 보았다는 의식은 결코 이 즐거움이 경험이나 의자를 보았다는 것과 분리될 수 없다. 의식은 활동의 일부이며 위상이나 대상이란 의미에서 실존하는 것은 아니다. 다른 말로 대상으로서 무엇을 가졌다는 의식 활동은 어떤 특수 실체로서의 의식의 존재를 의미하는 것은 아니다. 사르트르는 의식의 존재 형태를 강조하고 있다. 사르트르의 주요 논지는 우리가 무엇을 경험하고 있다는 의식은 비 반사적 속성을 지니고 있으며 또한 대상으로서의 자아의 실현과는 연관이 없다는 것이다. 사르트르의 주장은 존재란 지식을 객관화하기 전에 이미 존재하는 것이다. 이러한 이유로 사르트르는 데카르트의 실제론을 거부하고 있다. 데카르트는 생각하는 실체로서 나는 존재한다는 기본명제를 사용했듯이 사르트르는 이 명제를 거부한다. 사르트르는 또한 완제품으로서의 자아개념을 거부한다. 자아란 나의 존재의 저 밑바닥에 잠재해 있는 본질적 실체가 아니다. 그것은 이상이며 제한이며 나의 행동과정에서 끊임없이 나타나는 그 무엇인 것이다. 그것은 끊임없는 부재적 현재absent present로서 자기에게 부여된 그 무엇인 것이다. 자아란 다른 말로 끊임없는 창조의 과정에서 나타나는 것이다.

사르트르는 마르크시즘 지식인으로서 고별을 선언했다. 1968년 5월, 사르트르는 급진 지식인은 무엇보다 먼저 자신의 지식을"대중을 위해 사용하기 위하여" 자신이 지식인이라는 인식부터 버려야 한다고 결심했다. 결국 사르트르는 이론과 실제를 구별하고 있는 것이다. 1968년 이후 사르트르의 태도는 행동적으로 또 다른 변화를 했다. 그는 행동하기 시작했다. 거리에서 사르트르는 모택동 신문을 배포하자 당국은 이의 단속에 나섰다. 1971년 사르트르는 당시 불란서 사회 현상을 모택동의 문화혁명의 모형으로 간주했으며 공산당의 노선을 이탈, 독특한 당 노선을 지향할 수 있다고 했다. 또한 쿠바혁명노선도 인정했다. 쿠바혁명노선은 지향점이 존재하지 않고 이데올로기가 없으며 역사의 법칙에 관심이 없기 때문에 사르트르는 그것을 찬양했다.

1971년 한 인터뷰에서 사르트르는 급진적 지식인이란 어떻게 해야 하는가에 대한 대답에서 지식인은 행동해야 하며 급진적 지식이란 무엇보다 체제에 대한 저항노선을 행동적으로 보여야한다는 새로운 노선을 밝혔다. 이것은 사르트르의 새로운 지향이며 1970년대의 좌익 지식인으로서의 사르트르는 쿠바의 회상에서 반 지식인적 노선을 계속하면서 정치에 대한 가치판단을 거부하고 나섰다. 오늘날 사르트르는 정치적 행동주의와 작가의 위치까지도 구별하고 있다. 30년간 의문과 명상 끝에 장 폴 사르트르는 드디어 급진지식인에 대한 결론에 도달했다. 그는 오직 행동주의만이 지식인을 정당화 할 수 있다고 주장했다. 사르트르는 인간을 자기 자신으로부터 구원할 수 있는 것은 아무것도 없다. 하나님의 존재 마저도 이는 불가능하다는 점을 깨닫고 인간은 자기 자신의 복귀방법을 강구해야 한다고 했다. 이 말은 인간 철학의 지향점을 분명히 시사하고 있다. 그러나 사르트르는 어떤 때는 인간의 이런 측면, 때로는 저런 측면을 강조하기 때문에 마르크스주의자들은 그가 비합리주의자이며 인간성에 대한 사회적, 환경적 결정측면을 무시하고 있다고 비난하며 자유주의자는 그의 허무주의에 대하여 기독교인들은 그의 비관주의에 대하여 비난하고 있다. 이러한 모순에도 불구하고 사르트르는 이론적인 측면에서도 인간은 다양할 수밖에 없다고 주장함으로서 그의 입장을 정당화하고 있다.

한편 사르트르는 그의 본질 론의 근거를 훗셀의 본질 론의 출발점인 주관주의에 두고 있다. 훗셀은 의도주의의 고찰에 엄격한 방법을 개발한 반면 사르트르는 그러하지 못했다. 사르트르는 의도주의를 포기함으로써 훗셀 현상학적으로부터 과감히 이탈했다. 훗셀의 의도주의에 대한 논쟁의 결과는 각종 이상주의는 초월적 존재를 발견할 수 없다는 것이다. 사르트르의 현상학을 이해하기 힘든 가장 큰 이유는 그의 현상학을 훗셀의 현상학을 완전히 포기했기 때문이다. 사르트르가 의도주의를 자기이론의 출발점으로 하고 있지만 이것이 훗셀의 의도주의를 의미, 성격, 용도 면에서 그대로 채택하는 것은 아니다. 사르트르가 마르크시즘을 채택한 것은 의식을 현상학적으로 분석한 결과 자기가 처한 어려운 상황으로부터 벗어나기 위해서다. 이러한 분석으로 그는 본질로서의 의식의 형태와 객체의 특징으로서의 무의식의 형태를 구별하며 의식은 본질적이라는 결론을 내렸다. 사르트르에 의하면 인간의 주관이란 본질적으로 설명할 수 없는 부정의 복합체이다.

인간은 자유를 향유하지만 자유란 단지 인간자체의 무력성과 존재자체의 불합리성을 노출시킬 따름이다. 자유란 자신의 의식결정에 대하여 전적으로 홀로 남는다는 의미이다. 즉 그것은 모든 외적제도, 체제, 이론에 대하여 영원한 존재론적 초월을 의미하며, 그것은 인간의 주관에 대한 객관화는 불가능하다는 사실을 상기시킨다. 이것은 사르트르의 실존적 현상학적 분석의 결과이며 이러한 논리로 볼 때 인간이 어떻게 제3자와 관련되느냐 하는 단순한 문제들도 쉽게 해명할 수 있는 것 같다. 사르트르의 또 다른 약점은 자신의 과거다. 끊임없이 개인적 프락시스를 강조함으로써 자유존재의 본질적 구조를 규명하는 초기의"존재론적 본질론"을 반영하고 있다. 사르트르는 그의 본질론을 변증법적 유물론으로 대치하면서도 자기도 전적행위에 대한 자신의 관심은 버리지 않으려고 한다. 이러한 시각은 현상학이나 마르크시즘의 시각과는 일치하지 않는다. 사르트르는 실존주의와 마르크시즘 사이에 존재하는 몇 가지 유사점을 발견했다. 그 유사점중의 하나는 실존주의란 단순한 이론보다는 행동을 강조하며 현실에 대한 학구적 초월보다는 개입을 강조하고 있다는 것이다. 실존주의는 학문으로서 철학을 배격하며 "행동 없는 설득을 반대한다."이러한 점이 사르트르가 마르크시즘은 호소력이 있다고 생각한 이유이다. 마지막으로 결론을 내린다면 사르트르의 진보적 사상은 인간적이라는 것이다. 왜냐하면 사르트르가 제시한 인간형은 자유롭고 주도적으로 행동하며 행동을 통하여 자신을 창출하는 인간이다. 자유인간은 모든 동료에 대한 자기책임을 발견한다. 따라서 결론은 존재는 본질에 선행하며 자유는 이성을 만든다는 것이다.

제 2 편

경제

1. 20세기의 케인즈 혁명이 일어난 원인

1929년에 일어난 경제공항은 오랫동안 전통적으로 유지되어온 아담 스미스의 자유방임주의적 고전경제이론으로부터 혁명적인 경제정책의 변화가 일어나게 되며 이것을 케인즈혁명이라고 한다. 1870년대 초까지 세계경제중심은 영국의 런던이었으며 런던증시가 세계경제의 지표와 풍향계 역할을 하였다. 그러나 미국이 영국과 독일보다 경제대국으로 성장하면서 세계경제중심은 영국의 런던에서 미국의 뉴욕으로 옮겨지게 되었다. 그러나 일차 세계대전으로 인해서 유럽의 강대국들의 경제는 휘청거리기 시작하였다. 그러다가 갑자기 1929년 뉴욕증시의 폭락으로 인해서 전 세계 경제는 경제공항으로 빠져들고 말았다. 1930년 대초 미국은 경제공항타개책으로 당시 영국의 경제학자인 존 케인즈의 이론인 공급사이드의 법칙을 적용하여 경제공항을 타개하여 기적적으로 전 세계는 공항에서 벗어날 수 있었다. 케인즈의 공급사이드의 법칙은 한마디로 요약하면 정부가 소극적인 입장에서 경제를 주도할 것이 아니라 정부가 적극적으로 나서서 일자리를 창출하여 실업률을 올리는 경제 전략을 의미한다. 당시 미국 대통령 프랭클린 루즈벨트는 미국 테네

시강을 중심으로 계곡에 댐을 만드는 작업을 시작하였다. 그 결과 인위적으로 실업자들이 댐 공사작업에 참여하는 일자리를 창출시켜서 고용율을 상승시켰다. 이러한 건설경기가 살아나면서 경제의 투자승수 효과가 생기게 되었다. 다시 말하면 정부가 실업자 구제정책으로 인위적으로 돈을 건설경기에 투자하였다. 그 효과는 기하급수로 늘어나면서 다른 경기도 살아나게 되었다. 국가의 경제가 살아나게 된다는 논리다. 사실상 당시 미국이 적용한 공급사이드의 법칙은 큰 효과를 거두면서 전 세계 경제는 살아나게 되었다.

경제 실무자가 아닌 단순한 이론가에 불과한 케인즈는 당시까지 아무도 예측하지 못한 경제논리를 제시하였다. 진보적인 경제학자로서 경제혁명을 일으킨 것이다. 케인즈의 이론은 기존의 미국을 비롯한 대부분 유럽 국가들이 적용한 정부 불간섭의 원칙에서 벗어나서 정부가 적극적으로 개입하여 정부가 주도하는 경제정책을 추진하자는 경제이론이다. 여기서 인류역사는 정치와 경제, 사회 등을 비롯하여 모든 분야에서 발전에 원동력을 제공하는 인물은 대부분 진보적 사고를 가진 인물들이다. 진보와 보수 중에서 진보는 현실을 외면한 이상주의적 사고를 바탕으로 한다. 보수는 현실주의적 사고를 바탕으로 하여 보수와 진보가 모두 인류발전에 크게 기여를 하고 있기는 한다. 보수는 너무 현실에 집착한 나머지 위기 시 비상탈출구를 찾지 못하는 것이다. 반면 진보는 현실을 무시한 이상만을 추구하는 경향이 있다. 진보는 브레이크를 걸지 않고 너무 앞서나가는 경향이 강하기 때문에 옆으로 탈선하여 실패하는 경우가 허다하기는 하다. 여기서 우리가 알 수 있는 것은 경제학자 조셉 슘페터의 경제논리인 "창조적 파괴"를 들 수 있다. 슘페터의 창조적 파괴는 바로 진보적 시고를 대표하며 창조를 위해서는 파괴가 필수적이라는 논리를 주장하고 있다. 예를 들면 미국 시카고 도시가 미국의 도시들 중에서 가장 현대식 유형의 도시다. 그 이유는 바로 시카고 도심에 불이 나서 도시전체가 불바다가 되어서 완전히 전소된 사건이 있었다. 만일 시카고에 불이나지 않았더라면 시카고의 현대식 도시형은 상상하기 힘들 것이다. 따라서 경제학자 슘페터의 창조적 파괴는 발전을 위해서는 파괴가 필수적이라는 논리다. 개인이건 사회건 발전의 원동력은 파괴가 필수적으로 따라야 한다. 케인즈 혁명을 일으킨 것도 당시로서는 상상하기 힘든 상당히 진보적 경제논리를 제공했기 때문이다. 케인즈는 영국의 경제학자로서 20세기 최고의 경제학자로서 물리학에서 뉴턴이나 아인슈타인에 해당될 정도로 세계 경제에 미친 영향은 엄청나다.

케인즈의 이론이 경제학계에 혁명을 일으킨 원인은 케인즈 이전의 학자들의 현실경제 적용의 실패에 기인하고 있다. 케인즈 이전에 주류를 이루고 있었던 자유주의 학파들은 정부의 불개입에 의한 자유경쟁이 경제성장과 소득수준의 향상을 초래한다는 이론을 주장하였다. 다시 말하면 자유방임적 고전 경제정책을 정부가 추진해 나가야 한다는 이론이 주류를 이루고 있었으며 이러한 고전경제학의 효시를 이루었던 경제학자는 아담 스미스를 들 수 있다. 일반적으로 경제학자 아담 스미스를 현대 경제학의 아버지로 불리우고 있다. 그의 대표적 저서인「국부론」은 자국인 영국의 경제가 세계를 주도하는데 크게 기여하는 경제적 논리를 펴고 있다. 아담 스미스 이전에는 경제학이라는 학문이 완전히 독립된 경제학 분야가 아니라 철학과 정치학 및 역사학과도 관련된 복합적인 학문으로서 분류되어져 있었다. 아담 스미스도 초기에는 정치경제 및 경제역사와 도덕철학 등의 분야에 관심을 가지고 있었다. 그런데 아담 스미스의 논리는 보이지 않는 손에 그의 경제적 논리를 전개해 나가고 있다. 이것은 단순한 금은 보화 등의 눈에 보이는 물질만이 재산이 아니라 눈에 보이지 않는 손인 노동력 역시 중요한 재화로서 가치가 있다는 것이다. 따라서 아담 스미스의 경제논리인 노동력을 어떻게 잘 관리하는가 하는 문제가 경제에 중요한 역할을 한다. 특히 그는 효율적인 노동력의 분업을 보이지 않는 손으로 여기고 있다.

그러면 왜 아담 스미스가 자유방임주의 경제논리를 주장하였을까. 여기에 대해서 당시의 상황에서 여러 가지 관점에서 생각할 수 있다. 아담 스미스는 영국인이며 당시 영국은 산업혁명이 막 시작된 시대였다. 영국에서 막 시작된 산업혁명으로 인해서 영국은 모직품등 물품들을 대량생산을 시작하면서 단순히 국내소비만으로는 생산된 물품을 소비시킬 수가 없었다. 따라서 영국 정부는 국내에서 생산된 상품을 해외에 판매하는 판매망이 필요하였다. 문제는 각국들이 자국에서 생산된 물건을 보호하는 정책을 추진하는 보호무역주의를 주장하고 있었다. 이러한 상황에서 아담 스미스는 자국인 영국정부의 이익을 위한 경제논리를 전개하여 정부의 소극적인 경제 간섭의 이론인 자유방임주의를 주장하게 된 것이다. 이로인해 자유방임주의는 정부의 적극적인 간섭인 보호무역주의로부터 탈피하여 소극적인 간섭인 자유무역주의의 경제전략을 추구해 나가도록 유도하는 계기가 되었다.

아담 스미스 등 고전 경제학자들의 이론이 주도적인 역할을 할 당시 영국에서 일어난 산업혁명은 수공업에서 공장공업인 물자의 대량생산을 초래하게 되었다. 산업혁명으로 인해서 정치경제적 시각도 변하게 되었다. 산업혁명이 가장 먼저 일어난 영국은 대량으로 생산한 물자를 자국 내에서 완전소비가 불가능 하였다. 국내에서 풍부하게 소비를 하고도 엄청나게 남아돌았다. 물품을 외국에 팔기 위해서는 세계 각국들이 자국의 무역을 보호하는 보호무역주의에서 벗어나서만 했다. 관세의 장벽을 낮추어서 정부가 개입하지 않고 자유로운 경쟁을 통한 자유무역과 자유경쟁을 바탕으로 하는 자유주의가 대두되게 되었다. 그러면 현대의 발달된 자본주의 사회를 만들어낸 산업혁명은 왜 영국에서 시작되었는가.

2. 18세기 산업혁명은 왜 영국에서 일어났는가

인류 역사를 통해서 가장 획기적인 변화를 초래한 혁명적인 사건은 인간이 불을 사용하고 산업혁명을 일으키고 다음으로 현대의 컴퓨터 발명으로 인한 디지털 혁명을 들 수 있다. 불을 사용함으로써 인간은 우주를 지배할 수 있게 되었으며 산업혁명으로 인해서 인류의 역사는 동양중심에서 서양 중심의 역사로 변하게 되었다. 따라서 산업혁명이 일어난 원인과 결과에 대해서 경제적인 관점에서 생각해 볼 수 있다. 정치철학적인 관점에서 보면 산업혁명이 영국에서 가장먼저 일어난 원인은 영국이 가장 민주주의가 발달하였기 때문이다. 정치철학적 사고를 바탕으로 보면 영국에서 명예혁명이 성공을 거두면서 국민들의 의식구조는 왕권에 의한 고정된 틀에서 벗어나서 자유로운 사고를 가졌기 때문에 유럽에서 가장먼저 물질적 차원인 산업혁명이 일어나게 된 계기가 되었다. 그러나 산업혁명이 영국에서 먼저 일어난 이유를 단순히 영국이 민주주의가 가장 먼저 발달된 나라라는 이유만으로 산업혁명의 원인을 규명하기에는 부족하다.

중세 신 중심 사회는 정확하게 말하면 서기 476년 서로마 제국의 몰락부터 시작해서 1492년 콜럼버스가 아메리카대륙을 발견한 연대까지를 의미한다. 근대국가의 탄생은 로마제국이 있던 이태리에서 서서히 일어나기 시작하였으며 이태리 피렌치의 메디치가의 후원을 중심으로 근대국가가 탄생하기 시작하였다. 그런데 인간사회에서 힘을 가지기 위해서는 가장 중요한 것이 바로 경제력이었다. 일단 경제력이 형성되면 전쟁에 필요한 용병을 사서 사병으로 부려서 세력을 확장시켜 나갈 수 있었다. 산업혁명이 영국에서 가장 먼저 일어난 이유는 바로 영국이 해양세력국가라는 점에 기인할 수 있다. 해양세력이 대륙세력의 국가보다 훨씬 먼저 발달하는 이유를 역사적으로 보면 고대 그리스의 아테네와 스파르타를 들 수 있다. 아테네는 지중해 바다에 인접하고 있어서 해양세력국가이며 스파르타는 내륙 깊숙이 위치하고 있었기 때문에 대륙세력으로 분류한다. 그 당시 정치 경제의 중심은 아테네였다. 또한 고대 페니키아인들의 세력이 강한 이유도 바로 페니키아 상인들이 배를 타고 돌아다녔기 때문에 강한 힘을 행사하였다.

그다음으로 해양세력과 대륙세력을 보면 로마와 카르타고를 들 수 있다. 인류 역사상 가장 강한 제국이었었던 로마 제국이 지중해 한가운데 위치한 조그만 섬나라 카르타고에게 휘둘려서 꼼짝 못한 것은 해양세력이 얼마나 강한가를 보여주고 있다. 더구나 카르타고의 명장 한니발은 세계 최강국 로마를 정복하기 위해서 코끼리떼를 몰고서 알프스를 넘어서 로마로 쳐들어가서 로마의 앞마당까지 진군하여 로마인들의 간담을 서늘하게 만들었다. 다음으로 유럽에서 스페인의 무적함대와 영국의 태양이 지지 않는 섬나라 영국이 유럽을 재패한 원인은 바로 강한 해군력을 가진 해양세력이기 때문이다. 현재 미국이 세계 패권국이 된 원인은 미국 역시 강한 해군력을 가진 해양세력이기 때문이다. 동양 삼국 중에서 일본이 일찍부터 세계무대에 진출한 이유가 바로 강한 해군력을 가진 해양세력이기 때문이다.

다시 산업혁명에 대한 설명을 하면 영국에서 산업혁명이 가장 먼저 일어난 이유는 바로 유럽 국가들과는 다른 해양국가로서 유럽문화와 다른 문화를 쉽게 접촉할 수 있었기 때문이다. 고대 페니키아를 비롯하여 아테네와 카르타고등이 고대의 강대국으로 등장한 것은 그들은 무역을 통해서 부를 축척한다. 다음에는 총과 칼등의 무기를 만들고 다음으로 용병 등을 돈으로 사서 침략전쟁을 일으킨다. 그리고 각국을 식민지화 시켜서 그들에게 다시 물건을 팔아서 이익을 얻는 경제 및 정치적인 전략을 추구해 나갔다. 영국에서 산업혁명이 가장 먼저 일어난 이유는 영국인들이 가지고 있는 경제적 관념이 중요한 이유 중의 하나이다. 영국인들은 유럽대륙인들보다 경제적 관념이 보다 실용적이다. 산업혁명이 영국에서 가장 먼저 일어나서 산업혁명을 완성한 곳은 영국이 아닌 미국이라는 말이 있을 정도로 영국의 산업혁명을 미국이 잘 받아들여서 산업혁명은 사실상 미국에서 꽃을 피웠다. 그런데 영국인들이나 미국인들이 가지고 있는 경제적인 개념은 유럽인들과는 다른 경제적 개념을 가지고 있다. 영국인들과 미국인들의 경제관념을 이해하기 위해서는 경제 자유주의의 근원을 이해할 필요가 있다. 자유주의는 유럽 서구사상에 뿌리를 두고 있으며 서양사상은 영미사상과 대륙사상으로 나눌 수 있다. 수 천 년을 두고 내려온 서양사상의 근원은 합리주의와 경험주의의 두 줄기로 분류할 수 있다. 합리주의는 플라톤에서 시작해서 금욕주의 학파인 제논과 키케로를 거쳐서 중세의 토마스 아퀴나스와 근세의 존 로크 및 볼테르 등의 계몽주의 사상이 현대 서구사회의 인권과 자유민주주의를 중시하는 사상의 토대를 이루게 된다. 경험주의는 아리스토텔레스에서 시작해서 쾌락주의 학파인 에피큐로스와 근세 공리주의와 칼 마르크스 사상을 거쳐서 현대 서구사회의 전체주의와 공리주의의 기본사상을 이루고 있다. 현대의 서구사상은 다시 세부분으로 세분화 되어 진다. 이것은 현대의 영미사상과 유럽의 대륙사상과 실존 및 현상주의 사상으로 나눌 수 있다. 현대의 영미사상은 프란시스 베이컨을 거쳐 토마스 홉스와 헤링톤과 스피노자, 존 로크와 데이비드 흄, 아담 스미스, 제르미 벤덤, 제임스 밀과 존 스튜어트 밀을 거쳐서 현대의 영미사상으로 자리를 잡아 나간다. 현대의 유럽 대륙 사상은 루소와 칸트, 피에테, 쉘링, 헤겔, 마르크스, 엥겔스, 후기마르크스주의자들을 거쳐서 현대의 대륙사상으로 자리를 지켜나가고 있다. 현대의 제 3부분에 해당하는 실존 및 현상주의 사상은 니체, 키에르코드, 하이데거, 카프카, 야스퍼스, 후설, 사르트르를 거쳐서 현대의 서구사상으로 자리를 잡아나가고 있다.

영국의 경험주의는 모든 것을 직접 경험 해보고서하는 사고이기 때문에 보다 과학적인 사고를 가지고 있다. 사실상 중세 신 중심 사회를 암흑시대라고 규정하고 유럽인들은 과학과 기술을 가장 중요시 여기는 계몽주의시대로 넘어오게 되면서 이것이 결국은 산업혁명의 직접적인 도화선이 된다. 과학과 기술은 독일이나 프랑스 등 유럽대륙인들이 가지고 있는 관념주의적 사고와는 다른 영국인들이 실지로 실험과 경험을 통해서만 하는 경험주의와 직결되는 사고라고 할 수 있다. 그 결과 영국이 가장 계몽주의 즉 과학과 기술을 잘 받아들여서 발전시켰다고 할 수 있다. 이처럼 영국은 정치적으로 시민혁명이 먼저 일어나서 민주주의가 가장 발달된 자유로운 사고를 바탕으로 하였다. 그 다음에는 발달된 섬나라의 해상수단과 교통을 발판으로 하여 상권을 장악할 수 있는 기회를 가졌다. 영국의 인클로즈 운동은 영국이 산업혁명을 발전시키는데 크게 기여하였다. 인클로즈 운동이란 영국에서 농민들로부터 농지를 매입하여 그곳을 양을 키우는 목장으로 만드는 운동으로서 영어로 토지를 둘러싼다는 것을 의미한다. 이러한 인클로즈 운동은 영국의 경제력이 강한 부유층이 가난한 농민들로부터 농토를 사들여서 그곳에 농사대신에 목장을 만들어서 양을 키워서 양털로 양복 등 모직을 만들어서 큰 소득을 올리는 운동을 말한다.

영국의 인클로즈 운동으로 인해서 산업혁명은 영국에서 유럽으로 확산되기 시작했다. 가장 크게 번진 것은 농사지을 농토를 잃은 농민들은 도시로 몰려서 공장에서 일하는 노동자가 되었다. 다른 한편으로는 신천지 땅 미국으로 이민을 갔다. 이러한 인클로즈 운동으로 인해서 영국은 풍부한 노동력을 얻을 수 있게 되면서 산업혁명은 더욱 더 불이 붙게 되었다. 여기에 더해서 영국은 해양세력을 발판으로 세계 각국에 자신들이 만든 모직물들을 세계 각국에 쉽게 팔 수 있는 기회를 가지고 있었다. 따라서 영국은 곧 바로 세계 패권국이 될 수 있었으며 산업혁명은 결국 증기선을 비롯하여 전쟁에 필요한 무기를 만드는 기술까지 확대시켜서 발달하게 되었다. 이러한 영국의 산업혁명은 결국 아담스미스의 자유경제주의의 사고를 바탕으로 한 개방형 무역정책을 추구해 나갔다. 세계 각국들에게 물건 판매를 강요하여 경제적으로나 군사적으로 세계 패권국이 될 수 있었다.

3. 1차 세계대전과 2차 세계대전의 원인은 강대국들의 경제 전쟁이었다.

영국에서 시작된 산업혁명은 바로 유럽대륙으로 번져 나갔다. 결국은 신천지 대륙의 신생국인 미국에서 꽃을 피우면서 산업혁명은 미국에서 완성되었다. 앞에서도 언급한 것처럼 산업혁명은 세계사를 동양중심에서 서양중심의 역사로 바꾸어 놓고 말았다. 이때부터 산업혁명에 성공한 서양국가들은 약소국 쟁탈전을 벌이기 시작하였다. 가장 먼저 희생대상이 된 국가들이 아프리카 대륙 국가들을 비롯하여 동남아시아와 인도 및 동양국가들이다. 아시아의 패권국이자 동양 3국중에서 가장 강대국으로 자처하던 중국 마져 산업혁명으로 인해서 잠든 사자로 전락하게 되었다. 이러한 소용돌이 속에서 유럽의 열 강국들은 식민지 쟁탈전에 뛰어 들었다. 미국은 아직 신생국이며 영국으로부터 갓 독립한 국가이기 때문에 유럽 국가들과는 한동안 선을 긋고서 유럽국가들 간의 식민지 전쟁의 경쟁에 뛰어들지 않았다.

영국을 비롯한 독일과 프랑스 및 스페인과 포르투갈등의 산업혁명에 성공한 유럽의 강대국들은 자국에서 생산된 상품들이 국내소비자들에게 공급과잉 현상이 나타나면서 상품을 외국에 갖다 팔아야만 할 실정에 이르렀다. 이러한 과정에서 열 강국들은 자국의 상품을 외국에 내다 팔기 위해서 약소국들에 대한 무력으로 식민지화 시키는 경쟁에 돌입하였다. 유럽에서는 영국이 산업혁명이 가장 먼저 시작되었기 때문에 가장 많은 식민지국가를 거느리고 국내에서 생산된 상품을 식민지 국가에 판매하면서 세계 패권국을 유지하고 있었다. 영국다음의 강대국은 독일이었으나 독일이 철혈재상 비스마르크의 등장으로 인해서 19세기 후반에는 경제적으로 영국을 제치고 당시 신생국이지만 실질상의 패권국인 미국과 같은 경제대국으로 등장하였다. 19세기후반에 시작된 영국의 카이로, 케입타운, 켈커타를 잇는 3C 정책과 비스마르크 실각이후 빌헬름 2세의 베를린, 비잔티움, 바그다드를 잇는 3B 정책은 충돌을 일으키는 결과를 초래하게 되었다. 결국은 당시 형식상의 패권국인 영국과 도전국인 독일과의 식민지쟁탈전을 비롯한 경제 및 패권경쟁이라고 할 수 있다. 1차 세계대전은 형식상으로는 오스트리아 황태자 암살사건이라고 하지만 실질상은 영국과 독일의 유럽 경제적 이익을 목적으로 한 패권쟁탈전이라고 할 수 있다. 그동안 영국과 독일은 상업을 비롯하여 경제적인 차원에서 반목현상이 가중되고 있었다. 결국 세르비아인의 오스트리아 황태자 암살사건을 계기로 1차 세계대전이 발생한 것이다.

1차 세계대전은 미국이 참전하여 영국을 도왔기 때문에 세계 1차 대전을 승리로 이끌었다. 그러나 진짜 전쟁은 당시 실질상의 패권국인 미국에 대해서 실질상의 유럽 패권국인 독일이 미국에 대해서 도전장을 낸 것이라고 할 수 있다. 이미 1898년 미국은 유럽 최강국인 스페인의 무적함대를 불과 8주 만에 격파시킴으로서 전 세계는 미국의 강한 군사력에 위압감을 느끼기 시작하였다. 사실상 20세기가 시작되면서 미국이 실질상의 패권국으로 유럽열강들과 함께 늦게 식민지 쟁탈전에 뛰어들기는 하였지만 사실상 미국이 식민지 쟁탈전에 뛰어들 당시는 유럽열강국 들간의 식민지 쟁탈전은 막바지에 이르고 있었다. 1차 세계대전은 독일의 무차별 잠수함 공격 전략으로 인해 미국은 늦게 참전하였다. 미국의 참전으로 인해서 전세는 역전되어 결국 영국을 중심으로 한 국가들이 승리를 거두었다. 독일은 빌헬름 2세의 퇴진과 함께 힌덴브르크 정부가 들어서면서 혼란의 도가니 속으로 빠져 들어가고 있었다.

신생국이자 실질상의 패권국인 미국은 1차 대전을 승리로 이끌었지만 미국이 주도한 국제연맹에 미국은 참전하지 않았다. 그 이유는 미국은 초기의 미국 제 5대 대통령 제임스 먼로의 먼로독트린에 의한 미국의 불간섭 원칙에 의해서 유럽과의 단절인 고립주의 외교정책을 유지해 나가기 위한 원칙의 고수라고 할 수 있다. 그러나 사실은 미국은 유럽 국가들의 견제와 균형의 원칙을 미국이 주도권을 행사하기 위한 경제 외교적 전략이라고 할 수 있다. 신생국으로서 유럽 열강국가들이 한창 제국주의 정책으로서 식민지 정책을 추진해 나갈 때 미국은 유럽 열강국 들과의 식민지 쟁탈전에 동참할 정도로 강대국이지 못했다. 그 이유는 미국은 당시 영국으로부터 독립 된지 얼마 되지 않은 상태의 신생국에 불과했다.

미국이 원하는 것은 유럽 강대국들 간의 견제와 균형정책을 유지시키고자 하였다. 동시에 유럽강대국들을 미국의 아래에서 두고서 미국이 지배해 나가는 외교 전략을 추진해 나가기 시작하였다. 그 결과 미국은 당시 미국 대통령 우드로우 윌슨이 주도하는 신생국독립을 추진하여 유럽강대국들이 추진해서 얻은 식민지국가들을 강대국으로부터 해방시키자는 전략이었다. 유럽이 추진해온 유럽 강대국들간의 견제와 균형

정책은 나폴레옹 전쟁이 끝난 직후인 1815년 오스트리아 외상 메트르니히에 의해서 주도되었다. 유럽국가들 중에서 한국가라도 강대국이 되는 경우에는 다른 국가들이 합세하여 그 국가를 죽이는 전략이었다. 1차 세계대전도 바로 이러한 힘의 균형상태를 유지하기 위한 전략이라고 할 수 있다.

1차 대전 이후 유럽은 패전국 독일이 혼란에 빠지면서 유럽경제는 서서히 흔들리기 시작하였다. 독일을 비롯한 패전 국가들의 경제위기는 드디어 승전국인 영국을 비롯한 유럽국가 전역에 미치기 시작하였다. 승전국의 패전국에 대한 보상금 요구문제의 대두가 심각한 수준으로 치닫게 되었다. 여기에 독일은 제 3세계를 주장하는 독일민족주의를 주장하면서 나타난 히틀러 주도의 나치정부는 결국 승전국들의 배상에 대해서 보다 강력한 반발을 보이면서 유럽은 또다시 전운이 감돌기 시작하였다. 이러한 유럽 국가들이 혼란의 도가니 속으로 빠져 들어가면서 국제경제 역시 뒤죽 박죽한 상태로 접어들었다. 드디어 1929년 전 세계 경제를 주도하는 미국 뉴욕증시의 폭락은 결국 전 세계를 경제공항으로 몰아넣고 말았다. 이론적인 차원에서 경제공항을 초래한 원인은 바로 기존에 유럽국가와 미국이 추진한 경제정책인 아담 스미스식 정부의 소극적인 불간섭 원칙에 기인한다고 할 수 있다. 정부는 경제가 혼란한 경우 적극적으로 국민경제에 참여하여 정부주도형 경제정책을 추진해 나가야만 했다. 그러나 미국을 비롯한 유럽 국가들은 고전적 경제논리인 자유방임주의 정책을 그대로 유지해 나갔다. 그러면 유럽 국가들이 추진해온 고전적 경제정책인 아담 스미스 식 경제정책이란 무엇인가.

현대 경제학은 아담 스미스부터 시작된다. 스미스 이전의 경제학은 철학이나 신학을 바탕으로 하고 있다. 인간사회에서 물질보다는 정신을 중시하는 사고로부터 물질중시의 사고로 전환시킨 최초의 윤리경제학자이었다. 아담 스미스를 고전 경제학의 아버지로 부르는 이유는 경제를 철학에서 분류하였다. 기존의 국가의 중상주의 정책에서 경제를 국가의 강력한 통제 하에 두는 경제정책에서 반대하고 국가의 소극적 개입인 자유주의 이론을 바탕으로 한 최초의 경제사상가였다. 국가의 경제발전은 인간의 이성을 바탕으로 하는 자유방임적 사고를 바탕으로 한 하부구조를 형성하여 나가야 발전한다는 경제윤리학적 사고를 바탕으로 하였다. 스미스의 경제윤리는 영국의 존 로크의 자연법 존재 사상과 같은 맥락에서 이해 할 수 있다. 로크는 인간은 자연 상태에서는 자연법이 존재하고 있기 때문에 나쁘지가 않다는 논리를 전개해 나가고 있다. 스미스 역시 국민들의 경제도 인간이 가지고 있는 이성을 바탕으로 하고 있다는 주장이다. 이성을 바탕으로 한 사고가 바로 보이지 않는 손invisible hand이라는 것이다.

보이지 않는 손이 인간들의 경제법칙을 지배하는 자연법에 해당된다. 보이지 않는 손은 인간이 필요로 하는 만큼의 물자를 생산하는 공급과 수요의 법칙을 만들어 나간다는 것이다. 국가가 인위적으로 개입하는 수요와 공급을 만들어서는 국가경제발전을 방해한다는 이론이다. 보이지 않는 손은 인간이 가지고 있는 경쟁심인 것이다. 인간은 서로의 경쟁을 통해서 경제의 생산이 증가되기 때문에 국가가 인위적으로 개입할 필요가 없으며 국가의 자유방임적 태도가 국가의 경제발전을 초래한다는 이론이다. 이러한 기존의 아담 스미스식 경제정책은 단순히 인간의 성선설을 바탕으로 한 로키안 패러다임이라고 할 것이다. 다시 말하면 존 로크는 인간은 법이 없더라도 자연법이 존재하고 있으며 인간은 이성을 가지고 있기 때문에 자연법을 잘 지킬 것이다. 따라서 정부가 필요

없다는 주장을 하고 있다. 아담 스미스의 정부의 소극적 개입도 바로 인간은 수요공급을 잘 준수하고 지키는 이성을 가지고 있기 때문에 정부가 주도하는 경제정책에서 벗어는 소극적 경제정책을 추구하자는 주장이다.

제 2차 세계대전 역시 유럽강대국들의 경제 전쟁이라고 할 수 있다. 1차 세계대전의 여파로 승전국과 패전국 모두가 경제적 혼란 속에서 승전국들의 독일 등 패전국에 대한 무리한 배상요구로 인해서 발생한 전쟁이라고 할 수 있다. 여기에 더해서 독일 등 유럽국가들 간의 민족적인 분쟁이 가져온 결과라고 할 수 있다. 독일 제 3제국이 창설한 나찌당의 히틀러가 나타나면서 유럽을 혼란의 도가니로 몰아넣었다. 강한 민족주의자이자 광적인 열정가 였던 히틀러는 독일을 미국과 영국을 제치고 세계 패권국으로 올라가기를 원했다. 동시에 그는 유명한 지정학자인 메킨더의 심장부이론을 주장하고 나섰다. 메킨더의 심장부 이론이란 유럽의 심장부를 지배하는 자는 유럽을 지배할 수 있다. 유럽을 지배하는 자는 유 러시아를 지배한다. 유 러시아를 지배하는 자는 세계를 지배할 수 있다는 지정학적 이론이다. 여기서 중요한 것은 심장부란 무엇인가. 심장부는 독일과 프랑스의 국경에 위치한 폴란드지역을 의미하며 여기가 유럽의 교통과 통신을 비롯하여 모든 지역의 가장 핵심이 되는 지역을 의미한다. 따라서 히틀러는 유럽의 심장부만 손에 넣으며 세계를 지배할 수 있다는 생각으로 가장 먼저 폴란드를 침공한 것이다. 이것을 시작으로 유럽은 제 2차 세계대전이 발생한 것이다. 결국 2차 세계대전은 경제가 원인이 된 세계 대전이라고 할 수 있다.

4. 하이에크의 경제 노예로의 길과 질서 경제 자유주의

세계 1차 대전과 2차 대전을 전후하여 유럽에서 일어난 신자유주의는 당시 정부의 간섭이 확대되어가는 것에 대한 비판에서 비롯되었다. 오스트리아 학파인 하이에크는 그의 저서『노예로의 길』에서 자유와 시장을 제약하는 간섭주의는 결국 노예의 길로 가는 이데올로기라는 주장을 하였다. 동시에 발터 오이켄 등을 중심으로 하는 프라이부르크 학파에 의해서 계승 발전되면서 독일의 시장경제론의 기초를 마련하였다. 프라이브루크 학파의 논리적 사고는 역사성을 바탕으로 한 질서와 경쟁질서 구축을 위한 정부의 역할의 중요성에 초점을 맞추어 나가고 있는 것이다. 이 학파의 이론적 근거를 방법론적 차원에서 고찰해보면 경제현상의 올바른 파악을 위해서는 경제이론과 역사를 전체적인 관점에서 고려하는 포괄적 방법론이 필요하다. 경제현상은 경제 질서 속에서 파악되어야만 한다는 관점이다.

또한 이 학파는 시장경제의 합리성을 추구해 나가기 위해서는 경쟁규칙을 강제할 수 있는 시장을 통제할 수 있는 강한 국가의 필요성을 강조하였다. 이들은 정부주도의 계획경제를 부정함과 동시에 아담 스미스의 고전적 자유주의도 부정적인 관점에서 보아왔다. 이 학파의 핵심적인 요소는 시장에서의 자유는 정부의 올바른 정책을 바탕으로 하여 질서가 유지되는 경우에만 가능하다. 또한 시장에서 발생하는 문제점과 실패의 교정을 지속적으로 반복해 나갈 때에만 올바른 자유경제가 성립될 수 있다. 거시적인 차원에서 사회가 추구해 나가는 목표를 달성해 나갈 수가 있다는 소위 작고 강한 정부의 지향을 목표로 하고 있다.

아담 스미스의 자유주의에 대한 반대이론으로서 케인즈의 이론이 크게 부상하자 케인즈에 대한 반박적 차원에서 출발한 질서자유주의는 영국과는 달리 독일의 대륙사상을 바탕으로 형성된 자유주의적 사고를 의미한다. 이것은 민간 기업에게 아담 스미스가 주장하는 최대한 정부의 불간섭을 원칙으로 한다. 동시에 사회적 형평과 시장질서에 맞추어서 정부가 필요에 따라서 시장개입을 허용해야 한다는 논리이다. 따라서 영국의 아담스미스나 리카르도 및 멜서스에서 시작된 영국의 자유주의와 대륙사상인 독일에서 시작된 질서자유주의는 자유주의와는 다르게 접근을 하고 있으며 신자유주의와도 다르게 접근을 시도하고 있다. 질서자유주의는 시장경제질서를 위해서 정부가 필요한 만큼의 역할을 수행하여 휴머니즘 차원에서의 역할의 필요성을 강조하고 있다.

질서자유주의는 1970년대 초까지 주류를 이루는 케인즈안적 경제 접근법과는 다르게 정부의 간섭은 시장경제질서를 유지한다는 소극적인 정부개입을 의미하는 차원에 국한된 것이지 정부주도의 적극적인 간섭을 의미하는 것이 아니다. 이처럼 질서자유주의는 아담스미스의 시장에서 일어나는 자유경쟁을 최우선으로 하는 것을 원칙으로 하면서 부수적인 차원에서 정부가 수행하여야 할 역할의 중요성을 부여하고 있다는 점에서 자유주의나 신자유주의와 케인즈안들과는 다른 관점에서 이해하여야만 한다.

5. 마르크스의 공산주의 이론과 공산주의는 왜 몰락했는가

마르크스의 공산주의 사상을 이해하기 위해서는 그의 성장배경을 이해하는 것이 중요하다. 칼 마르크스Karl Marx는 1818년 독일 라인지방의 유태인 변호사의 8남매 중 장남으로 태어났다. 마르크스의 아버지는 지방에서 존경받는 변호사로서 성공했으나 당시는 유태인에 대한 인종차별이 극심했었다. 비록 중산층의 가정에서 태어나기는 했으나 인종차별의 경험을 어려서부터 느끼고 자란 마르크스는 사회에 대한 모순을 학문적인 성공으로 끌어낼 수 있었다.

마르크스는 어려서부터 뛰어난 학생이었으며 특히 문학에 관심이 있었다. 마르크스가 17세가 되던 해 그는 본 대학에 입학했다. 마르크스는 이 학교에서 평범한 학생생활을 했으나 때로는 저항적인 행동으로 인해 체포되기도 했다. 이 시절 자신의 고집스러운 의견으로 인해서 동료들에게 큰 자극을 주었다. 마르크스는 법률학을 공부하기 위해 본 대학에서 베를린 대학으로 옮겼다. 베를린 대학에서 마르크스는 헤겔의 체계적인 이론에 깊이 빠졌다. 베를린 대학을 졸업한 마르크스는 신문사의 편집인으로 취직하여 급진적이고 반정부적인 글을 씀으로서 정부로부터 편집 금지 명령을 받았다. 이때부터 마르크스는 정치와 경제에 관심을 가지기 시작했다.

1844년 마르크스는 그의 논문에서 역사를 경제적인 관점에서 해석함으로서 그의 사상을 나타내고 있다. 마르크스는 경제학을 공부하기 위해서 파리로 가서 그곳에서 젊은 급진파인 프리디히 앵갤스를 만나게 된다. 마르크스와 앵갤스의 학문적 공동연구는 현대의 대부분 사람들이 마르크스를 앵갤스와 공동 작품의 결과로 보도록 하고 있다. 1845년 마르크스의 이론은 프랑스 정부의 비위에 거슬림을 받아서 파리로부터 추방령을 받은 후 엥겔스와 함께 브르셀로 옮겨서 연구를 계속했다. 이곳에서 마르크스는 엥겔스와 같이 사회주의 운동에 적극 참여하면서 1848년 역사적인 논문인 공산당선언을 발간했다. 1848년 프러시아 왕이 의회를 해산했을 때 마르크스와 그의 동료들은 왕에게 반기를 들었다. 다음해 마르크스는 독일로부터 추방되어 영국으로 가서 그곳에서 일생을 마쳤다. 마르크스의 사상에 대해서는 두 개의 유명한 작품에서 찾아 볼 수가 있다. 하나는 1848년의 「공산당선언」이며 다른 작품은 공산당선언에 경제이론을 첨가하여 발전시킨 유명한 「자본론」이다.

변증법적 유물론

마르크스의 사상은 헤겔의 변증법적 이상주의에 의해서 크게 영향을 받았다. 마르크는 헤겔의 이론인 모든 만물은 변증법적 과정에 의해서 형성되어가고 있다는 것에는 동의를 하고 있다. 그러나 마르크스는 헤겔이 주장하는 논리적인 절차에 의해서 사물의 특성이 결정되는 것이 아니라 물질에 의해서 사물의 특성이 된다는 이론이 변증법적 유물론이다. 이상주의자인 헤겔은 모든 사물의 변화는 그 사물의 내부에 존재해 있는 사고의 변화에 의해서 변화되어 간다는 것이다. 이러한 헤겔의 논리에 마르크스는 반박 하고 있다. 물질주의자인 마르크스는 사고의 본성은 그 사고를 반영하고 있는 물질의 성향에 의해서 결정되어 간다는 것이다. 마르크스의 물질이라는 것은 정신적인 차원으로부터 분리된 단순한 육체적인 것을 뜻하는 물질의 본성을 뜻하는 것이 아니다. 마르크스의 이론은 좁은 의미에서 육체적인 결정론의 이론을 뜻하는 것이 아니라 육체와 정신의 상호 교류에 부합시켜서 일어나는 현상이다. 마르크스가 물질론에서 묘사하고 있는 변증법이란 물질의 변화과정이 필연적이라는 뜻이다. 이것은 헤겔이 정신이 변증법적 변화가 필요하다는 것과 같다. 헤겔과 마르크스의 차이점은 헤겔의 이론은 논리적인 체계인데 반해 마르크스의 이론은 순수한 경험적인 특성의 법칙에 따라서 전개시켜 원인과 결과의 관계를 규정한 체계이다. 헤겔의 변증법적 논리를 단순히 현실적인 관계를 떠난 이상적인 현상을 밝히는 길잡이인데 반해 마르크스의 변증법적 방법은 현실적으로 이 세상에서 존재하는 법칙을 밝히는 과학적인 방법인 것이다. 따라서 마르크스의 이론은 엄격히 말하면 철학적인 이론이 아니라 과학적인 이론인 것이다.

소외

마르크스의 사상은 초기에는 헤겔의 사상을 그대로 수용하는 듯 했으나 노년에 들면서 그의 사상은 헤겔과는 다른 독자적인 사상을 전개해 나갔다. 말년의 마르크스의 진보적 사상은 개인주의적인 것 보다 집단주의적인 범위로 초점을 맞추어 나갔다. 1844년 마르크스가 쓴 경제철학에 관한 논문은 인간소외 현상에 대해서 많은 부분을 다루고 있다. 마르크스는 일생을 통해서 소외현상에 대해서 큰 관심을 가지고 연구를 했으며 그의 초기와 말년의 소외에 관한 견해는 많은 차이점을 나타내고 있다. 헤겔은 그의 정신현상에서 인간의식의 발달은 인간이 자기 자신의 내면에 존재해 있는 주관적인 정신과 외면에 나타나 있는 객관적인 정신은 분리되어져 있다는 것이다. 지식의 습득과정은 우리의 외부로부터 모르는 것을 극복하는 것이다. 헤겔은 이러한 과정을 자아 소외현상이라 한다. 마르크스는 헤겔은 단지 추상적이고 논리적인 역사의 움직임만 나타내고 있다. 이것은 인간의 내면에 내포되어 있는 진정한 의미의 역사가 아니다 라고 헤겔의 역사에 관한 사상을 반박하고 나섰다.

마르크스에 의하면 인간의 역사란 인간의 필요에 의해서 나타나는 작용과 반작용의 노동역사의 연속이다. 마르크스는 인간소 외현상은 인간이 단지 자기 자신의 생각이나 내부적으로부터 생겨나는 현상이 아니라 자기 주변의 세계와의 접촉내지는 관계로부터 나타나는 현상이라고 규정하고 있다. 마르크스는 인간소외 현상이 생겨나는 몇 가지 원인을 제시하고 있다. 우선 인간은 그의 경제 생산 과정에서 그의 노동으로부터 소외감을 느끼게 된다. 이러한 노동으로부터 소외현상은 단순히 노동에 종사하는 노동자에게만 국한되는 것이 아니라 고급 경영인에게까지도 소외현상을 느끼게 된다. 다음으로 인간은 노동의 과정에서 주변의 동료들로부터 소외현상을 느끼게 된다. 또한 인간의 소외현상은 주변의 환경으로부터 나타나게 된다. 인간은 생산과정에서 주변에 있는 자연환경 등으로부터 소외감을 느끼게 된다. 마르크스는 이러한 비인간적인 어두운 사회제도를 비난하고 있다.

발전론

마르크스는 인간의 사고능력을 부인하지는 않았지만 인간의 사고를 형성하는 거대한 경제적인 힘을 발견했다. 1859년에 발표한 논문인 정치경제의 비평에서 경제력의 중요성을 잘 나타내고 있다. 이 논문에 의하면 마르크스는 국가의 발전이란 국민 각자의 정신적인 발전에 의해서 이루어지는 것이 아니라 국민 각자의 정신적인 생활여건에 의해서 국가의 형태가 결정된다는 것이다. 사회의 생산적인 면에서 볼 때 국민 각자는 다른 사람들과 필요 불가결한 한정된 관계를 가져야 한다. 이러한 국민 각자의 생산력의 발전에 비례해서 국가의 발전이이루어 진다. 국민들 간의 총 생산관계가 사회의 가장 기본이 되는 하부구조인 경제구조를 형성하며 이 경제구조가 사회의 각 부분의 상층구조를 형성한다. 따라서 인간의 생활에 있어서 생산형태가 인간의 사회적, 정치적, 정신적인 특성을 결정한다는 것이다. 결과적으로 마르크스의 이론은 인간의 의식이 인간의 존재를 결정하는 것이 아니라 인간이 존재하고 있는 사회가 인간의 의식을 결정한다는 것이다.

마르크스의 사회발전은 어느 단계에 가서는 발전을 가져온 원동력들 간의 갈등이 생기게 되며 이러한 갈등은 사회 혁명의 도래를 초래하게 된다. 혁명의 단계에서 경제적인 하부 구조의 변화와 맞추어서 상층구조도 다소간 급속하게 변화는 계속한다. 이러한 변화 과정에서 생산의 경제적 조건이 정치, 문화, 예술 등의 형태를 결정한다. 개인의 의식도 변화 과정에서 개인이 생각하는 대로 되는 것이 아니라 개인의 경제적인 생활과 관련되어져서 나타난다. 또한 사회전체에서 변화를 요구하는 힘과 개인들 간의 갈등에 의해서 개인의 의식이 변화된다. 이러한 변화과정에서 사회변화를 요구하는 원동력이 존재하는 한 사회질서는 되찾을 수 없으며 밝은 사회가 새로운 사회가 될 때까지 변화는 계속하게 된다. 마르크스의 역사적인 관점에서 사회발전을 보면 초기의 원시농업경제로부터 고대의 노예경제로 변화되었다. 노예경제는 장원제도로 변화되었으며 장원제도는 자본주의경제를 거쳐서 최종적으로 사회주의경제제도로 변하게 된다.

경제이론

마르크스의 경제이론은 존 로크와 19세기 초의 경제학자들의 경제이론에 의해서 크게 영향을 받고 있다. 존 로크의 경제 원칙은 개인 기업은 정부의 간섭으로부터 탈퇴하여 자유롭게 운영될 때 국민 각자가 가장 적법하게 그의 노동대가를 받을 수 있다. 마르크스의 경제이론은 순수한 과학적인 경제이론은 아니다. 순수한 과학적인 경제이론은 경제가격이 어떻게 결정되고 영향을 받느냐 하는 것이다. 생산가격이 교환가격으로 바뀌는 데에는 생산원가 이외에 다른 요소들에 의해서 결정되어 간다. 마르크스는 도덕적이고 과학적인 차원에서 설명하고 있다.

마르크스에 의하면 상품의 가격은 교환가격에 의해서 교환되어져야 한다. 이렇게 될 때 노동자는 정당하게 노동대가를 받을 수 있으며 그의 노동에 상응하는 부를 누릴 수 있다. 그러나 과학이 발달된 사회에서는 제조된 상품들이 판매될 때는 노동자들은 그들이 투자한 순수한 노동력에다 노동에 상응하는 양적인 것도 포함시켜야만 된다. 마르크스는 자본주의 사회에서는 노동자들은 그의 노동의 대가를 보상받을 수가 없다는 것이다. 자본주들은 노동자들이 일해 놓은 노동의 대가의 일부를 가로 채기 때문이다. 자본주의 체제 하에서는 자본가들은 노동자와 그의 가족의 생활에 필요한 만큼의 임금만 지급하기 때문에 노동 그 자체를 교환가치로 이용하고 있다.

자본주의 체제 하에서는 노동자들이 일하는 시간보다 그들이 실제로 받는 임금이 훨씬 적다. 노동자들은 실제로 일하는 시간에서 나오는 임금에서 자본가로부터 받은 임금을 제외한 나머지 임금은 자본가의 주머니로 들어가게 된다. 노동자가 일한 대가에 맞추어서 받아야만 하는 임금에서 실제로 자본가로부터 받는 임금을 제외한 임금을 마르크스는 잉여가치라고 한다. 잉여가치는 자본가가 노동자들로부터 착취한 노동력이며 이것을 자본가들은 수익 또는 이익이라고 부른다. 노동자들로부터 얻은 수익은 상품을 만드는 공장주들을 비롯하여 돈을 융자해준 은행가, 건물주 등이 수익을 분배하게 된다. 그러나 마르크스의 주장은 이러한 노동자들로부터 착취한 노동의 대가를 상품을 만드는데 필요한 노동을 전혀 제공하지 않은 노동자가 아닌 사람들의 손으로 수익금이 들어가게 된다는 것이다.

마르크스는 자본주와 노동자는 생산에 있어서 서로 반대되는 입장에 있다. 자본가들은 수익을 올리기 위해서 임금을 줄이고 노동시간을 늘리며 노동의 속도를 집중화시켜서 자본금이 빨리 돌아가게 함으로서 자본가들의 수익을 올리고 있다. 반면 노동자들은 임금을 올리고 노동시간을 줄여서 소위 잉여가치를 적게 함으로서 노동자들의 이익을 얻을 수 있다. 마르크스는 노동자와 자본가들 간의 상반된 이익은 노동자들이 자본가 계급을 공격함으로서 혁명이 시작된다. 이러한 노동자계급의 혁명은 무산자 계급이 자본을 쥐고서 과거 낡은 생산 방법을 없앰으로서 무산자 독재사회를 형성하게 된다. 마르크스는 자본주의사회의 혁명 가능성은 단지 노동자와 자본가들 간의 이해관계에 의해서만 혁명이 발생하는 것이 아니라 자본주의 체제 하에서는 노동자들 간의 기만과 경쟁이 점차적으로 가속화되어 노동자들의 사정이 더욱 악화되어져서 결국은 노동자들이 사회혁명을 일으키게 된다는 것이다.

자본가들은 그들의 소득으로 새로운 기계를 구입하여 생산성을 넓혀나감으로서 과잉생산을 초래하여 경제침체와 실업률의 증가를 가져오게 된다. 더욱이 이러한 현상은 자본가들끼리 경쟁을 통해서 큰 회사가 작은 회사를 통합해 버리는 현상이 나타난다. 마르크스는 자본주의 체제 하에서 노동자들의 이익의 증진을 잘 고려하지 않으면 결국은 노동자들이 혁명을 일으켜서 권력을 장악하여 노동자들의 이해에 맞는 사회체제를 만든다는 것이다.

무산자 혁명

유물론에서 마르크스는 자본주의의 파멸에 관해서 언급하지 않고 있다. 그러나 마르크스의 분명한 주장은 자본가 계급이 무산자 계급의 이익을 고려하지 않고서 자본가들의 특권만 유지하려고 한다면 결국은 노동자들에 의한 혁명이 일어난다는 것이다. 그러나 선거를 통해서 무산 계급의 강압에 못 이겨 자본가들이 양보를 한다고 해도 자본주의 체제 하에서 경제 정의가 민주적이고 평화적인 방법으로 성취된다는 것은 분명하지 않다. 마르크스의 사회혁명의 근원은 반드시 폭력에 의한 혁명이 아니라 사회생산 수단의 통제에서 발생하는 변화를 뜻하는 혁명을 말한다. 자본주의 사회에서 생산수단은 소수의 사람들에 의해서 독점되어져 있으며 다수의 사람들에게 불이익을 주는 수단이다. 사회혁명의 근본목적은 국가의 통제 하에서 사회생산 수단이 바뀌는 것이다. 다시 말하면 무산계급이 지배계급으로 등장하여 무산자들이 이익을 확보한다는 것이다.

마르크스에 의하면 자본주의 사회에서 노동자들에 의해서 생긴 잉여가치는 자본주들의 호주머니에 들어간다. 공산주의 사회에서는 노동자들의 노동에 의해서 얻은 어떠한 가치도 노동자들의 임금으로 돌아갈 뿐만 아니라 노동자들의 사회생활의 편의를 위해서 사용되어진다. 무산자 계급의 독재의 단계는 단지 변혁기의 과도적 단계에 불과하며 모든 생산과 전 국가의 광범위한 단체의 수중으로 집중되는 소위 계급 없는 사회의 단계로 넘어가게 된다. 이러한 사회에서는 대중의 힘은 정치성을 잃어버리게 된다. 정치적 힘이라는 것은 어느 한 계급이 다른 계급을 억압하기 위해서 조직된 것에 불과하기 때문에 계급 없는 사회에서는 정치적 힘이 필요 없어져 버린다. 이러한 계급 없는 최종단계의 사회에서는 무정부상태란 말은 법이 필요 없다는 뜻이 아니라 중앙정부가 필요 없다는 의미이다.

마르크스는 자본론에서 비록 중앙정부가 정치성은 상실한다고 할지라도 중앙 정부로서의 존재는 필수 불가결하다고 본다. 마르크스는 지역의 자원과 물자를 효과적으로 관리하기 위해서 중앙정부의 필요성을 강조하고 있다. 계급 없는 공산주의 사회에서는 민주적인 기초 위에 있는 공권력은 정치적 특성을 상실하게 된다. 비록 공산주의에 반대하는 자본주의가 계속된다고 하더라도 얼마안가서 무산자 독재에 의해서 소멸하게 된다.

사회주의와 공산주의의 차이점

마르크스는 자본주의 사회 이후에 나타나는 사회는 무산자 계급의 독재 즉 사회주의에 의한 사회의 출현이다. 무산자 계급의 독재주의 체제 즉 사회주의는 다시 계급 없는 공산주의 체제로 변하며 공산주의가 지상에서 존재하는 가장 이상적인 사회라고 본다. 발전론적 관점에서 보면 고대 장원제도는 자본주의로 변화되며 자본주의는 사회주의로 다시 사회주의는 공산주의로 발전하게 된다는 것이 마르크스의 발전론이다. 여기서 간단하게 사회주의와 공산주의의 차이점을 요약하면 공산주의는 계급이 없는 사회이며 사회주의는 계급이 하나뿐인 사회다. 즉 사회주의에서는 무산자 계급 하나만 존재한다. 사회주의 이전단계인 자본주의 사회에서는 자본가와 무산자 둘만의 계급이 존재하는 사회이며 자본주의 이전단계인 중세 장원제도에서는 지주계급과 농노계급의 두 계급이 존재한다. 마르크스 이론에 의한 공산주의와 무산자계급의 독재사회 인 사회주의의 차이점은 공산주의 사회에서는 자유선거가 보장되며 정부의 계획에 대해서 비평은 마음대로 할 수 있다는 점이다. 그러나 무산자 독재 사회인 사회주의사회에서는 중앙정부의 어떠한 정책도 비난을 할 수 없으며 만일 중앙 정부에 어떠한 비난을 하면 그에 상응하는 벌을 받는다.

공산주의 사회의 궁극적인 목표는 인간의 필요를 가장 잘 만족시키는 사회정의를 실현 한다는 것이다. 마르크스주의와 공산주의는 근본적으로 차이점이 있다. 마르크스주의는 철학적이며 과학적인 가정위에 성립하는 것이다. 인간의 사상과 견해인 인간 의식은 자기 주변의 물질적인 환경과 사회생활 사이에 의해서 변화되어진다. 의식의 생산도 물질의 변화에 의해서 결정되어 진다. 마르크스 사상을 이론적으로 정리해 보면 마르크스주의는 인간의 물질 조건과 경험에 의한 인간의 사상과의 상호작용에서 나타나는 현상을 조사함으로서 어떠한 법칙을 발견하는 것이다. 마르크스주의가 사회 진화 법칙에 의한 철학적이고 과학적인 이론인데 반해 공산주의는 어떤 국가가 정책적으로 어떤 목적을 위해서 고안된 정치적 프로그램이라 할 수 있다. 마르크스주의가 인간의 물질조건과 인간의 사상과의 관계를 조사하여 정당화시키는데 반해 공산주의는 정당화보다는 더욱 실질적으로 그들의 목적을 달성시키는 것이다.

무산자 독재인 사회주의와 공산주의의 차이점은 사회주의는 자유민주주의라는 기계를 통해서 그들의 목적을 성취하는 것이 그들의 목적이다. 그러나 공산주의는 자유민주주의라는 방법은 어쩔 수 없는 경우에만 받아들인다. 대부분의 경우 비합법적인 방법에 의해서 그들의 목적을 성취한다. 또한 무산자 독재인 사회주의와 공산주의 사상의 정책은 모두가 최대한의 만족한 생산력을 얻기 위해서 중앙통제의 경제방법을 채택하고 있다. 또한 공산주의와 사회주의는 사회의 부조리와 빈곤을 초래하는 시장경제나 자유방임주의 형태의 정책에는 반대하고 있다. 마르크스는 자본주의 자체가 인간의 불평등에 기초를 두기 때문에 자본주의가 존재하는 한 진정한 민주주의는 불가능 하다는 것이다. 민주적 평등은 지역의 경제조직이 잘 계획되고 통제될 때에 이루어진다. 마르크스가 자본주의의 멸망을 잘못 예언한 근본적인 원인은 그가 자본주의 체제 하에서 경제제도를 너무 단순하게 보았기 때문이다. 자본주의 체제 하에서 가격을 결정하는 중요한 변수는 수요와 공급 및 독과점 등을 들 수 있다.

마르크스의 공산주의는 왜 몰락했는가

마르크스는 자본주의의 모순점을 들러서 1930년대 자본주의의 멸망을 예언했다. 사실상 1930년대 초 미국을 비롯한 서방국은 경제공항을 맞아서 경제위기에 직면하게 되었다. 그러나 미국은 영국의 경제학자 케인즈의 고용이론을 적용하여 테네시주에 다목적댐 등의 건설 등의 경제정책을 펴서 실업률의 감소에 노력한 결과 경제란을 타개 할 수 있었다.

마르크스의 자본주의 멸망의 예언은 틀렸다. 그가 잘못한 이유를 여러 가지 관점에서 생각해 볼 수 가 있다. 그 근본적인 원인은 마르크스는 자본주의 사회에서 기술과 과학의 발달을 생각하지 못했다. 자본주의 체제 하에서는 자유경쟁을 통해서 생산기술과 더불어 과학의 발달이 자본주의 체제의 존속내지는 더욱 발전할 수 있는 원동력이 되었다. 한편 1990년대 초부터 소련을 비롯한 동구권 공산주의 국가들이 몰락하고 말았다. 또한 중국을 비롯한 대 부분의 공산주의 국가들은 시장경제의 도입 등 자본주의 체제로의 전환을 시도하고 있어서 마르크스가 예상했던 자본주의의 몰락이 아니라 공산주의의 몰락이 예상된다. 이러한 점을 감안 할 때 마르크스의 이론은 맞지 않는다고 할 수 있으나 그의 사상이 사상사에 미친 영향은 엄청나게 크다.

6. 미국식 자유주의적 경제사고와 미국우위의 경제철학

미국의 자유주의적 제국주의는 두 가지로 분류할 수 있다. 하나는 자유주의적 경제사고의 발달이라고 할 수 있으며 다른 하나는 제국주의적 사고의 발달을 들 수 있다. 미국의 경제적 사고는 독립초기로 다시 거슬러 올라가야 한다. 미국 경제철학의 하부구조를 형성한 것은 알렉산더 해밀턴과 토마스 제퍼슨의 사고에서 찾을 수 있다. 제퍼슨은 미국의 독립선언서를 작성한 제 3대 대통령이었다. 제퍼슨은 중농주의 사고를 바탕으로 한 보호무역주의 사고를 가진 보수주의적 인물이었다. 제퍼슨의 중농주의 사고에 대적하는 다른 한 인물은 초기 미국의 재무장관을 역임한 알렉산더 해밀턴이었다. 해밀턴 역시 뛰어난 문장력을 비탕으로 하여 미국 역사에 크게 영향력을 미친 인물이었다.

미국의 경제는 초기 두인물의 사고를 바탕으로 큰 물줄기를 타게 되었다. 해밀턴의 사상은 당시 유럽국가와의 경쟁에서 지더라도 자유무역을 바탕으로 하여야 한다는 사고를 가지고 있었다. 반면 제퍼슨은 유럽과의 경쟁에서 미국은 밀리고 있기 때문에 미국은 보호무역을 택하여야 한다는 논리를 주장하였다. 당시 미국은 유럽에 비하면 농업국이라고 볼 수 있었다. 농산물 보호를 위해서는 관세를 높이는 보호무역주의가 필요하기는 하였다. 제퍼슨은 유럽과의 경쟁력 강화를 위해서는 농업주의로 국가체제를 유지해 나가야만 한다는 주장을 하였으며 해밀턴은 유럽과의 경쟁력 강화를 위해서는 상업위주의 중상주의 정책을 추진해 나가야만 살아남을 수 있다는 논리를 바탕으로 하였다. 그러기 위해서는 자유무역에 바탕을 두어야 한다는 사고를 기반으로 하였다.

국내적으로 볼 때 미국은 초창기에는 유럽과 비교하여 정부가 소극적으로 개입하는 정책을 추진해 나갔다. 모든 것이 민간 기업위주로 움직이도록 하였다. 유럽에서는 정부에서 주도하는 공기업들을 미국은 초창기부터 민간기업인 사기업에 맡겨 버렸다. 결과적으로 공기업보다는 사기업이 운영함으로 인해서 보다 실리적이고 경쟁력 있는 기업으로 변하였다. 미국이 바탕으로 하는 경제적 사고는 아담 스미스가 주장한 자유주의적 경제 사고를 바탕으로 하여 시작하였으며 경제공항이 일어나기 전까지 이러한 자유주의적 경제사고가 오랫동안 사회의 기반을 이루고 있었다.

미국의 경제철학은 자유주의적 제국주의라고 할 수 있다. 자유주의는 미국인들이 초창기에 유럽에서 넘어오면서 가지고 온 사고이다. 미국인들은 전 세계에 미국식 자유주의를 심어나가는 것을 그들은 명백한 운명이라고 생각하고 있다. 미국인들은 유럽으로부터 신천지로 건너오면서 하느님으로부터 자신들만이 지구상에서 선택된 사람으로 생각하였다. 미국의 사고는 영미사상을 바탕으로 하기는 하였지만 영국이나 대륙철학과는 근본적으로 다른 사고를 가지고 발달하였다. 영미철학과 대륙철학의 차이는 대륙철학은 부정에서 시작해서 긍정으로 돌아서게 된다. 반면에 영미철학은 부정에서 시작해서 끝까지 부정으로 끝이 난다. 영국과 미국의 영미철학은 긍정 긍정 긍정을 계속하다가 결국 긍정으로 끝낸다. 그러나 독일등 대륙철학은 부정 부정 부정등에서 시작해서 결국은 긍정으로 돌아선다.

앞에서도 수차례 강조했듯이 영국에서 산업혁명이 가장 먼저 일어난 원인은 결국 민주주의가 영국에서 가장 먼저 일어났기 때문이다. 독일의 사상가 요하네스 알투지우스에서 시작된 왕권약화 주장설인 사회계약 사상은 영국의 토마스 홉스에서 처음으로 구체화되기 시작하였다. 홉스의 사상은 영국의 명예혁명의 원동력이 되었다. 또다시 영국의 존 로크의 사회계약론은 미국으로 넘어와 미국혁명을 일으키는 원동력이 되었다. 현재 미국 헌법은 존 로크의 사상을 토대로 하고 있다. 영국에서 시작된 산업혁명은 결국 미국에서 그 빛을 발해서 혁명을 완성시켜 나간다. 사상도 영국에서 시작된 경험주의는 미국에서 한 단계 높은 실용주의로 발달하게 되었다. 미국이 시도한 영국을 비롯한 유럽과의 단절에 대한 의지는 미국에서 한 단계 높은 수준으로 완성을 보게 되었다.

케인즈 혁명은 거시적인 차원에서 미국과 강대국 중심의 세계질서를 재편해 나가는 경제철학의 방침을 제공해 주었다. 미국과 전 세계국가들의 관계를 종속적인 관계로 규정하여 미국이 전 세계국가 경제에 관여하여 세계 국가들의 경제를 미국의 통제 속에 넣기 위해서다. 미국은 적극적으로 국가들의 경제정책에 개입하여 경제수준을 끌어 올려야 한다는 논리이다. 미시적 차원에서는 각 국가들 역시 자국의 경제발전을 위해서는 정부가 규제를 하고 통제를 하는 큰 정부중심의 경제정책을 추진해 나가야 경제가 발전한다는 논리이다. 국제통화기금인 IMF와 세계은행인 World Bank와 세계무역기구인 ITO대신 GATT의 창설 등이 바로 이러한 케인즈 식 사고에서 출발하였다. 미국의 화이트와 함께 영국의 케인즈가 실제 이러한 국제기구창설에 가장 핵심인사로서 관여를 하였다. 사실상 세계경제가 미국중심으로 오랫동안 지속되었다. 미국은 경제적 차원에서 3개의 국제기구인 IMF, WORLD BANK, GATT를 수중에 넣고서 세계경제를 지배해 나갔다. 케인즈 식 경제논리를 바탕으로 한 미국중심의 세계경제는 70년대 들어서면서 흔들리기 시작하였다.

1970년대에 들어서면서 미국을 중심으로 세계경제는 다시 경제공항 속으로 빠져들고 있었다. 약 40년간 계속된 케인즈 혁명의 이론이 추락하기 시작하면서 과거의 아담스미스가 주장하였던 자유주의 이론인 신자유주의 이론이 다시 대두되기 시작하였다.

7. 옐로우 데인저와 파이 이론

70년대에 들어서면서 미국은 정치, 경제적 차원에서 밀리기 시작하였다. 1945년 2차대전직후 미국은 전 세계 생산량의 과반수에 달하는 43%를 생산하는 경제대국이었다. 그런데 60년대부터 미국의 우산 속에 있던 일본이 미국으로부터 독립하고 동시에 정치적으로도 러시아와 중국, 유럽 국가들이 올라오면서 미국의 힘은 흔들기 시작하였다. 40년대부터 60년대까지 정부가 적극적으로 개입하는 케인즈식의 큰 정부 형으로 정책을 운영해온 경제정책이 가장 큰 문제점이었다. 여기에 더해서 미국은 월남전에서 미국 역사상 처음으로 패배하면서 미국은 더 이상 인류역사상 로마 이래 최강의 패권국이라는 말이 사라질 정도로 미국의 위상은 추락하였다.

이러한 시가에 미국에서는 옐로 데인저라는 말이 유행하였다. 옐로데인저란 70년대 들어서면서 일본은 완전히 미국과의 세계시장에서 상품경쟁을 넘어서 미국을 앞서나가기 시작하였다. 미국인들 자신들도 일본상품을 선호할 정도로 일본상품의 경쟁력은 강하였다. 미국의 언론은 "옐로우 데인저"라는 말로서 노란색 인종인 일본인들이 미국을 다시 공격하고 있다고 논평을 하기 시작하였다. 미국의 언론은 일본이 1941년 2차대전 당시의 진주만을 무기로서 군사적으로 미국을 공격하였다. 지금 다시 일본이 상품을 가지고 경제적으로 미국을 공격하고 있다고 평을 하기 시작하였다.

미국인들은 다시 긴장하기 시작하였다. 일본 상품 불매운동을 벌였다. 미국인들이 가지고 있는 유럽에서 올 때 가지고온 선조들이 가지고 있는 불안증이 도지기 시작하였다. 미국인들은 2차 대전 당시 일본에게 한번 당했다는 불안감에 사로 잡혀 있었다. 미국의 경제학과 정치학자들이 만들어낸 이론이 바로 일본은 미국을 결코 따라갈 수 없다는 파이 이론이었다. 파이이론이란 일본과 미국은 오렌지로 말하면 크기 자체가 다르기 때문에 작은 일본이 엄청나게 큰 미국을 따라오는 일이 불가능하다는 이론이었다. 일본은 작은 오렌지 속에 있는 파이들이 작게 세분화는 된다. 미국과 같이 큰 오렌지는 파이 자체가 워낙 크기 때문에 일본이 미국을 따라 온다는 일은 불가능한 일이라고 판단을 하였다. 대부분의 근대화 이론으로 유명한 미국의 비교정치학자들이 만들어낸 이론이며 이것은 미국이 동양 국이나 유럽 국가에 대한 비교우위적인 경제적 사고에서 나온 논리이며 이 이론이 나온 후 미국은 일본에 대해서 안심은 하였다.

사실상 미국이 짧은 역사에도 불구하고 세계 패권국이 된 원인은 인구는 세계인구의 5%에 불구하지만 지하자원을 비롯한 천연자원 매장량을 비롯하여 세계 물자의 25 %가 미국에 매장되어져 있다. 이것은 미국 국민들이 다른 나라에 국민들에 비해 약 5배의 풍부한 물자를 사용할 수 있는 장점을 가지고 있기 때문에 세계 패권국이 된 것이다.

8. 신제국주의와 구제국주의

제국주의란 근대국가가 탄생된 이래로 사용되어지고 있다. 일반적으로 사용되어지고 있는 말로서 강대국이 약소국을 정치적으로나 경제적으로 약탈하여 이익을 취하는 것을 제국주의 근성 또는 정책이라고 부른다. 혁명가 레닌의 제국주의 이론은 한 나라가 물품을 생산하여 국내에서 소비하고 남은 잉여물자를 다른 나라에 비싸게 팔려고 한다. 그러면 다른 나라는 자국의 상품을 보호하기 위해서 높은 관세를 부과한다. 그 국가는 관세의 철폐를 요구하고 나서게 된다. 두 나라는 갈등과 마찰이 생기게 된다. 갈등과 마찰은 결국 원인 제공자가 강대국인 경우가 대부분이다. 약소국들은 강대국에 대해서 자국의 무역보호를 위해서 합리적인 방안을 제시할 뿐이다. 갈등이 해결되지 않는 경우에는 결국 전쟁이라는 극한 상황으로 치닫게 된다. 전쟁은 강대국이 승리를 하게 되면서 약소국은 강대국의 물품을 구입함과 동시에 약소국은 상권을 박탈당하게 된다. 상권을 박탈한 강대국은 다른 국가에 대해서도 같은 방법을 되풀이 하면서 점차적으로 상권에 대한 세력이 확대되게 된다. 이것을 레닌은 제국주의 정책이라고 한다. 일반적으로 제국주의 정책은 유럽이 산업혁명을 거치면서 강하게 나타난 현상이다. 산업혁명은 인류 역사에 두 가지 획기적인 변화를 초래하게 된다. 산업혁명으로 인해서 수공업 생산에서 공장에서 대량으로 물자를 생산하는 공급과잉 현상이 일어나게 되었다. 산업혁명으로 인해서 과학과 기술의 발달은 화약과 같은 대량파괴의 무기를 만드는 기술혁명이 일어났다. 동시에 증기기선의 발명으로 인한 항해술과 함께 증기군함이 발명되었다.

무기의 발달과 대량물자 생산은 산업혁명에 성공한 유럽 국가들이 제국주의 정책을 추진해 나갈 수 있는 기회를 제공해 주었다. 산업혁명 이전에는 모두가 수공업에 의한 물자 생산과 증기엔진이 아닌 바람에 의한 범선에 의존하였다. 전쟁에서 사용하는 무기는 대부분 활과 칼이었다. 산업혁명으로 인해서 화약과 대포와 총을 사용하였다. 구식 무기를 사용하는 국가와의 쉽게 전쟁에서 이겨 정복을 할 수가 있었다. 아담 스미스를 비롯한 초기의 자유주의적 경제 사고는 바로 산업혁명에 제일먼저 성공한 자신의 국가인 영국을 위해서 제공한 경제철학인 것이다. 미국이 당시 제퍼슨이 주장한 보호주의는 유럽국가 들에 비해서 미국은 약한 국가이기 때문에 보호주의 정책을 편 것이다. 미국도 뒤따라서 유럽의 산업혁명을 바탕으로 강대국으로 되자 유럽 열강 국들과 함께 제국주의 정책을 본격적으로 추진해 나가기 시작하였다.

1882년 우리나라가 서양 열강국들 중에서 강화도에서 미국과 가장 먼저 통상수호조약인 제물포통상수호조약을 체결하였다. 당시 조선은 대원군의 쇄국정책으로 프랑스 함대나 다른 유럽강대국들과의 무역조약을 체결하기를 거부하였다. 워낙 강하게 무력으로 대포를 쏘면서 위협을 하는 미국과의 무역조약을 거부할 수가 없었다. 만일 우리가 미국과의 통상조약을 거부하는 경우에는 미국은 군함을 가지고 전쟁을 선

포함 위협을 가하였기 때문이었다.

19세기 중반부터 시작된 미국의 외교정책은 바로 미국이 동방에 대해서 문호를 열도록 한다는 외교 전략이었다. 미국의 외교 전략은 동방국가들을 향하고 있었다. 문호개방은 바로 경제적제국주의 정책이었다. 미국은 넓은 영토를 바탕으로 하는 농업국이었다. 기름진 옥토와 넓은 영토를 바탕으로 하여 미국은 엄청난 농산물을 생산하였다. 공산물 역시 국내에서 소비하고도 남는 공급과잉 현상을 초래하고 있었다. 미국은 태평양을 발판으로 문호개방 정책을 점차적으로 추진해 나갔다. 이미 산업혁명에서 성공한 영국은 미국보다 한발 앞서서 태평양 연안에서 가장 강대국이자 가장 인구가 많은 중국을 상대로 무역의 개방 정책을 폈다. 중국은 영국에 대해서 높은 관세율을 적용하여 자국 물품을 보호하는 보호무역 정책을 추진하자 영국은 드디어 중국에 대해서 전쟁을 선포하였다. 이것이 1840년에 일어난 아편전쟁이며 결국 중국은 산업혁명에 성공한 영국에 이기지 못하고 문호를 개방하게 된다.

미국은 1853년 당시 페리제독이 일본에 대해서 문호를 개방하기 위해서 일본을 방문하였다. 일본은 미국 페리제독이 타고 온 거대한 증기군함에 눌려서 문호를 이듬해인 1854년에 개방을 하였다. 이처럼 전 세계는 산업혁명에 성공한 나라에 대해서 문호를 개방하고 결국은 식민지 국가로 전략되는 국제질서의 재편이 일어나게 되었다. 산업혁명이 가장 먼저 일어난 영국이 태양이 지지 않는 국가로 가장 많은 식민지 국가를 두었다. 프랑스와 독일과 스페인, 포르투갈 등 유럽강대국들이 식민지 정복에 치열한 경쟁을 벌렸다. 미국은 영국의 식민지국가로서 1776년에 식민지 국가로서는 처음으로 영국으로부터 독립이 되었다. 초기에는 유럽 열강 국들에게는 국력이 약하였기 때문에 유럽강대국들과 식민지 경쟁에 이길 수가 없었다. 19세기 중반부터 미국은 유럽강대국들과 식민지 경쟁에 뛰어들기 시작하였다. 이러한 유럽 국가들의 식민지 쟁탈전을 제국주의 정책이라고 한다. 제국주의란 무엇을 말하는가. 앞에서 설명한 레닌이 내세우는 제국주의론은 정당한 논리를 제공하고 있다. 좀 더 세분화하면 제국주의 이론은 신 제국주의와 구 제국주의 이론으로 나누어진다. 국제정치학적 용어를 이용하면 각국 간의 국제관계는 하위정치에서 중위정치를 거쳐서 상위정치로 발전하게 된다.

국가 간에 처음에는 하위정치인 종교나 문화 예술적인 차원에서 교류가 이루어진다. 초기 식민지 시대에는 종교단체가 가장 먼저 접근을 시작한다. 종교적 접근이 이루어진 이후에는 상업적인 교류인 경제적 교류가 시작된다. 마지막으로 경제적 교류의 다음단계인 정치적 교류가 형성되게 된다. 인류역사에서 제국주의 정책은 구 제국주의 정책과 신 제국주의 정책으로 나누어 볼 수가 있다. 구 제국주의 정책은 산업혁명으로 인해서 자국에서 사용하고 남은 잉여물자를 팔기위해서 약소국에 대한 경제적인 침략행위를 구 제국주의라고 한다. 초기에 영국을 비롯한 대부분의 산업혁명에 성공한 국가들은 공장에서 대량으로 생산한 물자를 약소국가에 무력으로 팔아서 많은 이익을 얻었다. 여기서 얻은 수익을 쇠등 무기를 만드는데 사용하는 물자를 구입하였다. 그런 다음 무기를 만들었다. 강한 무기를 가지고 장사를 하면서 지속적인 위협을 약소국에게 가하였다. 약소국가들은 강대국들의 무역교류를 거부할 수가 없었다. 할 수없이 약소국가들은 비싼 값으로 강대국들의 상품을 구입하여야만 하였다. 이 시기를 구 제국주의 시대라고 부른다.

구 제국주의는 열 강국 들 간의 상품판매 경쟁에서 식민지 전쟁에 희생당하게 된다. 강대국들은 약소국가들로부터 경제적 침탈에 만족하지 못한다. 경제적 침탈을 넘어서 정치적인 침탈을 원하게 된다. 이것이 바로 약소국가들에 대한 식민지화 하는 현상이 대두하게 된다. 초기의 경제적 침투에서 정치적 침투로 변하면서 전쟁을 통한 침략화 현상을 신식민지주의라고 부른다. 따라서 초기의 경제적 식민지정책을 구식민지 정책 이라고 하고 후기의 군사적 식민지 정책을 신 식민지 정책이라고 부른다. 미국이 식민지 전쟁에 뛰어든 시기는 유럽강대국들보다 한발 늦은 1850년대부터이었다. 그 이전에는 미국은 자국 내의 문제해결에 집중하였다. 아시아를 비롯하여 중남미 국가들에 대한 미국의 식민지 정책은 초기의 유럽 국가들이 행하였던 경제적 침투전략에 초점을 맞추어 나갔다. 이미 유럽 열강국들이 구 제국주의 정책에서 벗어나서 신 제국주의 정책인 식민지 경쟁시대로 접어들었다. 미국의 경우는 구식민지시대를 거의 겪지 않고서 신 식민지 시대로 바로 들어오게 되었다. 미국은 19세기 중반이후 부터는 유럽 열 강국들과 힘겨루기에서 밀리지 않을 만큼 강대국이 되었다. 1870년대 경제적인 차원에서는 형식상의 패권국인 영국을 제치고 독일과 함께 GNP 즉 국민총생산량이 세계 1위의 국가가 되었다.

영국의 낭만주의 시인 윌리엄 워즈워드는 그의 시 무지개에서 어린이는 어른의 아버지라고 했다. 오랜 역사를 가진 유럽을 제치고 어린이 미국은 유럽과 치열한 경쟁 속에 들어가기 시작하였다. 조지 클론 버클리의 시" 제국은 늘 서쪽으로 향했지"는 미국인들이 가장 좋아하는 시로서 영국 시인이자 주교인 조지 클론 버클 리가 쓴 시다. 국내적으로는 미국인들은 동부에서 서쪽의 태평양 속으로 제국주의 정책을 펴 나가기 시작하면서 원주민 인디언과 멕시코의 땅을 수탈하여 미국 땅으로 편입시켜나가기 시작하였다. 동시에 국외적으로는 1867년 국무장관 시워드의 러시아로부터 알라스카 매입과 1898년의 스페인과의 전쟁은 미국이 스페인이 가지고 있던 식민지를 빼앗음과 동시에 실질상의 패권국이 되었다. 20세기 전반을 지나 2차대전이후부터 미국의 전략은 제국주의와 자유주의를 합친 신자유주의적 제국주의 정책이라고 규정할 수 있다. 미국은 자유주의를 전 세계에 심는 일을 명백한 운명으로 생각하고 있었다. 자유민주주의를 심어나가기 위해서 사용한 방법이 제국주의 정책인 것이다. 현재 미국이 추진하는 정책은 신자유주의적 제국주의 정책이라고 규정 할 수 있다.

9. 밀턴 프리드먼의 샤워장의 수도꼭지 논리와 신자유주의

영국의 케인즈의 이론이 70년부터 빛을 잃어버리자 전 세계는 밀턴 프리드먼을 중심으로 한 소위 미국 시카고학파가 다시 대두되기 시작하였다. 프리드먼의 주장은 국가의 소극적인 개입에 의한 자유경쟁을 바탕으로 한 경제이론을 주장하였다. 프리드먼은 샤워장의 수도꼭지 논리를 주장하였다. 샤워장에서 찬물과 더운 물을 번갈아 가면서 수도꼭지를 너무 자주 틀어대면 결국은 혼란만 가중시키는 결과를 초래하게 된다는 논리이다. 케인즈 식 경제논리는 정부가 지나치게 간섭을 하는 바람에 샤워장의 더운물과 찬물을 너무 자주 바꾸어 국가의 경제가 혼란을 초래하게 되었다는 것이다. 국가는 뒤에 물러나서 시간을 두고서 국가의 정책에 소극적으로 개입하여야 국가의 어려운 경제문제는 해결을 보게 된다는 것이다. 1970년대 이후 미국은 두 차례의 오일 쇼크와 월남전 패배와 함께 1930년에 겪었던 경제공항이후 최대의 경제적 위기를 맞게 되었다. 이미 유럽과 일본이 2차대전 이후 미국경제에 의존하는 상태에서 60년 초에 일본을 선두로 하여 영국, 독일, 프랑스가 미국

경제의 그늘에서 벗어나서 독립된 경제체제를 유지해 나가기 시작하면서 미국 경제를 위협하고 있었다. 미국은 새로운 경제정책을 추구해 나가지 않는 경우에는 일본과 유럽 국가들에 밀려서 패권국의 지위를 상실할 위기를 맞이하였다.

1980년부터 미국은 정치경제 정책을 완전히 변화시켰다. 정치경제면에서는 신 자유주의적 사고를 바탕으로 하였으며 정치철학적인 차원에서는 존 스튜어트 밀의 최대다수의 최대 행복론인 신 공리주의를 도입하였다. 레이건 정부의 하부구조는 신자유주의와 신 공리주의를 토대로 강력한 정부를 추진해 나갔다. 경제정책은 케인즈식 경제 사고에서 아담스미스의 자유주의식 사고로 변화를 하였다. 이것을 신자유주의라고 부른다. 신자유주의를 바탕으로 한 사고는 레이건 정부에 들어서면서 강력하게 추진되어 나갔다. 레이거노믹스의 이론은 민간 기업들의 강한 구조조정이 시작되면서 기업들이 경쟁력 강화에 주력을 두었다.

레이건 정부의 신자유주의의 진정한 의미는 국내적으로는 기업들에게 자유를 최대한 부여하는 정책이었다. 외국과의 외교적인 차원에서는 국내기업을 살리기 위한 제국주의 경제정책을 추진해 나갔다. 레이거노믹스는 국내기업에게는 정부의 소극적 개입을 바탕으로 하는 영국의 공리주의 경제철학자인 존 스튜어트 밀의 최대다수의 최대 행복론을 바탕으로 하는 경제정책을 추진해 나갔다. 미국은 80년대 초에 구조조정을 통한 경쟁력 있는 민간 기업들은 90년대에 경제 강대국 일본과 유럽을 제치고 다시 세계 제 1의 경제대국의 위치를 탈환할 수 있었다. 미국이 현재 세계 경제를 지배하는 원인은 2차대전이 끝나면서 미국중심의 경제로 다시 재편시키면서 아직까지 확고한 위치를 차지하고 있다. 미국의 이러한 경제적 전략을 보면 미국은 세계 경제를 장악하게 위해서 경제적 차원에서 전 세계 국가들이 필요한 돈을 빌려주는 국제기금을 관리하는 단체가 필요하였다. 1944년 미국 브레이튼 우즈에서 미국과 영국을 중심으로 한 현재는 전 세계의 184개국의 회원국을 가지고 있는 국제 통화기금 즉 IMF가 창설 되었다. 다시 말하면 국제통화기금은 미국이 중심이 되고 미국과 동반자 관계에 있는 영국이 결정적으로 도와주었다. 영국의 유명한 경제학자 케인즈가 국제통화기금 창설에 중요한 역할을 하였다. 국제통화기금 즉 IMF와 같은 맥락에서 돈을 빌려주는 세계은행인 WORLD BANK도 창설되었다. 세계은행은 5개의 그룹으로 형성 되었다. 그중에서도 IBRD를 주축으로 하여 운영 하였다. 다음으로 미국은 ITO 즉 국제무역기구를 창설하려고 하였으나 관세 및 무역 협정기구인 GATT가 창설 되었다. 그 후 UR 즉 우루과이 라운드 협정을 거쳐서 WTO 즉 세계 무역기구를 창설하였다. 경제적인 차원에서 미국에게 필요한 일은 바로 IMF 와 WORLD BANK와 GATT의 3두마차를 가동하여 세계경제를 지배해 나가자는 의도를 가지고 있었다. 국제통화기금에 미국이 투자한 비용은 17 %로서 가장 많았다. 이 세 개의 경제기구는 사실상 미국이 경제적 영향력을 발휘하기 위해서 설립한 경제기구이었다. 이중에서 가장 맏형은 IMF이며 WORLD BANK와 GATT는 IMF의 지시를 받는 동생 격에 해당하였다.

경제적으로 미국이 전 세계를 지배해 나가기 위해서는 전 세계의 43 %를 생산하는 물자를 판매할 수 있는 판매처가 우선적으로 필요하였다. 물건을 판매하기 위해서는 판매처 국가들이 빨리 경제적으로 성정할 수 있도록 수준을 끌어올리는 일이 가장 시급한 문제이었다. 미국은 후진국 개발에 앞장서서 도와주어야만 미국이 살아남을 수가 있었다. 따라서 미국은 자신 편에 서있는 국가들이 무임승차를 하여 후진 국가들이 자국의 이익을 얻을 수 있도록 경제적으로 많이 도와주었다. 동남아시아나 아프리카 신생국가들의 발전을 위해서 엄청난 노력을 하였다. 이들 국가들을 도와 주어서 물건을 구입할 단계로 만들어야 미국은 물건을 팔아서 이익을 얻을 수가 있기 때문이었다.

미국은 이들 국가들의 경제적 수준이 후진국 수준에서 자신의 바로 아래에 두는 단계에까지 끌어 올리는 일이 급선무이었다. 미국과 경제적 종속관계로 인해서 미국의 물자를 이들 국가에게 팔 수 있는 판로가 형성될 수 있기 때문이었다. 이들 신생 후진 국가들이 자신들에게 유리한 방향으로 보호무역을 수립하도록 미국은 도와주었다. 전쟁 직후의 후진 국가들의 경제 상태로는 미국의 물품을 수입할 만큼의 경제적 수준이 되어 있지 못했다. 제 3세계인 후진국들은 새로운 인프라를 구축하는 일이 필요하였다. 제 1세계인 선진 유럽 국가들도 빨리 전쟁 전 수준으로 경제가 회복되어야 미국 아래에 두는 경제종속관계를 형성할 수가 있었다.

미국이 가동하는 3두 마차인 국제 통화기금 즉 IMF와 월드뱅크와 GATT는 세계경제를 미국이 좌지우지할 발판을 마련한 것이다. 미국은 2차대전 이후 경제적 차원에서 국제 통화기금, 세계은행, 및 세계무역기구를 통해서 경제적 영향력을 강하게 행사하면서 세계 패권국의 위치를 유지해 나갔다. 그 후 미국은 경제적으로 어려움을 겪으면서 9.11 테러를 당하게 된다. 자국의 안전을 위해서 테러 위협국가들을 선정하여 불량국가로 지정한다. 미국이 지목하는 불량국들은 경제적인 봉쇄를 당하게 된다. 테러이후 미국의 금융본위는 금본위에서 달러 위주로 세계의 금융시장 구조형태를 바꾸었다. 불량국들을 제거하기 위해서 미국은 첫 단계로서 불량국들에게 경제적인 고립을 가한다. 경제적 고립조치를 당하는 국가들은 대부분 미국의 결정권에 동의를 하고 미국이 원하는 방향으로 행동을 한다. 글로벌 시대에 경제적 고립조치를 당하는 국가들은 견디기 힘든 경제적 고통을 감수하여야만 한다. 따라서 대부분의 국가들은 경제적 고립조치를 당하는 경우에는 얼마 후에는 미국에게 백기를 들고서 항복을 해버린다.

미국은 9.11 테러 이후 세계경제 체제를 금본위에서 달러 위주의 금융체제를 만들었다. 미국이 경제고립조치를 가하는 국가들에 대해서 미국의 화폐인 달러 동결조치를 취하는 경우 불량국의 전 재산은 동결 되어져 버리는 엄청난 효력을 발휘한다. 따라서 미국이 불량국에 대해서 취하는 경제고립조치에 오랫동안 버티기가 힘이 든다. 동시에 미국은 9.11 테러 이후에 테러 방위비에 엄청난 국방비를 투자하였다. 동시에 패권국의 유지를 위해서 자국 국민들에게는 세금을 올리지 못하였다. 미국과 그동안 유대관계를 유지하면서 무인승차를 시켰던 국가들에 대해서 FTA 즉 자유무역주의 협정을 이끌어내서 자국의 경제적 이익을 추구해 나가고 있다.

FTA 즉 자유무역주의의 근본적인 의미는 글로벌 시대에 필요한 논리이기는 하다. 그러나 문제는 미국은 순수한 FTA의 자유무역협정의 본질을 감추고서 자국의 이익과 세계패권국의 위치만을 유지하려는 음모가 감추어져 있기 때문이다. 자칫하는 경우 약소국들은 경제적인 피해를 입게 되는 것이다. 고전 경제학자 데이비드 리카르도 역시 초창기 자유무역을 주장하는 경제학자이었다. 리카르도는 아담 스미스로부터 절대적 영향을 받은 경제학자이었다. 리카도의 비교 우위론적 경제사상의 근원은 국가가 적게 간섭하여 관세의 장벽을 낮추어서 무역의 거래를 증가시키자는 논리에 바탕을 두고 있다.

리카르도의 비교우위사상은 각국은 자국에 유리한 상품들을 집중적으로 생산한다. 자국에서 생산하기 힘든 상품은 생산하지 말고 많이 생산되는 타국에 의존하는 편이 훨씬 유리하다는 이론이 바로 비교우위설이다. 가령 한국과 미국이 자유무역을 협정하는 경우 한국은 삼성전자의 전자제품과 현대자동차의 자동차가 세계적인 브랜드를 가지고 있기 때문에 전자제품과 자동차를 집중적으로 만들어서 미국에 팔고 그 대신 미국은 농업 국가이기 때문에 넓은 농지에서 나오는 밀이나 쇠고기 등 농산물과 축산물은 국내에서 생산하지 말고 미국에서 직접 싸게 수입하여 소비하자는 경제 전략이다. 이러한 전략은 글로벌 시대에 어느 정도 이해가 가는 경제 전략이기는 하다. 그러나 미국이 순수한 FTA 본질을 감추고 단순히 자국의 국익과 미국의 패권유지를 목적으로 FTA를 체결하기 때문에 마찰과 문제가 생기게 되는 것이다.

제3편

역사

제1장
역사란 무엇인가

역사란 무엇인가에 대해서 정의를 내리기에는 아직 혼미한 상태에 있다. 일반적으로 순수 역사학자들이 역사에 대해서 가지는 개념과 역사학과 관련된 순수 역사가 아닌 일반학자들이 보는 관점은 어느 정도의 차이가 있다. 몇몇 대표적인 학자들은 자신의 사고에 따라서 다양한 시각을 가지고 역사에 대해서 정의를 내리고 있다. 철학이나 사상사적 관점에서 헤겔이나 마르크스의 역사에 대한 인식은 역사를 발전론적과 변증법적 차원에서 역사에 대해서 규명을 하고자 한다. 예를 들면 헤겔의 역사관을 생각할 수 있다.

헤겔의 역사관이 순수하게 추상적이고 규범적이라는 견해는 헤겔을 잘못 이해하고 있다. 헤겔은 인간의 역사를 찬양하고 있다. 인간이 다른 동물과 차이점은 감정, 지식, 통찰력, 의지 등을 들고 있다.

헤겔은 역사란 과거의 사건이 무엇이었던가 하는 것을 보는 것이며 역사철학이란 단순히 역사를 생각하는 것이다. 따라서 역사와 철학 사이에 반드시 극복하여야만 하는 어떤 모순을 발견하여야만 한다. 헤겔에 의하면 역사란 실질적으로 구성하고 있는 요소로서 합리적이고 필요한 정신세계인 것이다. 역사철학이 해야 할 일은 종교적인 의무와 깊은 관련을 가지고 있다. 헤겔의 역사철학에서 나타난 네 가지 유형의 사람들은 시민, 영웅, 희생자, 일반대중 등이다. 시민은 그 국가와 보조를 맞추는 도덕성을 가진 사람을 말한다. 영웅이란 국가를 이끌어가는 사람을 말하며 희생자란 역사와 충돌하는 개인주의적 도덕관을 가지고 있는 사람을 말한다. 일반사람이란 자유를 필요로 하는 진정한 개인주의를 지니고 있는 사람을 말한다.

헤겔의 역사에 대한 사상을 요약하면 모든 것은 다른 것과 연결되어져 있다. 또한 모든 각각의 것은 전체와 상당한 응집력을 가지고 있기 때문에 서로 관련되어져 있는 것을 깨뜨릴 수 있다. 그러나 무엇보다도 중요한 것은 헤겔의 방법론적인 면에서의 역사에 대한 기여이며 가장 위대한 공헌은 변증법이라는 새로운 논리이다. 헤겔의 변증법은 고유전통적인 논리 방법과는 전혀 다른 방법을 사용하고 있다. 그것은 새로운 사상의 형태라고 볼 수 있다. 이 세상의 끊임없는 움직임을 적용하거나 반영시킨다고 할 수 있다. 변증법은 수학적인 관계나 추론적인 합리성을 나타내는 것은 아니다. 헤겔은 인간의 역사란 변증법의 전개임에 틀림없다고 본다. 권력을 잡아서 다시 그 권력 간의 갈등으로 인해서 다시 더 높은 곳으로 향하는 것이라는 것이다. 존재라는 것은 밑바닥부터 정- 반-합의 원칙에 근거해서 무를 통해서 생성으로 전개되어지고 있는 것이다.

정-반-합의 단계를 거친 후에는 다시 존재라는 곳으로 들어가서 변화를 계속한다. 절대적인 생각이란 주관과 객관이 합쳐진 것을 말한다. 이 생각은 다시 변증법의 방법을 통해서 사상- 자연- 정신이란 3단계의 변화를 추구하고 있다. 그러나 헤겔의 변증법의 문제점은 헤겔은 반박과 부정을 사용하는데 있어서 혼란을 가져오고 있다.

다음으로 마르크스의 역사관을 생각해 볼 수 있다.

마르크스는 역사란 인간이 필요에 의한 인간사이의 작용과 반작용의 연속이라고 규정하고 있다. 다시 말하면 인간과 인간 사이의 작용과 반작용의 연속이다.라는 말은 역사란 인간들 사이에서 일어나는 사건이라는 것을 우선적으로 생각하고 있다. 이것은 인간과 인간 사이의 관계가 역사라는 말이다. 다음으로 작용 반작용의 연속이다.라는 말은 무엇을 의미하는가.

작용 반작용의 연속이라는 용어는 마르크스가 헤겔로부터 배운 역사의 방법론인 변증법을 의미한다. 다시 말하면 인간사회에서 자체 내에서의 끊임없는 변화를 의미한다. 동시에 사회와 사회 사이에서의 변화가 동시에 끊임없이 일어나고 있다는 것을 의미한다. 다음으로 마르크스의 역사관에서 가장 중요시 여기는 것은 바로 인간이 필요에 의해서 행동하는 노동의 작용 반작용의 연속이다라는 규정이다. 필요와 노동이 바로 마르크스의 유물론적 역사관이다. 마르크스는 인간의 역사는 부족하지 않으면 인간의 역사는 일어나지 않는다라는 것이다. 만일에 세상에서 모든 것이 다 필요가 없다면 인간의 역사는 발전되지 않는다는 것이다.

마르크스가 주장하는 작용 반작용의 노동의 연속에서 부족한 인간들의 집단이 필요를 위해서 부족하지 않는 인간들에게 힘을 가하는 경우 부족하지 않은 집단은 부족한 집단에게 자신의 것을 지키기 위해서 다시 응전적인 반작용을 하는 것이다. 이러한 작용 반작용의 연속을 마르크스는 노동이라는 원동력을 사용하고 있다. 이 노동력이라는 힘을 바탕으로 인간의 역사는 작용과 반작용의 연속성을 이루어 나가고 있다는 것이 마르크스의 논리인 것이다. 마르크스의 사상은 헤겔의 변증법적 이상주의에 의해서 크게 영향을 받았다. 마르크는 헤겔의 이론인 모든 만물은 변증법적 과정에 의해서 형성되어가고 있다는 것에는 동의를 하고 있다. 그러나 마르크스는 헤겔이 주장하는 논리적인 절차에 의해서 사물의 특성이 결정되는 것이 아니라 물질에 의해서 사물의 특성이 된다는 이론이 변증법적 유물론이다.

이상주의자인 헤겔은 모든 사물의 변화는 그 사물의 내부에 존재해 있는 사고의 변화에 의해서 변화되어 간다는 것이다. 이러한 헤겔의 논리에 마르크스는 반박하고 있다. 물질주의자인 마르크스는 사고의 본성은 그 사고를 반영하고 있는 물질의 성향에 의해서 결정되어 간다는 것이다. 마르크스의 물질이라는 것은 정신적인 차원으로부터 분리된 단순한 육체적인 것을 뜻하는 물질의 본성을 뜻하는 것이 아니다. 마르크스의 이론은 좁은 의미에서 육체적인 결정론의 이론을 뜻하는 것이 아니라 육체와 정신의 상호 교류에 부합시켜서 일어나는 현상이다. 마르크스가 물질론에서 묘사하고 있는 변증법이란 물질의 변화과정이 필연적이라는 뜻이다. 이것은 헤겔이 정신이 변증법적 변화가 필요하다는 것과 같다. 헤겔과 마르크스의 차이점은 헤겔의 이론은 논리적인 체계인데 반해 마르크스의 이론은 순수한 경험적인 특성의 법칙에 따라서 전개시켜 원인과 결과의 관계를 규정한 체계이다.

헤겔의 변증법적 논리는 단순히 현실적인 관계를 떠난 이상적인 현상을 밝히는 길잡이다. 마르크스의 변증법적 방법은 현실적으로 이 세상에서 존재하는 법칙을 밝히는 과학적인 방법인 것이다. 따라서 마르크스의 이론은 엄격히 말하면 철학적인 이론이 아니라 과학적인 이론인 것이다. 마르크스의 역사 발전론은 헤겔의 역사 발전론으로부터 크게 영향을 받고 있다. 헤겔의 역사 발전론을 독일 민족주의자인 헤겔이 독일 국민성을 최고의 정점으로 역사의 최상에는 독일민족의 역사를 제시하고 있다. 따라서 헤겔의 역사 발전론은 그릇된 사고임에 틀림없다. 그러나 헤겔의 역사 발전론은 방법론적 차원에서 크게 기여하고 있다. 헤겔의 방법론은 마르크스가 자신의 공산주의 사상의 역사발전론의 모델로 활용하고 있다.

마르크스의 역사발전론을 분석하면 마르크스는 인간의 사고능력을 부인하지는 않았지만 인간의 사고를 형성하는 거대한 경제적인 힘을 발견했다. 1859년에 발표한 논문인 정치경제의 비평에서 경제력의 중요성을 잘 나타내고 있다. 이 논문에 의하면 마르크스는 국가의 발전이란 국민 각자의 정신적인 발전에 의해서 이루어지는 것이 아니라 국민 각자의 정신적인 생활여건에 의해서 국가의 형태가 결정된다는 것이다. 사회의 생산적인 면에서 볼 때 국민 각자는 다른 사람들과 필요 불가결한 한정된 관계를 가져야 한다. 이러한 국민 각자의 생산력의 발전에 비례해서 국가의 발전이 이루어진다. 국민들 간의 총 생산관계가 사회의 가장 기본이 되는 하부구조인 경제구조를 형성하며 이 경제구조가 사회의 각 부분의 상층구조를 형성한다. 따라서 인간의 생활에 있어서 생산형태가 인간의 사회적, 정치적, 정신적인 특성을 결정한다는 것이다. 결과적으로 마르크스의 이론은 인간의 의식이 인간의 존재를 결정하는 것이 아니라 인간이 존재하고 있는 사회가 인간의 의식을 결정한다는 것이다.

마르크스의 사회발전은 어느 단계에 가서는 발전을 가져온 원동력들 간의 갈등이 생기게 되며 이러한 갈등은 사회 혁명의 도래를 초래하게 된다. 혁명의 단계에서 경제적인 하부 구조의 변화와 맞추어서 상층구조도 다소간 급속하게 변화는 계속한다. 이러한 변화 과정에서 생산의 경제적 조건이 정치, 문화, 예술 등의 형태를 결정한다. 개인의 의식도 변화 과정에서 개인이 생각하는 대로 되는 것이 아니라 개인의 경제적인 생활과 관련되어져서 나타난다. 또한 사회전체에서 변화를 요구하는 힘과 개인들 간의 갈등에 의해서 개인의 의식이 변화된다. 이러한 변화과정에서 사회변화를 요구하는 원동력이 존재하는 한 사회질서는 되찾을 수 없으며 밝은 사회가 새로운 사회가 될 때까지 변화는 계속하게 된다.

마르크스의 역사적인 관점에서 사회발전을 보면 초기의 원시농업경제로부터 고대의 노예경제로 변화되었다. 노예경제는 장원제도로 변화되었으며 장원제도는 자본주의경제를 거쳐서 최종적으로 사회주의 경제제도로 변하게 된다. 역사발전론적 관점에서 마르크스는 인간 역사의 발전의 원동력을 갈등으로 보고 있다. 그리고 그 갈등의 원인은 결국 가진자와 덜 가진자 간의 갈등으로 인해서 나타나게 된다는 것이다. 마르크스의 역사관은 결국 경제적인 관점에서 가진자와 덜 가진자 즉 기득권층과 기득권이 아닌자의 대립의 연속이라고 규정하고 있다.

역사철학인 관점을 떠나서 순수 역사학자들의 역사에 대한 정의를 간략하게 소개할 수 있다. 우선 역사학의 아버지인 레오폴드 폰 랑케의 역사에 대한 사고이다. 랑케는 역사는 역사란 사실들의 복합적인 표현이기 때문에 그대로 객관적인 차원에서 서술하여야만 한다는 것이다.

또한 역사를 철학이나 정책 등과는 분리하여 순수한 역사적인 관점에서 역사를 기록하여야 한다는 것이다. 랑케의 역사에 대한 객관적인 서술에 대한 주장으로 인해서 랑케는 근대 역사학의 아버지로 불리운다. 그러나 랑케가 말하는 역사란 사실들의 복합적인 표현이라는 말을 보면 역사란 단순히 하나의 사실이 아니라는 것을 랑케는 인정하고 있다.

가령 일차대전이 일어난 사실은 단순히 오스트리아 황태자 암살사건이라는 객관적인 사실로 표현을 할 수 있다. 그러나 황태자 암살사건은 단순한 암살의 이면을 생각하여야만 한다. 유럽 열강국들 간의 정치적인 이해관계의 복합적인 사건들이 수면 아래에서 잠재해 있다가 결국은 황태자 암살사건은 단순한 도화선에 불과한 것이다. 랑케가 말하는 역사는 역사 그자체로 보는 객관화된 사실에 불과하다는 것이다. 정책이나 정치와는 분리하여야만 한다는 것은 이해가 되지 않는다고 할 수 있다. 그러나 랑케가 말하는 객관적인 관점에서 역사를 순수하게 바라보기는 하여야만 한다. 역사란 승자의 기록이라는 말이 상당히 오랫동안 지배하여 왔다. 객관적인 사실보다는 주관적인 입장에서 역사를 기록하는 과정에서 역사가 정확하게 기록되지 못하고 왜곡된 역사를 남기게 되었다. 이러한 관점에서 보면 랑케는 역사 기록적인 차원에서 역사의 객관성의 중요성을 주장하고 있는 것이다.

근대 역사학의 석학인 아놀드 토인비는 역사를 도전과 응전의 역사라는 사고를 바탕으로 하고 있다. 또한 토인비는 역사는 그 자체를 되풀이 한다. 라고 하고 있다. 토인비가 말하는 도전과 응전의 사고의 틀은 마르크스가 보는 관점인 작용 반작용의 역사적인 관점과 같은 맥락에서 이해를 할 수 있다. 토인비는 역사를 탄생과 성장과 쇠퇴와 소멸의 주기설을 주장하고 있다. 또한 역사를 문명의 관점에서 연구를 하여 고

문명과 저문명을 구분하고 있다. 고문명의 저 문명에 대한 도전과 응전의 반복의 현상을 주기화 시켜서 고찰하고 있다.

토인비는 유럽 문명의 기원인 그리스 문명과 로마문명 등을 연구분석하여 그리스 문명과 로마문명의 탄생과 성장과 쇠퇴와 소멸 등을 잘 분석하였다.

최근 2001년에 발생한 9. 11 테러를 문명 충돌론 현상이라고 규정하고 있다. 아랍과 서구 문명의 충돌현상이라고 말하고 있기는 하다. 그 원인은 문명충돌론의 저자인 하버드 대학의 정치학 교수인 사무엘 헌팅톤은 토인비의 역사 논리인 문명의 도전과 응전을 바탕으로 저술하였다. 따라서 2001년 9.11의 테러는 결과적으로 아랍문명의 유럽문명에 대한 도전으로 간주하면서 문명충돌론은 크게 각광을 받았다.

마르크스와 헤겔의 역사 철학적 관점에서 공산주의의 붕괴를 예언한 프란시스 후쿠야마는 역사의 종언 즉 공산주의 역사의 몰락을 예언하여 적중하면서 후쿠야마는 세계적인 학자로 부상을 하였다. 후쿠야마는 헤겔의 역사철학인 변증법을 토대로 하여 역사 발전적인 관점에서 공산주의와 자본주의를 비교 연구하여 결국은 공산주의가 자본주의 앞에 무릎을 꿇는다는 논리를 전개 하였다. 헤겔의 역사관과 마르크스의 논리를 바탕으로 하여 볼 때 후쿠야마의 논리는 역설적인 논리이다. 헤겔 사상을 바탕으로 한 마르크스의 역사관에서 마르크스의 자본주의의 몰락은 완전히 빗나가고 동시에 후쿠야마의 논리인 공산주의의 몰락의 논리는 왜 맞아떨어졌다고 할 수 있는가.

이점에 대해서 역사적인 관점에서 사고해 볼 필요성이 있다.

마르크스는 자본주의의 몰락의 원인을 자본주의가 가지고 있는 지나친 경쟁이 결국은 자본주의의 몰락의 원인으로 보고 있다. 마르크스는 자본주의의 몰락의 연대를 1930년으로 보았다. 사실상 유럽의 역사는 1929년 미국 뉴욕 증시의 몰락으로 전 세계는 경제공항을 맞이하였다. 이때 전 세계인들은 마르크스의 논리가 적중되었다고 하였다. 그러나 미국이 중심이 되어서 경제공항은 극복을 하였다. 반면에 1980년대말 러시아를 비롯한 동구권의 공산주의 국가들이 위기를 맞으면서 몰락을 하고 말았다.

그러면 왜 마르크스의 역사에 대한 인식과 예언은 적중을 하지 못하였는가.

여기에 대한 답은 바로 마르크스가 우려한 자본주의 지나친 경쟁인 보이지 않는 손 때문이라고 할 수 있다. 아담 스미스의 보이지 않는 손인 경쟁은 자본주의 사회의 질서를 유지해 나감과 동시에 과학과 기술의 엄청난 발달을 초래하는 결과를 낳았다. 과학과 기술의 발달은 경제발달을 동시에 가속화 시키면서 공산주의와 자본주의는 마르크스가 보는 관점인 생산모형에서 엄청난 차이를 가져오게 되었다. 다시 말하면 마르크스의 유물론적 관점인 생산유형이 사회의 하부구조를 형성한다는 것이다. 따라서 생산유형이 상부구조인 정치, 사회, 문화, 예술등 모든 형태를 변화시킨다는 마르크스의 논리는 맞아 들어갔다.

결국은 과학과 기술의 경쟁에서 자본주의가 공산주의와의 전쟁에서 이긴 결과 공산주의가 자본주의 앞에 무릎을 꿇고 만 것이다. 바로 공산주의 몰락인 것이다. 그러나 토인비의 역사관에 의하면 공산주의는 자본주의 영향으로 자본주의화로의 변화의 성공으로의 길로 들어가서 결국은 공산주의는 자본주의에 도전장을 낼 것으로 예상된다. 예로서 공산주의 국가 중에서 현재 중국이 정치체제는 그대로 공산주의 체제를 유지해 나가면서 경제체제는 자본주의 체제를 모방한 시장경제 체제로 변화를 하면서 중국은 엄청난 속도로 발전을 하였다. 1979년 중국은 등소평의 개혁과 개방으로 인해서 불과 30여년 만에 미국을 따라가는 경제대국으로 성장을 하였다. 이러한 추세로 나가면 중국은 얼마가지 않아서 미국에 세계 패권국으로서 도전장을 낼 것이 분명하다.

다음으로 국제정치학자이자 역사학자인 에드가 카의 역사관을 생각할 수 있다. 카는 순수 역사학자가 아니며 그의 논리는 그렇게 깊이가 있지는 않다. 그러나 그는 그의 명저인 "역사란 무엇인가"에서 역사란 과거와 현재의 대화라고 규정하고 있다.

애드가 카의 말처럼 역사란 과거와 현재의 대화이다.라는 말은 과거의 역사적인 사실을 이해하면 현재나 미래의 역사를 예언 할 수 있다는 것이다. 그 이유는 역사란 과거의 사실을 바탕으로 현재가 형성되어졌으며 현재를 바탕으로 미래가 형성되어진다는 것이다. 카의 논리로 역사란 정형된 틀 속에서 움직이고 있다는 것이다. 따라서 과거의 역사를 분석하면 현재의 역사를 알 수 있다. 또한 현재의 역사의 진행을 분석하면 미래의 역사를 예측할 수 있다는 것이다. 그러나 현재의 주변 환경은 디지털 혁명으로 인해서 빛의 속도로 변화되어지고 있다. 빛과 같은 속도로 변화되어지고 있는 사실 속에서 현재를 분석하고 미래를 예측하는 일이 매우 힘이 드는 상황이다. 그러나 아무리 예측하기 힘든 일이라 할지라도 과학적인 연구 분석을 하면 어느 정도는 예측은 할 수가 있기는 하지만 카가 말하는 논리와는 어느 정도 괴리가 있기는 하다.

이상의 논리들을 종합해 볼 때 역사란 무엇인가에 대해서 확실하게 한마디로 정의를 내리기는 불가능한 상황이다. 그러나 역사란 단순한 것이 아니라 복합적인 사건들의 연속적인 현상이라고 할 수 있다. 따라서 단순히 객관적인 사실의 기록도 중요하지만 그보다도 그 사실의 이면을 분석하는 일 역시 중요하다고 할 수 있다. 역사 철학적인 관점에서 보면 역사란 현상학적 관점에서 연구를 할 필요성이 있다. 현상학이란 단순이 눈에 나타나는 현상이 아닌 눈에 보이지 않는 속면과 뒷면을 정확하게 연구 분석하여 속면과 이면을 읽어내어 사건의 본질의 실체를 규명하는 것을 현상학이라고 한다. 역사를 헤겔과 마르크스 및 토인비와 카의 논리를 종합하여 볼 수 있다. 역사는 토인비가 보는 관점인 역사 내에서 도전과 응전의 그 자체를 되풀이하면서 헤겔이 보는 역사발전을 계속해 나간다고 할 수 있다. 근대사에 대한 도전이 현대사이며 현대사 또한 도전과 응전의 연속을 되풀이 한다고 할 수 있다.

제2장

근대국가의 기원과 종교전쟁

근현대국가의 기원은 1618년 종교전쟁을 계기로 시작되었다. 1618년부터 30년 동안 계속되다가 1648년 웨스트팔렌 조약으로 끝을 맺은 종교전쟁은 근현대 세계국가의 기원을 만들어 내었다. 1618년은 중세의 암흑시대가 끝난 지 약 1세기 후에 시작 되었다. 일반적으로 중세기를 세계의 역사에서는 암흑시대라고 한다. 중세기는 인류역사에서 약 1천년간 계속되었으며 일반적으로 서로마 제국의 몰락년도인 A. D. 476년부터 콜럼버스가 아메리카 대륙을 발견한 연도인 1492년까지를 중세라고 부른다. 중세 1천간을 암흑기라고 부르는 이유는 인간은 아무것도 하지 않고 오로지 신에게만 의존하는 시대이기 때문에 이 시기를 암흑기라고 부른다. 이시기는 종교가 인간과 관계에서 인간위에서 군림하면서 인간사회의 모든 것을 지배하는 시대였다.

중세 신 중심 사회에서 인간은 인간본연의 자세와 사회로 돌아가자는 움직임이 시작되는 르네상스 시대가 시작되었다. 인간은 자신과 국가의 정체성을 찾으려고 노력을 하였다. 중세 신 중심 사회가 끝이 나면서 약 1 세기 간 이태리 중심의 피렌치가 등 전통 있는 가문들은 국가의 정체성을 다시 찾기 위해서 노력을 하기 시작하였다.

이러한 시기에 인간은 자신의 정체성이 신이 아닌 바로 자신에 있다는 것을 알아차렸다. 당시 인간이면서 인간과 신에게 중간 역할을 하고 있던 로마 교황에 대한 반발이 시작되었다. 로마교황과 교황청에 대한 반발의 시작은 로마교황 그레고리 7세와 독일 신성로마제국 왕 하인리 4세간의 권력쟁탈전을 계기로 교황의 힘은 약화되기 시작하였다. 당시 로마 교황 그레고리 7세는 자신의 말을 듣지않는 신성로마제국 황제인 독일의 하인리 4세에 대해서 왕권박탈 명령을 내렸다. 그러나 하인리히 4세는 여기에 대해서 반발하자 교황 그레고리 7세는 독일황제에게 누구든지 황제를 보면 잡아 죽이라는 명령을 내렸다.

이러한 교황의 명령에 겁을 먹은 하인리 황제는 당시 알프스에서 휴양을 하고 있던 로마교황 그레고리 7세를 찾아갔다. 황제는 가족과 함께 모든 대신들을 이끌고 교황이 머무는 알프산의 성에 찾아가서 교황을 만나려고 하였으나 교황은 문을 열어주지 않았다. 황제는 며칠 동안 추운 눈을 맞으면서 무릎을 꿇고 잘못을 빌었다. 이 사건을 역사적으로 유명한 카놋사의 굴욕이라고 한다. 마침내 로마교황으로부터 용서를 얻은 독일 황제 하인리 4세는 독일로 돌아와서 자신의 군대와 자신을 지지하는 제후 등 많은 세력을 모을 수 있었다. 이 사건은 형식상으로는 교황의 승리로 보이지만 실질상으로는 지방의 제후들이 왕과 결속하는 계기가 되었기 때문에 교황권이 약화되는 계기가 되었다. 반면에 이 사건은 정치적으로 왕권 부활의 신호탄이 되었다. 여기서부터 역사적으로 교황권의 약화와 왕권의 강화현상이 나타나면서 유럽의 각 국가들은 왕과 민족을 중심으로 국가를 형성해 나가기 시작한다.

이러한 혼란기 속에서도 약 천년간 계속된 로마교황의 권위는 국가의 왕들의 권력보다는 강하였다. 독일에서는 1517년 로마 교화에 반기를 든 신학교수인 루터를 비롯하여 스위스의 캘빈과 츠빙끌리 등 선구자들이 종교개혁의 요구를 하면서 유럽사회에 엄청난 파장을 일으키고 있었다. 유럽사회에서 이들 종교 개혁가들의 종교개혁 운동은 단순한 종교적인 차원에서의 개혁이 아닌 정치, 경제, 사회, 문화등 전반적인 차원에서의 개혁을 의미하였다. 루터와 칼슈타 등이 일으킨 종교혁명의 역사적 의미는 무엇인가. 루터와 칼슈타트 등은 중세 전통 성례에 사제의 역할보다는 직접 평신도가 신과 접촉하는 민주주의 방식을 주장하면서 종교와 정치의 분리현상을 유도하였다는데 역사적 의미를 부여할 수 있다.

여기에 더해서 독일에서 시작된 루터를 중심으로 하는 보수개혁파와 칼슈타트를 중심으로 하는 급진개혁 세력은 성모 마리아상을 비롯한 우상숭배의 거부와 예수와 하느님에 대한 성만찬의 형식적인 절차의 간소화 내지는 폐기를 주장하였다. 교황과 교권의 약화를 주도하면서 왕과 귀족과 농민들이 삼위일체가 된 힘을 강화시키는 결정적인 계기가 되었다. 그러나 칼슈타트와 같은 몇몇 급진주의 세력은 왕권의 거부 및 약화와 농민들의 인권강화를 주장하였다. 당시 왕과 귀족으로부터 지지와 보호를 받지 못하면서 왕과 귀족으로부터 절대적 지지와 보호를 받고 있던 보수온건 노선의 개혁파인 루터와 격렬한 전쟁을 벌였다. 그러나 왕과 교황 모두로부터 배척을 당한 급진개혁파는 왕권강화와 교황권 약화에 주력을 둔 보수온건파인 루터파에 밀렸다. 역사에 종교개혁의 주류로서 남아있지 않기는 하나 현대 역사는 점차적으로 루터보다는 칼슈타트 등 급진종교개혁 세력들에 대해서 더욱 더 높은 역사적 의미를 부여하고 있다.

인류의 역사는 종교에서 시작해서 종교로 끝이 난다고 할 만큼 종교가 인간에게 미치는 영향은 지대하다고 할 수 있다. 중세 시대가 끝이 나고 약 1세기가 지나면서 유럽에서는 종교에 대한 분쟁이 끊이지를 않았다. 로마제국은 힘은 발휘하지 못하였지만 그 명맥은 그대로 유지하고 있었다. 드디어 유럽에서 1618년 30년 종교전쟁이 시작되면서 각 국가들은 종교탄압을 시작하였다. 이중에서도 가장 종교탄압을 심하게 한 나라는 영국이었다.

1618년에서 시작된 종교전쟁은 30년 동안이나 계속되었으며 결국 웨스트 팔렌 조약으로 종교전쟁은 막을 내렸다. 이러한 유럽의 종교전쟁은 인류 역사에 가장 큰 변화의 물줄기를 제공하였다. 하나는 미국의 탄생이며 다른 하나는 유럽 국가들이 자신들의 정체성을 찾아서 올바른 근현대국가의 탄생을 만들어 내었다. 무엇보다도 종교전쟁으로 인해서 신천지 국가인 미국의 탄생으로 인해서 전 세계의 역사로 새로운 형태로 변하게 되었다. 1618년의 2년 후인 1620년에 미국 땅을 밟은 미국의 선조들은 유럽의 수도사 문화와의 결별을 선언하면서 새로운 문화를 형성하였다. 미국인들이 현재 유럽인들에게 가지고 있는 열등감은 바로 미국인들은 문화적인 유산이 없다는 것이다. 따라서 미국인들이 만들어낸 문화는 역사가 짧기는 하지만 개척기를 통해서 자신들만이 만들어낸 미국 특유의 문화를 가지고 있다.

미국인들이 만들어낸 문화는 유럽인들과는 다른 개척문화라고 할 수 있다. 대부분 유럽에서는 경제적인 기근으로 인해서 신천지 땅 미국에서 한몫을 하는 행운을 꿈꾸면서 유럽에서 미국으로 이민을 온 사람들이다. 따라서 그들은 누구나 다 이방인들이다. 또한 유럽의 수도사 문화에 대해서는 담을 쌓는 새로운 문화를 찾아서 나서는 사람들로 구성되었다. 따라서 그들에게는 몇 단계 문화적으로 발달하는 단계를 거치게 된다.

1620년 처음 미국에 도착한 미국인들은 모두가 청교도 정신에 불타고 있었다. 그들은 오로지 그들의 종교인 기독교에서 하느님을 믿으면서 황무지 땅을 그들의 종교인 청교도 정신에 의해서 개척해 나가기 시작하였다. 초기 미국 이민자들은 1636년 그들이 설립한 최초의 대학인 하버드 대학은 목사 양성기관이었다. 이것을 보더라도 초기 미국의 이민자들이 가장 중요시 여기는 것은 종교적 차원에서 믿음을 가장 중요시 여겼다. 미국인들이 유럽인들과는 달리 유럽 전체 크기만 한 황무지 땅을 개척해 나가기 위해서는 무엇보다도 그들에게 가장 필요한 것은 하느님에게 의존하는 기독교였다. 따라서 초기 미국인들에게는 하느님 앞에서는 하나가 되어야 개척을 해 나갈 수가 있었다. 그들에게는 유럽과는 달리 수천 년 동안 유지해온 문화가 없었다. 미국인들이 유럽으로부터 가지고 온 것은 단지 존 로크의 개인주의 사상 뿐이었다. 미국 헌법의 기초를 이루고 있는 존 로크의 개인주의 사상은 후일 세계 3대 혁명인 아메리카 혁명을 일으키는 원동력이 되었다.

유럽인들이 가지고 있는 공동체 의식과 정신과는 다른 미국인들의 개인주의 정신은 미국을 개척해 나가는데 상당한 영향을 주었다. 개인주의와 공동체주의에서 후에 미국역사가들은 미국의 개척정신은 유럽인들이 생각하는 개척정신과는 다른 미국만이 가지고 있는 개척정신이라고 말하고 있다. 그들은 개인주의적 정신으로 살아가지만 하느님 앞에서는 하나가 되는 기독교를 공민교로 여기면서 개척해 나가기 시작하였다. 미국인들의 개척정신은 바로 하느님께서 미국인들에게만 내린 신천지가 바로 지상의 낙원이라고 생각하게 만들었다. 유럽대륙은 이미 밀턴이 말하는 낙원이 아닌 황폐화된 실낙원으로 변하게 되었다. 하느님은 지상에서 미국인들만을 선택하여 하느님이 가장 사랑하는 천사 라파엘을 통해서 미국인들에게 신천지 땅을 가르쳐 주었다고 믿고 있었다.

미국인들이 가지고 있는 예외주의와 우월주의는 바로 기독교 정신을 바탕으로 하고 있는 것이다. 미국인들이 가지고 있는 예외주의는 기독교 정신을 바탕으로 하였다. 미국인들은 하느님으로부터 선택받은 인간이기 때문에 그들은 절대로 악마가 될 수가 없다는 것이다. 유럽인들은 자신들은 악마가 될 수도 있다는 사고를 가지고 있다. 다음으로 미국인들은 하느님으로 선택받은 신천지 땅은 모세가 찾아 헤매던 젖과 꿀이 흐르는 가나안 땅에 비유하고 있다. 비록 현재는 황무지 땅이지만 하느님으로부터 축복을 받은 땅이기 때문에 젖과 꿀이 흐르고 장미꽃이 피는 땅으로 반드시 바꾸어야만 할 명령을 하느님으로부터 받았다는 생각을 가지고 있다. 따라서 미국인들은 종교적 차원에서 유럽인들과는 다른 두 가지 명령을 받았다고 생각하고 있다. 하나는 그들이 헌법에 명시된 자유주의를 실현하는 일이며 다른 하나는 언덕위에 도성을 쌓는 일이다. 하느님으로부터 명령을 받은 언덕위에 도성을 쌓는 일은 문화적으로 미국이 세계에서 가장 물질적으로 성공적인 모델을 만드는 일이다.

미국인들의 초기의 정신은 청교도 정신에 의해서 물질적인 차원에서는 금욕주의를 강력하게 요구하고 나섰다. 그러나 그들의 원래의 정신인 청교도 정신은 캘빈 파에 가장 가깝다고 할 수 있다. 캘빈 파는 원래 캘빈이 주장하는 상인주의 정신에 바탕으로 두고 있기 때문에 비즈니스 정신을 중요시 여기고 있다. 초기의 개척정신에 물질이 개입되는 경우 그들이 생각하는 개척정신이 손상될 우려에서 미국인들은 상인주의를 금지시켜 나갔으나 물질을 유럽인들보다 더욱더 중요시 여기게 되었다. 따라서 그들은 신천지를 새로운 문화를 창조하고 물질적으로 가장 성공한 국가를 창조하여 전 세계에 미국식 문화모델을 심는 것이 하느님의 뜻을 전하는 길이라고 생각하였다. 또한 그들은 유럽을 출발할 때부터 가지고 온 두 가지 정신인 존 로크의 자유주의와 프로타고라스의 인간은 만물의 척도이다.라는 개인존중의 정신을 전 세계에 심는 일이 하느님으로부터 축복받는 일이라고 생각하였다.

유럽에서 가져온 그들의 기독교는 미국으로 넘어오면서 유럽과는 완전히 다른 종교로 변하게 되었다. 따라서 그들은 유럽전체크기와 같은 땅을 개척해 나가는데 가장 큰 역할을 한 것은 바로 기독교 정신이라고 할 수 있다. 기독교는 개척기의 미국인들이 의존하는 종교를 넘어서 하나의 신념이라고 생각할 수 있다. 미국인들이 생각하는 신념은 종교적인 차원을 넘어서 하나의 문화적 차원으로 들어가게 되었다. 가령 미국은 개척기에 인디언들과 마찰을 가져오게 되었다. 신천지 땅의 원래 주인은 인디언들이었다. 미국인들은 초기 자신의 선조들이 인디언들의 도움을 받은 것을 고맙게 생각하여 추수감사절을 정해서 그들에게 하느님에게 감사의 기도를 올린다. 그러나 인디언들이 자신들이 주장하는 기독교를 믿지 않고 인디언들만이 믿는 자연신을 믿자 미국인들은 인디언들로부터 배신감을 느끼기 시작 하였다.

인디언과 전쟁은 물론 초기부터 영토문제로 시작되었다. 만일 인디언들이 미국인들이 요구하는 자연신을 버리고 기독교로 개종을 하였더라면 인디언과의 치열한 전쟁은 하지 않았을 것이다. 초기 인디언들은 약 1천 만 명이 미국을 비롯한 북미전역의 신천지 땅에 있었으며 인디언들이 기르는 소인 버팔로는 약 2천만 마리나 되었다. 그러나 인디언들이 기독교를 믿지 않고 자연신을 믿자 미국인들은 인디언들을 악이라고 생각하기 시작하였다. 기독교적인 차원에서 악은 반드시 제거시켜야만 한다는 것이 그들의 신념이었다. 인디언들과 영토분쟁에서 미국인들은 종교적인 차원에서 인디언들을 반드시 제거해야 만하는 악마로 간주하고 그들을 살해하는 것에 대해서 아무런 죄책감을 느끼지 않았다. 현재 인디언들은 당시 1천만 명에서 현재는 1백만 명 정도에 불과하며 그들이 키우던 버팔로는 거의 멸종위기에 있다.

유럽에서 가져온 기독교는 미국에서는 완전히 다른 종교로 변하게 되었다. 미국은 기독교 정신이 없었더라면 현재의 미국은 불가능하였을 것이다. 무엇보다도 미국은 개척을 해나가는데 유럽에서 온 미국인으로는 부족하였으며 농사를 짓거나 공장을 돌리는데 많은 노동력이 필요하였다. 이러한 노동력은 아프리카나 중남미의 멕시코 인들을 사용하였다. 또한 미국은 대륙을 횡단하는 철도를 건설하는데 동양인들인 중국인들을 노동자로 사용하였다. 그 결과 초기의 순수한 영국인에서 유럽에서 몰려온 유럽인들과 흑인과 중남미 인을 비롯하여 아시아 인종들까지 모이면서 인종의 집산지가 되었다. 소위 말하는 인종의 멜팅 포트가 되었다.

이러한 인종의 집산 속에서 각 민족은 자신들이 가지고 있는 문화를 유지해 나가려고 하였다. 미국은 다문화 다인종을 결속해 나가지 않으면 현재와 같이 세계 최고의 문화국으로 발전해 나가는 일은 불가능 하였을 것이다. 흑인들은 흑인들이 가지고 있는 전통문화를 노예생활을 하면서 그대로 유지해 나갔다. 그들은 고달픈 농장생활에서 그들 나름대로의 전통문화를 지속해 나갔다. 흑인들은 농장에서 일하면서 부르는 노래인 흑인영가나 자신들만의 교회에 백인과 다른 교회에 나갔으며 예수의 초상도 흑인 예수의 초상을 그렸다. 이처럼 미국 사회에서 다문화를 중심으로 하고 있지만 그들이 분열되지 않고 그대로 더욱 더 발전하는 원인은 어디에 있는가. 그 원인은 유럽 전체크기 만한 큰 면적에 모두가 다 이방인들이 모여 사는 미국을 하나로 뭉쳐지게 만든 것은 결국 기독교라는 공민교 역할을 하는 종교 때문이다. 각각 다른 인종들이 모여서 살고 있지만 그들은 신천지 땅에 처음 도착한 그들의 선조가 생각한 하느님으로부터 선택된 사람이라는 자부심을 가지고 있으며 하느님 앞에서는 하나가 되어야 한다는 사고를 가지고 있다.

제 3 장

팍스 아메리카나 VS 팍스 시니카

지금부터 40여 년 전 1969년 미국의 닉슨은 중국의 무한한 가능성을 이미 눈치 채고서 화해의 제스처를 중국에 보냈다. 중국은 미국의 실용주의 사상의 필요성을 이해하기 시작하면서 우물 안 황룡에서 벗어나기 위해서는 청룡 미국의 패권 기술을 배워야 승자가 된다는 것을 알아차렸다. 정신이 물질보다 중요하다는 주석 모택동에 의해서 60년대에 문화혁명은 시작되었다. 등소평은 "고양이는 검은 고양이든 흰 고양이든 쥐만 잘 잡으면 된다."는 실용주의 노선으로 맞섰다. 그러나 등소평은 패배의 쓴잔을 마시고 문화혁명의 희생양이 되었다. 숨어서 때를 기다리다 부활한 중국의 실권자 등소평의 실용주의 노선은 청룡 미국을 겉모양만 흉내낸 것이 아니었다. 실속있게 정치노선은 비록 공산주의를 택하고 있지만 경제정책은 청룡의 모델인 자유 시장경제 체제를 흉내

내기 시작하였다. 중국인들만이 가지고 있는 가장 큰 자원인 풍부한 인력을 활용하여 황하에서 잠자던 황룡은 날개를 달고서 이제 서서히 날아오를 준비를 하기 시작하였다. 과거의 실속없는 정신면에만 치중하던 사상에서 벗어나 실용과 정신을 조화롭게 함께 추구해 나가기 시작하였다.

닭 백 마리면 봉 한 마리라고 했던가. 전 세계 인구 60억의 4분의 1에 해당하는 약 14억 인구 중국. 14억의 인구가 동시 한번 뛰면 지구가 흔들린다는 중국. 1950년 사상적으로 우리와 다른 중국이기에 동지인 북한을 도와 총알 한알 한알이 사람의 생명보다 소중하다고 여기고서 인해전술로서 남한에 내려와 우리를 1.4 후퇴로 몰아넣었던 중국.

만일 6.25 한국전쟁이 일어나지 않았더라면 중국의 역사는 어떻게 되었을까. 만일 한국 전쟁에 북한을 도와서 중국이 참전하지 않았더라면 미국이 중국에 좀 더 빨리 화해의 손짓을 하여 미국과 중국의 화해는 더 빨리 이루어졌을까. 만일 중국의 국민당의 장개석이 공산당의 모택동에게 그 넓은 중원 땅을 넘겨주지 않았더라면 중국과 현재 한국의 역사는 어떻게 변했을까. 꼬리에 꼬리를 무는 역사 부정의 말들. 한국의 역사는 생소나무 가지를 태워서 나오는 희뿌연 연기를 함뿍 들이켜서 눈코를 뜨지 못하고 속이 따갑다 못해 내 그리운 바로 그 내 그리움의 역사라고나 할까. 중국의 한국동란 참전으로 인해서 현재 한반도는 남북분단이라는 비극을 그대로 가지고 있는 슬픈 역사의 원인을 중국이 제공한 것인가.

중국이 당시 패권국인 미국에 대항해서 전쟁을 한 것이 아니라 당시 냉전 시대의 공산권의 주역은 중국이 아니라 구소련인 러시아였다. 한국전쟁은 2차대전이 끝난지 불과 5년 만에 터진 패권국 미국과 당시 패권국에 도전하는 도전국인 구소련인 러시아와의 대리전이었다. 중국은 사상적으로 공산주의 국가이기 때문에 동지인 러시아를 밀었다. 북한을 도와서 남한에 침략을 하여 압록강까지 밀고 올라갔던 남한이 또다시 1.4 후퇴라는 역사적인 사실을 기록하였다. 남북이 현재까지 분단국가로 만드는데 중요한 역할을 한 나라이기는 하다. 만일 중국이 한국동란에 참전하지 않았더라면 미국은 중국에 대해서 좀 더 빨리 화해의 윙크를 하였을 것이다. 한국전쟁에서 청룡 미국은 과거 미국을 대표하는 작가인 펄벅 여사나 에드거 스노Edgar Snow경과 같은 미국인들이 생각하는 중국인상은 다르다. 그 순수한 대지에 나오는 주인공 왕룽과 같은 순수한 인간 대신에 미국인들을 무참히 살해하는 잔인한 인간성을 소유한 동양인으로 오해하도록 만들어 버렸다.

심리학자 칼 융은 "인간은 스스로 무엇을 해야 하는가를 결정하는 것이 아니라 무엇을 향해서 해야만 하는 일에 구속을 당하면서 살아가는 불완전한 존재"라는 논리를 펴고 있다. 중국과 미국의 화해로 인해서 미국인들이 동양의 중국에 대해서 생각하는 인간성은 다시 달라졌다. 현재 중국인들을 보는 미국인들은 예전에 펄벅 여사나 스노경이 보았던 바로 그 순진한 인간성을 다시 회복한 것이다. 현재 서구문명을 주도해 나가는 미국인들이 동양을 대표하는 일본인들의 인간성 역시 달랐다. 당시 적대관계인 2차대전 당시의 일본인들을 보는 인간성과 현재 화해와 동반자 관계를 유지하는 2차대전 이후의 동양의 나라 일본인들을 보는 관점은 완전히 다르다.

2차대전 당시 미국은 처음으로 비록 미국 본토는 아니지만 미국영토인 하와이 근처의 섬 진주만이 41년 12월 7일 일본에게 기습을 당했다. 그 당시 미국의 국방성으로부터 의뢰를 받아서 일본인들의 인간성을 분석한 인류학자는 루스 베네딕트 여사였다. 그녀의 연구보고서인 "국화와 칼"에서 일본인들은 국화를 사랑하는 문화적인 정서를 갖추고 있는 민족이기는 하지만 동시에 칼을 가슴 속에 감추고 있는 민족이라고 표현하고 있다. 2차대전 이후 일본이 미국에 패망한 이후 미국인들이 일본인들을 보는 인간성은 예의 바르고 부지런하다. 동양 삼국 중에서 한국과 중국보다 문화적으로 훨씬 앞선 민족으로 생각하면서 일본인들을 높이 평가하고 있다.

중국의 국부이자 근세 중국의 혁명인 신해혁명을 주도한 의사출신 손문이다. 그의 후계자로서 중원천지를 손아귀에 넣었다가 놓친 인물은 중국의 황포 군관학교 교장이었던 장개석이다. 만일 손문이 중국 천하를 넘겨주지 않았더라면 현대의 중국은 이미 러시아를 대신해서 현재 패권국인 미국에 도전장의 출사표를 던졌을 것이다. 2차대전 이후 갑자기 패권국 미국에 대해서 도전국으로 등장한 구소련인 러시아는 사실상 2차대전 이후에 미국에 맞먹는 초강대국으로 등장하리라고는 어느 누구도 예상을 하지 못했다. 2차대전 이후 전 세계는 새로운 국제관계를 형성하였다. 패권국 미국은 자신과 2차대전 당시 적으로 싸웠던 국가들을 불러 모아서 아무런 보상을 요구하지 않고서 자신의 편에 서게 하였다.

2차대전의 패전국인 유럽의 강대국인 독일과 동양의 강대국인 일본은 미국의 우산 속으로 들어갔다. 반면 미국과 동지로서 싸웠던 구소련인 러시아는 새로운 세력을 형성하여 미국에 대한 도전국이자 반대편에서는 국가의 맹주로서 미국에 갑자기 대항하는 초강대국으로 등장하였다. 사실상 러시아가 그처럼 강한 강대국으로 등장하리라고는 어느 누구도 예상하지 못했다. 우리와 가장 가까이에서 수천 년 동안 한국과 일본에게 발달된 문명을 전수하던 중국이 가장 큰 문제였다.

신해혁명으로 인해서 중국은 2천 년 만에 처음으로 왕권은 넘어가게 되었다. 19세기 말부터 시작된 잠든 사자 중국에 대한 서양 열 강국들은 중국 내부 문제에 대한 깊이 간섭하기 시작하였다. 중국 내부의 신진 세력들 간의 마찰로 인해 중국은 사실상 2천 년 만에 새로운 혼란 속으로 빠져 들어갔다.

진시황의 중원천하의 통일은 넓은 중국이 최초로 동양에서 오리엔탈리즘을 창건한 역사적인 의미는 있다. 그러나 서구인들의 눈에는 동양에 대해서 문화가 없는 민족으로 인식하도록 만들었다. 농경사회를 바탕으로 한 사회문화구조는 중국이 가장 큰 형이자 주변국들에게 문화를 전수하는 나라였다. 사회의 하부구조는 결국 서양사회와는 완전히 다른 전제정치형태이었다. 2천여 년간 중국은 서양에 별로 뒤지지 않는 문화를 구성하여 주변 국가들과 함께 오리엔탈리즘이라는 새로운 문화형태를 창조하기는 하였지만 전제정치의 하부구조는 동양사회에 발전의 모티브를 제공하지 못하고 서양에 뒤지는 결과를 초래하였다.

1911년에 일어난 중국의 신해혁명은 중국이 새로운 길로 들어 설수 있는 좋은 계기가 되었으나 보수 세력과 신진 엘리트 세력 간의 분열이 시작되었다. 보수와 진보의 세력 갈등은 러시아 혁명의 영향으로 그 여파가 중국에 직접적으로 미치게 되었다. 레닌에 의해서 러시아의 마지막 황제인 니콜라이 2세의 왕정은 무너지게 되었다. 사회학자인 크레인 브린턴은 그의 고전 저서인 "혁명의 해부"에서 혁명의 시작은 국가재정의 고갈에서 시작된다고 한다. 모든 혁명의 시발점은 국가가 재정적자에서 허덕이다가 해결책으로 국민들의 세금을 국가재정으로 보충하기 위해서 국민들에게 세금을 징수하기 시작하면서 혁명은 시작되는 것이다.

중국은 마지막 청나라의 몰락과 함께 새로이 등장한 진보세력이 젊은 엘리트들이다. 1917년에 일어난 레닌의 러시아 혁명에 직접적으로 영향을 받았다. 러시아 혁명을 성공시킨 레닌은 마르크스 사상을 변형하여 마르크스 -레닌 사상을 하부구조로 하여 러시아를 새로운 국가로 창조해 나가기 시작하였다.

레닌 혁명과 신해혁명은 보이지 않는 연결고리 속에 있었다. 신해혁명으로 260년간 지속한 중국의 마지막 왕조인 청 왕조를 넘어뜨림과 동시에 진시황 이후에 2천 년간 계속된 중국의 전제 왕조 정치를 종결시키는 역사적인 의미는 있었다. 그러나 중국을 이끌어 나갈 인물을 찾기가 쉽지가 않았다. 중국은 또다시 과거의 영웅호걸들이 날뛰던 춘추전국시대로 넘어오게 되었다.

신해혁명을 주도한 손문을 새로운 국가의 국부로 여기면서 중국 정통의 뿌리를 계승하는 보수파와 새로운 엘리트 그룹으로 양분화 되었다. 결국 미국 등 유럽 열강들의 지지 속에서 세력을 확장하는 보수 세력과 러시아가 마르크스 사상을 바탕으로 국가를 형성해 나가듯이 중국의 소수 엘리트 그룹 또한 마르크스 사상에 심취되어져 있었다. 현재 그들은 혁명 1세대라 불리우는 사람들이다. 그들은 마르크스의 공산주의 사상인 계급 없는 이상사회를 원하는 그룹들이었다. 손문을 계승한 장개석은 황포군관학교를 모태로 한 군국주의 국가를 원하고 있었으며 그 중심이 국민당을 창건하여 미국을 비롯한 서양 열강국들과 가깝게 지냈다. 실질상의 패권국인 미국과 형식상의 패권국인 영국과 가까운 사이가 되었다. 정통 보수주의 세력인 장개석에 대응하는 새로운 세력으로서 진독수 등 레닌으로부터 직접적인 영향을 받은 그룹으로 대표적인 주자가 바로 모택동을 들 수가 있다.

모택동은 북경대학도서관의 사서로 있으면서 마르크스 사상에 대해서 새로운 시각으로 보았다. 마르크스의 계급 없는 사회이자 누구나 다 평등하게 살수 있다는 지상의 최고의 낙원인 공산주의 사상에 심취해 있었다. 신해혁명과 5. 4운동 등을 거치면서 중국은 혼동의 사회로 빠져 들어가고 있었으며 신해혁명 이전에 20세기가 들어서면서 중국 사회혁명의 원동력은 당시 북경대학을 중심으로 하여 이루어지고 있었다. 새로운 중국을 건설하고자 하는 젊은 그룹은 대부분 마르크스 사상에 심취 되어 있었다.

장개석을 중심으로 한 국민당의 설립에 자극을 받은 인물은 진독수를 중심으로 한 그룹이다. 국민당에 맞서서 러시아의 코민테른의 지부인 중국 공산당을 창당하였다. 진독수와 공산당을 창당하는데 주역을 맡은 모택동은 중국 천하를 다시 통일한 인물로 중국 역사에 기록되고 있다. 모택동은 중국 후난 성의 면장인 모진성의 아들로 태어났다. 어려서부터 북경대학 도서관에서 사서로 일하면서 중국이 당시 국내적으로는 보수 세력인 위안스카이 등 중국천하를 지배하는 그룹들에 대해서 반감을 가지기 시작하였다. 모택동은 혁명을 꿈꾸고 있었다. 대외적으로 당시 중국은 미국과 일본 등 강대국의 압박에 시달리고 있었다. 청일전쟁과 러일전쟁을 거치면서 일본이 서양의 강대국들과 어깨를 나란히 하였다. 동시에 중국에 대해서 강한 압박을 가하기 시작하자 국가의 혁명은 새로운 세력에 의해서 이루어져야 한다고 생각하였다.

모택동은 중국 천하를 통일하기 위해서 "모택동 게릴라 전법" 등 많은 이론서를 저술하였다. 그의 사상은 결국 북경 도서관의 사서로 일할 당시에 습득한 지식을 바탕으로 하고 있다. 모택동과 함께 공산당 창당에 관여한 그룹들은 국내에서 또는 국외에서 공부한 그룹으로서 소위 혁명 1세대이다. 그중에서 최근 중국의 실권자이었던 등소평과 항상 2인자이었던 외교장관 주은래, 북경시장이었던 팽진, 국방장관 겸 주석인 유소기 등이 대표적인 혁명 1세대로서 모택동과 함께 혁명을 거치면서 현대 중국을 일구어낸 인물들이었다.

20세기 시작과 함께 중국은 소용돌이 속에서 휘말려 들어가고 있었다. 이러한 변혁기에 혁명 1세대들은 프랑스 등 해외 유학파로서 대부분 엔지니어들이었다. 그들은 하루속히 국가를 서양의 발달된 기술을 습득하여 중국을 다시 과거 세계를 지배하던 시대로 돌려놓는 일이었다. 진시황 이래로 2천 년간 계속된 중국의 전제군주제의 몰락하였다. 이 기간동안 중국이 서양식 모델을 잘 활용하여 국가체제를 잡아 나갔더라면 중국은 이미 미국에 도전하는 도전국으로 등장하였을 것이다.

오리엔탈리즘을 상징하는 일본이 서양문명을 성공적으로 받아들여서 얼마 후 일본은 세계 5대 강대국으로 등장하여 당시 최고의 대륙국인 러시아를 격파하고 일차대전에 유럽 강대국들과 함께 참전하고 2차대전 당시는 당시 실질적인 패권국 미국에 도전장을 낼 정도로 급성장을 하였다. 일본은 국가개혁에 성공을 하여 패권국에 도전장을 낼 정도로 강대국으로 성장을 하고 중국은 개혁에서 실패를 하여 무한한 잠재력이 있음에도 불구하고 패권국에 대한 도전국의 자리를 러시아에게 물러 준 원인은 어디에서 찾을 수 있을까.

일본과 서양과의 관계는 일본과 미국과의 관계에서부터 시작되었으며 일본이 처음으로 서양강대국과 통상조약을 맺은 나라는 신생국인 미국이었다. 미국은 문호개방정책을 표방하고 일본과 처음으로 1854년 페리제독이 일본에 대해서 문을 두드리자 일본은 당시 제독이 타고 온 증기군함의 거대함에 놀라 흑룡호로 명명하고 그 다음해에 바로 미국과 통상수호조약을 맺으면서 서양국가들과의 문호를 개방하고 서양문물을 받아들이기 시작하였다. 그 후 일본은 1868년 메이지 유신을 거쳐서 모든 국가 체제를 서구식으로 개편해 나가기 시작하였다. 일본은 정치, 경제, 사회, 문화 등 전반에 걸쳐서 서구의 강대국들의 장점을 모방하여 서구의 문물을 일본의 고유문화와 잘 조화를 맞추어서 발전시켜 나가면서 일본의 서양문물의 도입은 성공적으로 수행되었다.

일본은 수백 년 동안 무사 계급인 사무라이 계급이 지배계급으로 등장하면서 중국과 한국의 계급구조인 사농공상 대신에 사무라이, 농, 공, 상의 형태로 수백 년간 계속되었다. 무사 계급이 지배계급으로 수백 년 동안 지배해온 사회구조는 선비계급이 사회를 지배해온 중국과 일본사회와는 완전히 다른 의식구조를 갖추고 있었다. 사무라이 계급이 지배하는 사회는 현대판 군국주의의 형태이기 때문에 각 지역마다 영주가 지역을 분할하여 서로 패권경쟁을 하여 만일 힘이 약하면 바로 정복을 당하는 사회제도의 연속으로 인해 한국이나 중국과는 다른 형태로 사회 구조가 형성되어져 나가면서 중국이나 한국보다는 쉽게 서양문명에 동화 될 수 있었다.

당시 서양강대국들 역시 약소국가들에 대해서 군사적으로 정복하는 시기를 넘어서면서 신 제국주의 정책인 상업적인 교류를 통해서 자국의 물건을 팔면서 동시에 자국의 발달된 문명과 문화를 동시에 전하는데 주력을 두었다. 동양역사학의 석학인 하버드 대학의 존 페어뱅크 교수는 동양 삼국 중에서 일본이 가장 성공적으로 서양 문명을 흡수한 원인과 중국이 서양문화를 흡수하는데 실패한 원인을 한마디로 요약하고 있다. 일본이 성공적으로 서양문화를 흡수한 원인은 일본인들이 가지고 있는 모방성과 국수주의 현상이며 중국이 실패한 원인은 중화주의와 가족주의에서 근원을 찾고 있다.

일본은 성공적으로 서양의 열강 국들의 문화에 쉽게 적응하고 그들의 문화에 동화된 원인은 일본은 수백 년간의 사무라이 시대를 거치면서 그들이 바탕으로 하는 사회문화의 하부구조는 국가가 잘 되어야 자신이 살아남을 수 있다는 정신이 그들의 사고를 지배하고 있었기 때문이다. 일본인들은 각 지역의 성주를 중심으로 세력을 확장하고 다음에는 다른 성을 공격하여 일본천하를 정복해 나가는 과정에서 무사도 정신을 키워나갔다.

일본의 무사도 정신은 서양의 중세 장원제도 시대의 무사도 정신과는 물론 다른 차원에서 해석하기는 하지만 일단은 자신이나 가족보다는 성주를 위해서 자신의 목숨을 쉽게 버릴 수 있는 정신이다. 일본이 2차 세계대전 당시 가미가제 정신을 바탕으로 하여 강대국 미국에 대적하는 정신은 바로 무사 정신에서 유래된 정신에서 유래된 것이다. 일본이 2차대전으로 완전히 패망한 이후 불과 얼마 있다가 대전전의 상태로 회복을 한 것은 일본이 동양 삼국 중에서 중국이나 한국과는 다른 문화적인 정신을 소유하고 있는 것은 사실이다. 페어뱅크 박사의 논리와 마찬가지로 일본인들은 2차대전 이후 거의 회복이 불가능한 상태에 있었다. 그러나 미국 다음의 세계 2위의 경제대국을 이루어 내는 것은 모방정신과 함께 자신보다 나라를 우선시하고 자신보다 자신이 몸담고 있는 회사를 생각하는 정신에서 원인을 찾을 수 있다.

중국의 경우는 중국은 엄청난 인구를 가지고 오랜 역사를 가지고 있음에도 불구하고 미국에 도전국으로서 등장하지 못한 원인과 서양 강대국들의 문물을 흡수하는데 실패한 원인을 페어뱅크 교수는 중국인들의 가족주의 정신과 중화주의 정신으로 보고 있다. 중국은 진시황 이후

2천년 동안 동양의 주변 국가들로부터 대국으로 추앙을 받으면서 자신들이 전 세계의 중심이며 다른 나라들은 단지 속국에 불과하다는 생각에 사로잡혀져 있다. 중국 동쪽에 있는 한국은 동북공정의 사상을 서쪽에 위치한 나라들에 대해서는 서북공정의 사상을 가지고 있었다. 따라서 절대로 다른 나라의 문화를 흡수할 마음이 아예 없는 나라이다.

중국이 다른 나라 문화를 배척하는 사상은 중국이 일본인들과는 다른 가족주의의 사고를 바탕으로 사회구조를 형성해 나가고 있기 때문이다. 중국은 농경사회를 이루면서 가족의 힘을 바탕으로 하여야 농사를 지을 수 있기 때문에 가족이 없이는 사회의 구성은 불가능하며 국가보다는 가족을 생각하는 사고를 바탕으로 하고 있다. 여기에 더해서 2천 년간 계속된 전제정치에서 살아남기 위해서 중국인들은 남과의 관계에서 절대로 남에게 자신의 속마음을 털어내지 못하고 특히 정부의 관리에게는 절대적으로 복종하는 사고를 바탕으로 한 사회를 구성하고 있었기 때문에 일본의 사무라이 정신과 중국의 선비정신과는 완전히 다른 의식구조를 형성하고 있었다. 중국과 일본이 비록 같은 오리엔탈 문명을 바탕으로 구성되어 있기는 하지만 이러한 지배계급의 의식구조인 사무라이 정신과 선비정신의 차이점이 결국 국가 개혁의 성공여부에 결정적인 역할을 하고 있는 것이다.

중국은 신해혁명 이후 보수주의 세력이자 손문의 후계자인 장개석 라인과 진독수의 공산주의 계승자인 모택동을 중심으로 구성되어졌다. 공산주의 사상가들이 보다 급진적이고 개혁적이었기 때문에 국민당과의 대결에서 많이 불리한 상황에서 결국 중국의 중원천지를 차지하게 되었다. 국민당과 공산당의 전쟁에서 국민당의 장개석 군대들은 보수적인 사고를 가진 가족주의 정신에 사로잡혀져 있었으며 공산당원들은 보다 당에 충성하는 정신으로 전투에 임했기 때문에 조직차원에서 절대적으로 강한 국민당이 약한 공산당에게 굴복하고 말았다.

국민당의 보수주의적 사고는 1920년대와 30년대의 절대적인 우세 속에서 공산당을 몰아내는데 성공을 하였으나 공산당은 30년대에 국민당에 쫓겨서 혁명 1세대가 거의 전멸 당하는 대장정을 거치면서 새로운 전법으로 국민당에 도전하고 특히 국제정세는 일본의 만주침입과 2차 대전의 발발로 인해서 공산당을 소탕하는 고삐를 늦추고 국민당과 공산당의 국공합작 작전으로 일단은 정전기간을 거치고 난후 1943년부터 1949년까지 6 년간 내전은 계속되었다. 국민당 군인들의 가족주의적인 부패와 타락이 결국 공산당이 중국 대륙을 차지하도록 만들었다. 1949년에 중국 공산당이 중원천지를 차지하고 나서 중국은 일본이나 독일과 같이 경제적으로 따라 갈 여건을 갖추고 있었다. 그러나 실패한 가장 큰 원인은 바로 공산주의를 바탕으로 한 사회주의 국가이기 때문인지 아니면 다른 요소가 절대적으로 작용을 하고 있는지를 한번 역사적인 차원에서 고려해 볼 필요가 있다.

1949년 10월 10일을 쌍십절을 기해서 장개석 정부의 국민당은 모택동의 공산당 정부에 밀려서 타이완에다 임시정부를 수립하면서 중국은 두개의 정부가 수립되게 되었다. 1949년 미국의 강력한 저지로 인해서 모택동은 공격을 멈추는 대신에 타이완 정부를 인정하지 않고서 언제든지 공격할 준비를 하였다. 당시 대륙을 잃어버린 장개석은 대만에 임시정부를 수립하고 다시 중원천지를 회복할 꿈을 꾸면서 대만을 지배해 나갔다.

공산당의 중국 천하의 지배로 인해서 중국은 발전의 기회를 놓치고 또한 패권국 미국에 대해서 도전국으로서 등장할 기회를 놓치고 말았다. 비록 60년대부터 미국에 대한 도전국 러시아와는 공산국 패권경쟁에서 패권국인 러시아에 대해서 도전국으로서 위치를 확보하기는 하였지만 미국의 도전국으로는 등장하지 못하였다. 러시아는 50년대 후반과 60년대를 거치면서 본격적으로 미국에 도전국으로 등장하면서 미국을 위협하기 시작하였다. 1949년 미국만이 보유하던 핵폭탄인 원자폭탄을 1949년에 성공하면서 미국에 도전하여 사실상 미국은 도전국 러시아에게 패권을 물려주어야만 할 입장에 놓였다. 그다음 해에 치러진 2차대전 이후의 한국에서 일어난 한국동안은 2차대전 이후 5년 만에 치러진 패권국 미국과 도전국 러시아와의 사실상 전쟁이었다.

이 한국전쟁은 결국 패권국 미국과 도전국 러시아의 무승부로 끝난 전쟁이기는 하였지만 패권국 미국의 자존심은 많이 구겨진 상태가 되었다. 얼마 후 1953년 러시아는 미국에 이어서 원자폭탄의 수 십 배의 효력을 갖춘 수소폭탄 발명에 성공하면서 미국을 바짝 추격하였다. 이어서 우주전쟁에서 1957년 미국보다 앞서서 달나라에 최초의 인공위성 스푸트니크를 보내면서 미국은 러시아에 대해서 위기감을 느끼고 있었다.

이러한 국제정세 속에서 중국이 만일 좀 더 개혁적인 성향을 가지고 밀어 붙였더라면 중국이 러시아를 대신해서 미국에 대한 도전국으로 등장할 가능성은 매우 컸다고 할 수 있다. 중국은 미국과 러시아에 이어서 1964년에 핵실험에 성공을 하면서 중국의 위상은 높아지기 시작하였다. 1960년대 미국은 월남전 개입으로 인해서 상당히 힘든 위기를 맞이하면서 국제 정세는 미국과 러시아가 이끄는 양대 산맥인 국제정치학적 용어로 양극화 체제에서 다극화 체제로 넘어가면서 미국 측으로부터 일본과 구라파가 떨어져 나와 독립을 하게 되고 러시아로부터는 중국이 떨어져 나와서 전 세계는 다섯 개의 힘으로 분리되어서 균형을 유지하게 되었다.

그 다섯 개의 힘이란 미국, 일본, 유럽, 중국, 러시아의 힘으로 균형을 유지해 나가는 시대가 되었다. 60년대와 70년대를 거치면서 패권국 미국의 위상은 엄청나게 추락하기 시작하였다. 70년대에 미국은 월남전에서 미국 건국 이래 아직까지 한 번도 전쟁에서 패배를 경험해본 적이 없는 미국이 처음으로 공산국가인 월맹에 패배함으로써 아시아에서의 공산화 도미노 현상의 가능성까지 예견하게 되었다. 70년대 미국은 두 차례의 중동의 오일 쇼크를 거치고 이란의 미 대사관 인질 사건을 비롯하여 미국은 엄청난 수렁에서 벗어나야 했다. 그 결과 공산권에서 러시아에 도전국이자 세계 5개의 힘 가운데 하나를 쥐고 있으면서 오리엔탈리즘의 원조이자 상징인 중국에 화해의 손짓을 보냈다. 1969년 당시 닉슨 대통령은 하버드 대학의 소장 정치학자 출신인 헨리 키신저 교수를 대통령 외교 안보 보좌관으로 발탁하면서 중공과의 화해를 시작하게 되었다. 미국이 중공을 끌어들인 원인은 미국에 도전장을 내면서 계속해서 미국을 압박하는 러시아의 견제용으로서 중공을 끌어들인 것이다. 10년 후인 1979년에 당시 중국의 실권자이자 실용주의자인 등소평에 의해서 중국은 완전히 미국과 본격적인 외교관계를 수립하였다. 그리고 현재의 선진화 방안을 마련하게 되었다.

그러면 1949년 중국이 본격적으로 중원천지를 지배하면서도 그들은 왜 현재까지 개혁에 성공을 하지 못해서 미국에 도전장을 내지 못하고 있는가. 첫 번째 원인으로는 중국인들이 과거 2천 년간의 전제정치를 거치면서 서양인들이나 일본인들이 가지고 있는 도전적인 정신이 부족하기 때문이라고 규정할 수 있다. 동양 삼국인 중국, 일본, 한국 중에서 일본이 막부정치체제를 거치면서 그들은 극적인 생활을 유지해 나가기 위해서는 도전정신이 필요했다. 미국이 자랑하는 프런티어는 미국이 동부에서 서부로 개척해 나가면서 만들어진 개척정신이라고 볼 수 있다. 일본 역시 그들이 수백 년간 계속된 막부정치 속에서 사무라이들이 서로 뺏고 뺏기는 상황 속에서 일본인들은 살아남기 위해서는 도전과 응전의 역사 속에서 살아가야만 했다.

미국 역시 이민 초기부터 동부에서 서부로 개척해 나가는 과정에서 원주민이자 신천지의 원주인인 인디언들로부터 도전을 받고서 개척해 나가는 도전정신을 길러 나갔다. 한국이나 중국의 경우 도전정신이 부족한 원인이 바로 주변에 도전과 응전을 하는 여건이 없었기 때문이다. 중국은 진시황제 이후 삼국시대나 오호 십육국시대, 위진 남북조시대 등의 역사를 거치면서 약간은 도전과 응전의 분위기를 형성하기는 했지만 오랫동안 계속되지 않았다.

중국이 현재 패권국이 되지 못한 원인을 중국인들의 민족성에 비유해서 생각해 볼 수 있다. 중국인들에게 누구나 다 아는 보편적인 문제를 가지고 질문을 하면 그들은 처음에는 모른다고 한다. 그런 다음 다시 물으면 아마라는 말로서 대답을 한다. 그리고 한참 후에야 정답을 이야기 한다. 그들의 속담 중에서 "집 앞의 눈은 쓸어도 앞집 기와의 서리는 쳐다 보지도 말라"는 속담이 있다. 그만큼 중국인들은 자기와 가족들의 일에만 관심이 있고 남에 대해서는 간섭하기를 꺼린다. 그리고 그들은 가급적이면 자신에게 불리한 행동을 하는 사람이 자신과 비슷하거나 자신보다 강하다고 생각되는 경우에는 참고서 때를 기다린다.

미국인들이나 일본인들의 경우는 다른 사람이 불법행위나 사회정의에 위반하는 행위에 대해서는 그 자리에서 고치려고 하는 정의감에 불타 있으나 중국인들은 자신에게 불리한 경우에는 참고서 때를 기다린다. 이 사실은 그들이 수천 년간의 역사를 통해서 눌려서 지내온 역사가 만들어 놓은 습관이라고 할 수 있다. 삼국시대의 유비 현덕이 조조의 종으로 들어가서 갖은 수모를 겪으면서 참고 나온 것과 같이 그들이 확실하지 않으면 확실하게 될 때까지 도전을 하지 않는다. 수년 전 미국과 중국의 정찰기 충돌사건이 일어나자 중국 주석 장쯔민은 미국과의 마찰에서 패권국 미국과 싸워 보아야 승산이 없고 잘못하는 경우에는 무역 마찰 등 경제적인 손실까지 초래할 것을 대비해서 마찰을 피해 버렸다. 이렇게 도전정신이 부족한 것이 중국인들이 가지고 있는 민족성인 것이다.

오리엔탈리즘을 상징하는 중국과 일본이 60년대와 70년대에 들어서면서 미국과 러시아의 양대 힘의 전쟁에서 벗어나서 5개의 힘이 분할되는 과정에서 중국과 일본이 약 반에 미치는 5분의 2에 해당하는 힘을 가지게 되었다. 이러한 사실은 앞으로 역사가 서구에서 오리엔탈리즘으로 변화될 가능성을 이미 반 세기 전인 60년대에 잘 나타내고 있다. 그러면 60년대 이미 중국이 세계 초강대국으로서 등장할 가능성을 가지고 있었음에도 불구하고 실패한 원인은 어디에 있는가를 역사적인 시각에서 연구해 볼 필요가 있다.

중국은 1949년 모택동 정부가 들어서면서 중국에서 미국을 중심으로 하는 자유민주주의가 인정하는 대만의 장개석 정부와 러시아 등 공산주의 국가들이 인정하는 중공정부로 분리되기는 했지만 모든 실권은 중공이 중국을 대표하기 때문에 사실상 모택동 공산주의 정부가 중국을 대표하는 정부로서 인정되었다. 1949년 중공이 들어서면서 모택동은 정신과 물질 중에서 미국이 중시하는 물질을 중시하는 실용주의 노선보다는 정신을 보다 중시하는 노선으로 국가를 움직였다. 정신이 물질보다 중요하다는 사상은 수천 년 동안 동양의 유교문화를 바탕으로 하여 이루어진 사농공상의 사회체제에서 벗어나지 못한 사고의 틀 속에 사로 잡혀 있었기 때문이다.

중국의 공산주의 체제를 형성하고 있는 모택동 사상은 무엇인가. 모택동 사상은 마르크스 사상의 근원을 이루고 있는 갈등을 모택동은 사회 부조리로 대처시키고 있다. 마르크스는 인류의 역사는 인간의 필요에 의한 작용 반작용의 노동의 연속의 역사라고 규정하고 있다. 마르크스는 역사의 발전은 인간의 갈등에서 시작된다고 보고 있다. 마르크스에 의하면 초기 중세장원제도에서 시작된 대지주와 소작인간의 갈등은 소작인의 승리로 장원제도는 붕괴되고 자본주의 사회로 발전을 하게 된다. 자본주의 사회는 자본가인 부르조아 계급과 무산자인 노동자 계급으로 사회계급은 형성된다. 자본주의 사회에서 자본가와 무산자 계급의 갈등은 무산자인 노동자 계급이 승리를 하면서 사회제도는 노동자만 존재하는 노동자 일당 독재 체제를 형성하게 된다. 노동자 계급은 또다시 사회가 노동자들 간의 갈등현상을 초래하게 되어서 노동자 사회는 계급이 없는 공산주의 사회로 변하게 된다. 마르크스는 공산주의 사회가 인간사회에서 가장 이상적인 사회이며 모든 것을 공동으로 소유하면서 경쟁이 없는 사회이다. 이 공산주의 사회는 영원히 존재하게 된다는 것이 마르크스 사상의 기초적인 이론인 것이다.

마르크스는 사회의 구조를 하부구조와 상부구조로 나누어서 하부구조는 생산양식인 경제구조를 하부구조로 두고 있다. 반면에 상부구조는 정치, 사회, 문화, 예술 등 모든 요소들을 상부구조로 하고 있다. 마르크스는 하부구조인 생산양식에 의해서 상부구조인 정치, 사회, 문화, 예술이 형성된다는 것이다. 마르크스는 종교는 아편과 같으며 종교는 공산주의 사회에서는 인정을 하지 않는다. 현재 공산주의를 대표하는 러시아는 마르크스 사상을 토대로 하기는 하지만 레닌에 의해서 창안된 레닌사상을 바탕으로 하고 있다. 레닌 사상은 공산당이 모든 사회를 이끌어 나가는 공산당 일당 독재체제를 유지하면서 공산당에는 사회지배계층으로서 가장 엘리트들로 구성된 집단을 말한다.

모택동 사상은 마르크스의 노동자 대신에 농민으로 대체시켜서 농민에 의한 영원한 혁명을 사상의 바탕으로 하고 있다. 모택동은 처음으로 수천 년간 지배해온 중국사회의 정신적 하부구조인 공자사상을 처음으로 비판하였다. 공자사상은 춘추전국 시대에 만들어진 사상으로서 사회의 안정이 사회의 발전을 가져온다는 사상이다. 삼강오륜의 사상을 비롯하여 모든 공자사상은 사회의 절대적인 안정을 추구해 나가는 사상을 바탕으로 하고 있다. 모택동은 동양이 서양사회에 뒤지는 원인은 공자사상 때문이라고 생각하고 있다.

1949년부터 1977년까지 약 30년 계속된 모택동 체제는 지속되었다. 만일 모택동이 처음부터 물질중시의 실용주의 노선을 걸어 나갔더라면 중국은 새로운 형태로 발전을 할 가능성이 있었다. 물론 마르크스 사상을 토대로 한 공산주의 체제가 자유경쟁을 바탕으로 하는 자유주의와는 다르기는 하다. 그러나 처음부터 등소평을 중심으로 한 엔지니어 출신들의 정신보다는 물질을 중시하는 사고에서 출발하였더라면 중국은 발전의 속도를 가중시켜서 현재 미국에 도전하는 확실한 도전국으로 등장하였음은 틀림없다.

모택동이 중국을 이끌어나간 모택동 사상은 마르크스 사상에다 뿌리를 둔 농민에 의한 영원한 혁명을 이론적인 토대로 삼고 있다. 모택동 사상은 마르크스가 노동자에 의한 혁명을 주장한 것을 변경시켜서 농민이 중심이 되어서 혁명을 일으켜야 한다는 주장이다. 모택동은 사회 구조를 농민인 자와 농민이 아닌 자로 구분하여 우선 농민이 아닌 자부터 사회에서 제거해 나갔다. 그리고 나면 사회는 농민인 자들만으로 구성되지만, 또다시 농민이 아닌 자들이 생겨나게 마련이다. 따라서 영원히 농민이 아닌 자를 제거하는 과정에서 사회의 발전을 초래하게 된다는 것이다.

모택동이 보는 농민이 아닌 자는 자본주의 사회를 바탕으로 하여 자신이 혼자서만 사치를 하고 잘 살겠다는 마음을 가지고 그렇게 행동을 하는 사람들을 비 농민으로 규정하였다. 자기 혼자만 잘 살겠다는 사상을 가진 자들을 사회에서 제거시켜 나가지 않으면 사회는 영원히 퇴보의 길을 걷게 된다는 것이다. 모택동 사상은 정신을 바탕으로 하여 정신만 완전히 무장이 되면 한사람이 수백 명의 일을 해낼 수 있다는 사고에서 출발하고 있다. 모택동 사상에서 모택동 게릴라 전법이 나오게 되었으며 이 게릴라 전법은 모택동 군대가 장개석 군대에게 쫓겨 가던 1930년대의 대장정에서 이 논리를 만들어서 사용하였다. 그 후 국민당과 공산당이 6년간 내전이 계속된 시기에 모택동은 게릴라 전법에 정신력을 부여하여 정신력이 강한 군인 한 명이 수백 명의 적병을 물리칠 수 있다는 사고를 전술의 제일 중요한 요소로 생각하도록 만들었다.

사실상 모택동의 정신을 중시하는 사상은 국민당과의 전투에서 절대적으로 군사력에서 부족한 공산당이 승리를 이끌어 나가는 원동력을 마련하였다. 모택동이 정신이 물질보다 더욱 중요하며 정신만 집중하면 모든 일을 성공적으로 완수할 수 있다는 생각을 가지도록 하였다. 자신감을 가지게 한 것이 6년간 계속된 내전에서 잘 보여주고 있다. 물질적으로는 절대적으로 부족하였지만 정신적으로 수십 배가 강한 공산당이

썩고 부패하면서 수십 배의 군사력과 장비를 갖춘 장개석의 국민당 군대를 이길 수 있었던 것은 바로 이러한 이유라고 굳게 믿었기 때문이다.

모택동 사상의 근원은 수천 년간 지배해온 공자사상에 대한 부정에서 출발하고 있다. 공자사상에 대해서 부정에서의 출발은 동양사회가 서양사회에 대해서 뒤떨어진 원인을 정확하게 규명하였다는 점을 높이 평가하고 있다. 모택동은 마르크스가 보는 사회발전의 원동력을 사회의 안정에서 찾는 것이 아니라 불안정에서 원인을 찾고 있다. 사회의 안정만 추구해 나가는 사회는 발전을 하지 못하며 사회의 발전은 불완전의 연속에서 나오며 끝없는 혁명으로부터 사회의 발전은 계속하게 된다는 것이다.

모택동 사상은 수천 년간 계속된 공자사상을 비판함으로서 새로운 발전의 원동력을 정신적으로 마련하기는 했으나 물질적인 차원에서 받쳐 주여야 한다는 것을 이해하지 못했다. 모택동 사상은 마르크스가 헤겔의 변증법은 정-반- 합의 논리에서 갈등이 발전의 원동력이라는 논리를 사회의 역사발전에 도입하여 중세 장원제도에서부터 출발하여 자본주의 사회를 거쳐서 사회주의와 공산주의 사회에 이르는 발전은 결국 갈등이 발전의 원동력이 된다는 마르크스의 사상으로부터 아이디어를 얻어서 만들어낸 사상인 것이다.

공자사상을 비판한 원인은 결국 국민들에게 무사 안일한 정신을 수천 년간 가지고 있던 중국인들에게 새로운 정신을 부여하였다. 서양인들이 가지고 있던 도전정신을 그들에게 부여함으로써 중국은 도전정신을 하부구조로 하여 발전의 원동력으로 삼으려고 하였다. 이러한 모택동 사상은 당시 중국사회의 문제점을 정확하게 파악하고 변화를 시도하였기 때문에 한동안 모택동은 대사상가로서 존경을 받았다. 약 30년간 계속된 모택동사상을 바탕으로 한 중국사회는 50년대 후반에 시작된 대약진이라는 운동을 계기로 모택동 사상은 절정에 도달하게 된다. 대약진 운동이란 정신적인 노력에 의해서 물질적으로 약진하자는 운동이다. 당시 발달된 영국을 능가할 정도의 수확을 올리고 영국을 앞서가는 경제성장을 목표로 추진운동을 전개해 나갔다.

모택동이 추진해 나가는 "정신이 물질보다 앞선다."라는 그의 사고가 만일 대약진 운동에서 성공을 거두었더라면 중국의 역사는 어떠한 형태로 변화되어져 갔을까. 모택동은 자신이 창안한 모택동 사상을 30년 동안 자신의 집권 기간 동안 지속적으로 추진해 나갔다. 대약진 운동에서 국민들의 정신적인 사고를 바탕으로 한 물질적인 성장이 자본주의 선진국인 영국을 능가할 수 있다는 그의 신념은 대약진 운동이 실패로 끝이 나자 더 이상 자신의 입지를 강화시켜 나갈 위치를 상실하였다.

모택동은 주변의 많은 정적들로부터 비난을 받았다. 정신이 물질을 지배한다는 그의 사상인 대약진 운동이 실패로 끝이 나자 모택동의 다음 선택은 어느 방향으로 선택의 길을 걸어가야만 당연한가. 만일 서구자본주의 사회를 바탕으로 한 진보적인 사고를 가진 인물이라면 당연히 새로운 방법인 정신보다는 물질이 중요하다는 서구의 방식을 그대로 채택하고 모방하였어야만 하며 만일 50년대 후반에 자신들이 목표로 했던 영국의 경제모델을 수용하는 방법을 택하였더라면 중국은 현재 패권국 미국에 도전하는 도전국으로 성장하였을 것이다. 아이러니칼하게도 모택동은 새로운 정신을 추구하는 방법을 동원하게 되었다. 모택동의 대약진 운동이 실패로 돌아서자 젊은 시절 프랑스에 유학을 한 엔지니어 출신의 등소평을 비롯한 실용주의자들은 중국을 실용주의 노선으로 돌아가자는 주장을 하였다.

중국은 당시 실용주의 노선을 주장하면서 모택동에게 새로운 방향을 제시한 등소평을 위시한 많은 실용주의자들이 숙청당하는 시련을 겪으면서 중국은 대약진 실패 이후 새로운 국면으로 들어서게 된다. 1960년대 모택동은 자신의 입지가 흔들린다는 생각에 사로잡혀서 우선 자신을 비난하는 실용주의자들부터 제거하여 놓고서 새로운 방향으로 국가를 이끌어 나갈 준비를 하였다. 모택동의 대약진 운동의 실패에 반기를 든 사람들은 대부분 학자나 교사 언론인, 문필가 등 지식인층에서 시작되었기 때문에 이들 지식인층을 중심으로 자신을 비판하는 세력들을 제거해야 한다는 생각에 사로잡힌 모택동은 우선 정치적으로 이용할 상대를 세상물정을 모르고 단지 혈기에만 차있는 젊은 소년들에게 붉은 띠를 쉬워서 홍위병이라고 이름을 붙여서 반 모택동세력들을 무력으로 제거시키도록 지시하였다.

1960년대 초에 시작되어서 수년간 계속된 홍위병들에 의한 지식인 제거와 정치인 제거 운동은 문화혁명이라는 이름으로 전개 되었다. 문화혁명이란 중국인들에게 대약진 운동으로 인해 흐려진 중국인들에게 새로운 정신을 부여하여 새로운 도약을 하자는 운동을 말하며 모택동에 의한 "정신이 물질에 앞선다."라는 모택동 사상을 재천명하자는 것을 의미한다. 모택동은 이 문화혁명으로 어린 소년들을 동원하여 문화와 관련된 것은 다 부숴버림과 동시에 문화와 관련된 인사는 다 처형하는 운동을 전개해 나갔다. 그 결과 중국의 문화는 반세기 이상 퇴보하게 되었다고 문화 관련 학자들은 말하고 있다.

중국의 문혁운동으로 인해 실용주의를 추구하던 정치적인 인물들은 모두 희생되었다. 특히 국방장관이자 혁명 1세대로서 모택동의 정치적 경쟁자이었던 국가주석 유소기와 또한 실용주의 노선을 주장하던 실권자 등소평과 북경시장이었던 팽진을 비롯하여 많은 실용주의 혁명 1세대들은 희생되고 말았다.

중국은 60년대 문화혁명을 끝으로 모택동의 친정세력들이 등장하게 된다. 문화혁명을 끝으로 모택동은 고령으로 인해서 국정을 운영하기가 힘이 들면서 새로운 인물들이 등장하지만 그들은 모택동사상을 그대로 답습하는 인물들로 구성되어진다. 모택동의 첩이자 영화배우 출신인 강청을 중심으로 상하이 시장인 왕홍문 등 소위 4명이 정권을 잡고서 운영해 나가는 4인방 중심의 정치로 중국은 운영되기 시작하였다. 강청중심의 4인방에 의한 정치는 소위 가신그룹에 의한 정치이기 때문에 대국을 운영하려면 최소한의 중앙정치 무대의 경력을 필요로 하는 중국사회가 그들의 장기 집권을 허용하지 않았다. 다시 말하면 모택동이 나이가 많아서 더 이상 정치를 할 수가 없게 되자 새로운 인물을 중국인들은 요구하고 있었으며 모택동의 가신 그룹인 모택동의 첩인 강청 중심의 정치세력에 대항해서 새로운 인물이 필요하다는 것을 알고서 구데타를 일으킨 인물은 모택동의 경호 실장이자 지방관료 출신인 화국봉이었다.

화국봉이 지방 관료에서 중앙정부의 요직인 주석의 경호실장로 발탁되는 배경에는 당시 실권자이자 4인방의 한 사람이었던 왕홍문의 천거에 의해서였다. 왕홍문은 문혁 이후에 나타난 중국 정가에 새로운 별로서 혜성처럼 나타나서 모택동과 그의 첩 강청으로부터 내 아들아라는 말을 들을 만큼 신임이 두터웠으며 모택동 이후에 중국을 이끌어 나갈 후계자로 이미 주목을 받고 있었다. 70년대에 들어서면서 중국은 모택동의 노화현상으로 인해서 새로운 후계자가 필요하였으며 다음 후계자로서는 40대의 상해시장 왕홍문이 가장 유력한 후보로 물망에 올랐다.

여기에다 모택동의 최측근이자 당시 중국을 좌지우지하던 모택동의 첩 강청으로부터 절대적인 신임을 얻고 있는 왕홍문에 대해서 어느 누구도 후계자감으로 부인하는 사람은 없었다.

그러나 지방의원 출신이자 야심가인 화국봉의 눈에는 왕홍문으로는 대국 중국을 이끌어 나갈 수가 없다는 생각을 가지고 구데타를 감행하게 되었다. 1976년 모택동이 사경을 헤메고 얼마 후 모택동이 죽자 첩인 강청이 사인방 체제로 중국은 움직여 나갈 준비를 하고 있었다. 모택동 사후 얼마 후 모택동 경호 실장이자 왕홍문에 의해서 주석직에 있던 화국봉은 4인방을 경호실 군인들을 이용하여 체포하는데 성공을 한다. 화국봉의 실세 4인방 체포로 인해서 중국은 새로운 국면으로 접어 들어가게 되었다. 화국봉은 자기 스스로 주석의 자리에 올라서 중국 천하를 주무를 준비를 하기는 하지만 수천 년의 오랜 역사를 가진 중국에서 지방관료 출신에다 단지 중앙정부의 경호원 출신인 경호 실장에게 중국인들은 그를 모택동 후계자로 허용하지 않았으며 얼마 후 화국봉은 실각하게 된다. 화국봉의 실각의 중요한 원인은 그가 지방관료 출신으로서 중앙정치 무대에서 경험이 부족하여 그가 구축하고 있는 인맥이 전혀 없었기 때문인 것이 직접적인 요인이었다.

당시 중국은 소용돌이 속에 휘말리고 있기는 하지만 70년대 중국은 새로운 서구의 문물을 원하고 있었다. 이러한 백성들의 요구에 부응하여 나타난 인물이 모택동 사상에 반기를 들다 실격당한 혁명 1세대이면서 모든 중국인들로부터 존경을 받던 인물인 등소평이었다. 중국의 오뚜기로서 중국인들 사이에서 참나무라는 별명을 얻고 있던 5척 단신의 등소평의 등장은 중원천지를 이끌어 나갈 인물임을 모든 중국인들은 믿고서 화국봉을 실각시켜서 제거 시켰다. 등소평의 실권에 군부가 동조를 하였다. 또한 혁명 1세대로 영원한 2인자이자 정치에 야심이 없었기 때문에 문혁 당시에 모택동에게 제거되지 않고서 2인자로 남아서 당시 실력을 행사하던 주은래 일파와 주은래의 처 등영초가 등소평을 압도적으로 지지하고 나섬으로써 중국 천하는 등소평 체제로 들어가게 되었다.

혁명 1세대로서 항상 정치적인 야심이 없었던 주은래와 그의 처 등영초가 등소평이 정권을 다시 잡는데 지대한 역할을 하였다. 주은래는 원래 학자집안의 귀족 출신으로 젊은 시절에 등소평과 함께 프랑스에 유학한 유학파로서 실용주의 노선의 중요성을 염두에 두기는 하였지만 모택동과 관계에서 자신의 입장을 밝히지는 않았지만 닉슨이 1969년 중국과의 화해에 중요한 역할을 하였으며 중국의 문호를 개방하는데 선도적인 역할을 하였다. 초대 중국 대사로 전 미국 대통령이자 조지 부시 2세의 아버지인 부시 1세가 초대 중국대사로 임명하도록 만든 장본인이었다. 비록 주은래는 등소평이 정권을 잡기 1년 전에 죽었지만 등소평을 정계로 다시 복귀시켜서 실권을 잡도록 뒤에서 많은 힘을 보태주었다.

황룡 중국의 역사의 모티브를 형성한 중국 혁명 1세대들을 중심으로 한 역사적인 사실과 사상과는 대조적으로 현재 패권국 미국은 자신들이 개척과정에서 만들어 나가는 프런티어가 현재 패권국이 되는 밑거름이 되었다. 앞에서도 언급한 바와 같이 미국의 프런티어는 세 단계를 거치면서 발전하게 된다. 첫 번째 단계의 프런티어는 인디언과 아프리카 흑인에 대한 침략행위를 토대로 형성되어진다. 첫 번째 프런티어는 유럽과는 다른 형태의 철저한 윤리와 도덕에 바탕을 둔 청교도 정신에 의한 금욕주의 정신을 바탕으로 한 프런티어 정신을 형성하고 있다. 인디언을 그들은 하느님에게 소개하기 위해서 기독교를 믿도록 노력을 하며 자신들도 청교도 정신에 의한 철저한 금욕생활을 요구하면서 신천지에서 지상의 낙원을 설계하였다. 초기의 프런티어 사상을 나타내는 소설은 다니엘 호손의 "주홍글씨"에 잘 나타나고 있다. 미국인들은 인디언에 대한 기독교 전파의 실패와 함께 인디언들에게 적대감을 가지면서 기독교 정신인 명백한 운명에 위배된 인디언들은 없애야만 한다고 생각하였다. 따라서 미국인들에게는 없애야만 하는 악으로 간주하고 아무런 양심의 가책도 느끼지 않고서 인디언들을 철저하게 없애 나갔다.

미국인들은 서부로 개척해 나가면서 터득한 지식은 바로 자연에 대한 낭만의 상실과 협동정신이었다. 유럽인들은 자연을 바라보면서 자연의 신비함과 아름다움을 노래하였다. 그러나 미국인들은 자연은 극복해야할 장애물로 생각하였다. 서부로 개척해 나가는데 자연은 방해가 되었다. 미국인들의 이러한 사상을 나타내는 소설은 허만 맬빌의 흰 괴물 고래를 소재로 한 백경 즉 "모비딕"에 잘 나타나 있다. 유럽인들에게는 대서양의 푸른바다는 자연의 아름다움과 신비함을 나타내는 낭만이었다. 그러나 미국인들에게는 바다는 넘어야할 장애물에 불과하였기 때문에 넓고 푸른 바다에 괴물 고래를 넣어서 반드시 싸워서 없애야 할 장애물로 생각하였다. 미국의 프런티어는 마크 트웨인의 "허클베리 핀"에서 미국인들의 모험심을 보여주고 있다. 서쪽으로 진군하기 위해서 그들에게 필요한 것은 모험심이었다. 따라서 제일 단계에서 형성된 프런티어는 미국인들에게 협동심과 단결력을 불어 넣었다. 따라서 미국인들이 자랑하는 프런티어의 본질은 협동정신과 팀워크 정신이었다.

미국인들이 초기 프런티어에서 배운 것은 팀워크 정신의 중요성이었다. 그들은 팀워크 정신만 잘되면 전 세계도 쉽게 정복할 수 있다는 생각을 가지고 있다. 팀워크 정신은 동료 한사람의 생명을 중요시 하면서 동료가 다치는 경우 끝까지 업고서 데리고 간다. 서부개척 영화를 통해서 이러한 장면을 자주 볼 수 있다. 우리가 현재 CNN 방송을 통해서 미군들이 헬리콥터를 타고 테러리스트들로부터 미군포로들을 구출하는 작업을 벌리고 한편 구조된 포로는 영웅으로 취급하는 것은 미국인들이 초기에 형성된 프런티어의 기질인 것이다. 반면에 적들인 이라크인들 수천 명이 죽는 것보다 미국인 한 사람이 부상당하는 것을 더 안타까워한다. 그 이유는 초창기에 인디언들을 악으로 생각하고 반드시 없애야 한다는 초기의 프런티어에서 유래된 사상이다.

초기의 동부에서 서부로 개척해 나가면서 인디언 및 자연과의 싸움에서 터득한 프런티어가 제 1기의 프런티어인 것이다. 미국은제 1기의 프런티어 정신을 발판으로 국제무대로 개척해 나가기 시작한다. 제 2기의 프런티어는 미국이 패권국 영국의 식민지에서 자신이 패권국으로 다가가는 단계까지의 과정에서 형성된 프런티어인 것이다. 1776년 영국에서 독립되어서 1945년 2차대전 전까지를 프런티어 형성의 제 2기라고 할 수 있으며 미국은 독립영웅 워싱턴의 고별 연설에서와 같이 처음부터 유럽과의 단절을 선언하고 나섰다. 유럽국가들 간의 경쟁과 식민지 쟁탈전 등에 개입하기를 원하지 않았다. 이것은 미국이 유럽의 강대국들과 경쟁 상대가 되지 못한 신생국에 불과하기 때문이었다.

초대 대통령 조지 워싱턴의 “고별연설”은 유럽국가들은 서로간의 경쟁과 견제 속에 있기 때문에 미국이 유럽에 휩쓸리면 발전을 할 수 가 없기 때문에 유럽과의 단절을 선언 하였으며 2대 대통령 애담스와 3대의 토마스 제퍼슨 대통령에게도 그대로 적용 되었다. 특히 제퍼슨은 나폴레옹이 유럽 전역을 휩쓸고 있을 때 후에 먼로선언을 한 제임스 먼로를 특사로 영국에 파견하여 나폴레옹 전쟁에 대한 불개입 선언을 하였다. 다음 대통령인 제임스 먼로는 공식적으로 1823년 먼로선언을 하면서 유럽과의 단절이 공식화되게 되었다. 초기에 미국이 유럽과의 단절을 선언한 여러 가지 이유 중에서 미국인들이 가지고 있는 자신들은 유럽과는 다른 하느님으로부터 선택된 우월주의와 예외주의가 크게 작용을 하였다.

미국은 지리적으로 대서양을 사이에 두고 있었기 때문에 미국의 고립정책은 효과가 있었으며 초기의 먼로대통령의 먼로선언은 미국이 유럽과는 다른 외교정책을 추진한다는 것을 보여 주었다. 미국은 상당히 오랫동안 먼로의 고립정책을 추구하면서 1812년의 영미전쟁의 영웅 앤드류 잭슨 대통령은 국내 팽창정책으로 인디언에 대한 가혹한 행위로 국내문제에만 적극적으로 통합 정책을 추진해 나갔다. 1873년부터 세기말까지 계속된 유럽의 경제 불황은 런던증시에서 뉴욕증시로 중심지가 옮겨가면서 세계의 경제중심지가 영국에서 미국으로 옮겨가게 되었다.

19세기의 미국의 팽창정책은 국무장관 윌리엄 시워드를 미국 역사의 영웅으로 기록하게 만들었다. 시워드의 역사적 공헌은 1867년 알래스카를 러시아로부터 매입함으로써 패권국으로서 본게임에 진출하는데 결정적인 역할을 하였다. 시워드의 목표는 북쪽은 빙하가 있는 곳에 있었다. 알래스카는 단돈 7백 2만달러 즉 1에어커 당 2센트라는 부동산 거래로서는 역사상 최저의 가격이었다. 처음에는 미국인들은 이 아이스박스를 사들인 시워드를 바보라고 불렀으나 알래스카에서 금광이 발굴되고 석유가 매장되어 있는 유전이 발견됨으로서 알래스카에 대한 세계의 관심은 새로워졌다. 특히 미국은 알래스카를 도전국 러시아의 도전에 대비해서 이곳을 군사적 전략기지로 이용함으로서 러시아를 심리적으로 압박할 수 있었다.

시워드는 알래스카를 앞으로 아시아로 진출하는 최직선 코스이기 때문에 아시아 국가들과 유럽국가들 간의 각축장이 될 것이라고 예상했다. 시워드는 미국의 팽창주의의 꿈을 세계인의 꿈으로 바꾸어 놓았다. 그의 꿈은 전 세계에 공화주의정신인 민주주의 사상을 아시아와 유럽에 전하는 일이라고 생각하면서 미국의 팽창주의를 인류의 발전에 초점을 맞추어 나갔다. 시워드의 목표는 해군력의 증강에 두었으며 그의 군사정책인 해군력 증강은 그 후의 시어도어 루즈벨트 대통령과 그의 해군보좌관이자 지정학자 알프래드 마한에 의해서 본격적으로 추진되었다.

19세기 말까지 미국은 특별한 외교정책은 추진하지 않았으나 경제적 투자국인 스페인 식민지 쿠바와 본국인 스페인 간의 분쟁에 개입하면서 1898년 미국이 스페인에게 선전 포고를 하여 불과 수개월 만에 미국은 유럽의 강대국인 스페인을 몰락시켰다. 미서전쟁으로 인해서 미국은 태평양국인 필리핀까지 진출할 수 있었으며 하와이도 합병하면서 당시 미국의 숨은 팽창주의는 영국인 작가 러드야드 키플링의 "백인의 의무"에서 잘 나타나고 있다.

스페인 전쟁의 승리는 미국이 숨겨왔던 침략적인 기질을 발휘할 계기를 마련하였다. 20세기가 시작되면서 세계의 경제중심지는 미국으로 옮겨지게 되었으며 유럽에서는 힘의 균형이 깨어지고 있었다. 비스마르크의 철혈정책에 힘입어서 독일이 통일과 함께 유럽에서는 최강대국으로 부상하였다. 20세기 전반기에 미국인의 숨겨진 프런티어를 세계에 발휘할 우드로우 윌슨과 프랭클린 루즈벨트 두 사람의 대통령을 탄생시킨다. 윌슨과 루즈벨트는 완전히 다른 사상을 가지고 있기는 하지만 근본적인 사상은 같다고 할 수 있다. 세계 1차 대전을 종결시킨 윌슨은 약소국 보호주의의 이상주의 정책을 추진한 반면 루즈벨트는 힘을 중시한 현실주의자였으나 두 사람 모두 미국의 국익을 우선시한 인물이었다. 이 기간 동안 미국은 전면에 나서지는 않았지만 사실상 도전국인 독일을 완전히 패망시키고 패권국으로서의 위치를 확고히 하였다. 이 기간 동안 미국은 겉으로는 건국 초기의 원칙인 유럽 불개입의 원칙을 기본정책으로 하기는 했으나 내적으로 강대국 죽이기 작전을 추진해 나갔다.

미국 프런티어의 제 3단계는 2차대전 이후의 패권국으로서의 팽창정책이다. 패권국의 식민지로서 출발하여 독립 된 지 2세기도 채 되지 않은 국가가 세계 패권국으로서 성장하면서 미국은 미국인들이 자랑하는 프런티어가 팽창정책임을 보여주기 시작하였다. 2차대전 이후 패권국이 된 미국은 초기 개척기에 사막에서 인디언들과 싸우던 기질 인 프런티어를 국제사회에서 발휘하기 시작하였다.

미국은 세계를 우선 두 개의 편으로 나누어서 세계를 제로 섬 개임으로 이끌어 나갔으며 도전국과 우주전쟁까지 하였다. 미국은 과거의 전력을 묻지 않고 미국편에 서는 국가에 대해서는 선이며 이차 대전에는 미국과 같은 편에 섰던 소련을 비롯한 공산주의 국가는 악으로 규정하였다. 미국 서부 영화 백주의 결투로 알려진 "하이 눈"은 보안관 미국이 약소국을 보살피기 위해서 프런티어 정신을 발휘하는 것을 세계인들에게 보여 주었으며 쿠바사태로 소련과 싸우면서 뉴프런티어 정신을 발휘한 존 에프 케네디 대통령은 근대 영웅으로 대접하였다.

프런티어는 뉴 프런티어라는 새로운 용어로 정치인들은 항상 사용하고 미국인들은 가장 자랑스럽게 생각하게 되었다. 국제사회에서 전쟁에

흥미를 잃은 프런티어는 우주전쟁으로 전환하여서 서부개척 대신에 달이나 화성의 개척을 목표로 추진해 나갔다. 외계인들과의 전쟁을 소재로 한 "스타워즈"는 미국인들에게 가장 오랫동안 인기순위 최고로 방송되었으며 이것은 미국인들의 새로운 프런티어를 예고하였다.

제4장
패자부활전은 가능한가

1970년대에 미국이 월남전의 패배로 인해서 군사적으로 러시아에 밀리는 분위기를 보이고 경제적으로는 일본에게 밀리는 분위기가 보였다. 미국인들은 동양 삼국 중에서 중국이나 한국 보다는 일본에 대해서 더 예민한 반응을 보이는 경향이 짙다. 일본에 대해서 예민한 반응을 보이는 원인은 일본이 과거 진주만 기습을 통해서 미국이 본토는 아니지만 미국 영토가 침략을 당한 역사적인 사실 때문에 미국은 일본에 대해서 상당히 신경을 쓰고 있었다. 일본이 미국 다음의 경제대국으로 급상승하자 경제학과 사회학자 등 관련학자들이 일본에 대해서 연구를 하였다.

미국인들이 동양 삼국에 대해서 관심을 가지기 시작한 것은 중국의 경제적인 급상승에 촉각을 세우고 있기 때문이다. 미국인들은 중국과 일본 중에서 미국에 도전할 국가로서 중국을 들고 있다. 미국을 비롯한 서양 국가들은 동양 삼국 중에서 일본에 대해서 호감도가 가장 높다.

동시에 일본문명을 서구문명에 포함시키고 있다. 반면에 중국에 대해서는 최근까지 높이 평가를 하지 않았지만 중국이 연평균 10% 이상의 경제성장과 함께 풍부한 인력을 활용하여 엄청난 발전 속도를 보이자 미국은 중국에 대해서 견제를 하기 시작하였다. 특히 동양에서 한반도에 두었던 사령부를 일본에 옮기면서 중국 견제용으로 일본을 키워나가기 시작하였다.

러시아가 경제적으로 3류 국가로의 몰락된 이후 러시아는 최근 상당히 회복된 상태이기는 하지만 과거의 소련의 국력을 회복해서 미국에 도전하기에는 아직까지 역부족이며 러시아는 3류국가로 전락한 상태에서 국내적인 문제를 비롯하여 인종 충돌 등 많은 문제에 접하고 있어 국제사회에서 미국의 도전국으로 나서기에는 한계에 부딪치고 있다. 반면 미국이 일본보다 중국을 견제하는 원인으로는 일본이 아직까지 2차대전이후 안보적인 차원에서는 미국에 의존하고 있으며 사실상 일본의 경제력을 감안하면 2차대전 당시의 군사력을 확보하고 핵무기도 금방 만들 수는 있지만 아직까지는 그러한 상황이 아니기 때문에 일본에 대해서는 마음을 놓고 있는 실정이다. 반면에 중국에 대해서는 중국은 전 세계의 모든 공장들을 중국으로 끌어 들여서 연평균 8% 이상의 경제성장을 계속하면서 중국의 경제가 미국을 앞지를 것이라는 전망을 보이고 있다.

중국은 경제적으로 미국 다음의 세계 2위의 경제대국 일본을 이미 제쳤고 군사적으로도 미국과 러시아에 이어서 세계 3위로서 자리 매김을 하고 있는 것을 보면 전 세계는 동양문명에 대해서 위협을 느끼기 시작하였다. 사실상 최근까지 미국을 비롯한 서구 기독교 문명국가들은 동양의 오리엔탈리즘에 대해서 높이 평가를 하지 않았다. 그러나 중국 경제가 시장경제주의로 전환하고 전 세계의 공장을 모두 중국으로 끌어들이자 미국을 비롯한 서양 국가들은 앞으로 중국을 패권국 미국에 도전국으로 예상하고 있다.

패권순환론의 대가인 모델스키 등은 2015년경에 러시아가 미국을 넘어서 패권국이 될 가능성에 논리를 전개해 나갔으나 러시아의 몰락으로 인해서 모델스키의 이론인 패권순환론이 약간 빛을 바래기는 했으나 미국이 패권국으로서 영원히 건재하리라고는 어느 누구도 기대하지 못한다. 중국과 일본 중에서 어느 나라가 미국에 대해서 패권 도전국으로 도전장으로 낼 것인가 대한 문제에 대해서 대부분의 미국인들은 중국이 미국에 대해서 도전장을 낼 것으로 생각하고 있다.

일본과 중국인들이 가지고 있는 인간성이나 정신을 바탕으로 하여 생각해 볼 수가 있다. 일본이 가지고 있는 근본적인 사상은 그들은 사회구조가 사무라이 계급이 지배계급으로 등장하면서 일본인들이 의식구조를 형성하도록 만들었으며 현재 일본인들의 의식구조는 도전과 응전을 바탕으로 하는 사무라이 정신으로 하부구조를 이루고 있다.

일본인들은 힘이 조금만 커지면 이웃 성을 침범하여 복종을 받아내고 하는 막부정치시대가 약 7백년간 계속되었다. 이렇게 오랜 시간 동안 일본인들은 천하를 통일하는 경우에는 이웃나라에 쳐들어갈 준비를 하고 이웃나라인 한국과 중국에 대해서 도전장을 제출하였다. 일본인들의 사무라이 기질은 메이지 유신에서 성공적인 국가 혁명을 초래하여 드디어 세계무대에 나갈 수 있을 만큼 강국으로 성장을 하였다. 일본의 서구문화를 성공적으로 받아들인 원인이 바로 승자와 패자의 대결에서 사무라이들이 패하는 경우에는 겸허하게 자신의 약함을 인정하고 굽히는 정신을 가지고 있다.

일본은 강대국 미국에 대해서 기다렸다는 듯이 나서서 적극적인 자세로 미국을 비롯한 서양 강대국들과 문호를 개방하여 서양식으로 모든 제도를 개편하여 동양에서는 유일하게 세계 5대 강대국으로 자리를 잡고서 세계 1차대전과 세계 2차대전에 참전하였으며 2차대전 당시에는 세계 유일 패권국인 미국에 대해서 진주만을 습격함으로써 미국인들의 간담을 서늘하게 만들었다. 미국이 본토이든 아니면 본토가 아니든 미국의 영토가 기습을 당하기는 2차대전 당시의 진주만 기습과 다른 하나는 이슬람 국가들에 의한 9.11 테러행위의 두 번 밖에 없다.

전 세계인들은 패권국 미국에 대해서 침략을 함부로 하지 못한다. 만일 침략을 하는 경우에는 뒷감당을 예상하고서 침략을 하여야만 한다. 세계 1차대전 당시 독일의 무제한 잠수함 공격으로 인해서 독일 잠수함이 미국 잠수함에 공격을 하다가 미국의 1차대전 참전으로 인해서 독일은 패망을 하게 되었으며 진주만 기습으로 인해서 미국은 일본에 압박을 가해서 결국 원자폭탄인 핵폭탄의 효력으로 일본의 항복을 받아 내었다. 만일 2차대전 당시 미국이 핵폭탄인 원자폭탄을 발명하지 않았더라면 전 세계의 전쟁인 2차대전은 상당히 더 오래 끌었으며 더 많은 인명 피해를 내었을 것은 분명하다. 이미 미국을 비롯한 연합군의 승리가 확실시 되었다고 하더라도 일본이 가지고 있는 사무라이 기질로 보아서 상당한 희생을 치르고서 미국에 항복할 것이 분명하다. 2차대전을 거치면서 일본인들은 회복이 불가능할 정도로 파괴 되었으나 불과 20년 만에 독일과 영국 등 구라파의 최강국들을 제치고 미국 다음의 경제대국으로 자리를 잡은 것을 보면 일본에 대해서 중국보다는 미국에 대한 도전국이 일본이 될 가능성이 더욱 큰 것으로 기대된다.

1979년 등소평의 실용주의 노선으로 인해서 중국은 전 세계의 공장을 중국으로 끌어 들여서 연평균 10% 이상의 경제성장을 이루면서 150년 전 서구문명에 정곡이 찔려서 죽었던 황룡은 이제 서서히 황하에서 승천하는 준비를 하고 있다. 지금 황하에는 바람이 불고 있다. 황하에 부는 바람은 때로는 이마에 땀을 씻어주는 시원한 바람으로 때로는 거세게 몰아치는 폭풍으로 몰아치면서 전 세계인들은 중국을 빛바랜 백일홍에서 갓 이슬을 머금고 보라 빛으로 수줍고 우아한 자태와 아름다운 향기를 뿜으며 피어난 그리스의 꽃 히야신스를 바라보듯 즐겁고 새로운 눈으로 중국의 무한한 가능성에 대해서 뭉게구름 피어오르는 상상의 나래를 펴고 있다. 그 상상의 나래는 바로 중국인들이 수천 년 동안 중원천지를 지배해오면서 만들어낸 중화사상이다.

중국은 스스로 전 세계 기업인들과 조인트 벤처라는 기술과 인력의 합작이라는 단계를 넘어서 중국 스스로 독자적인 기술 향상을 향해서 발돋움을 하면서 19세기 초 아편에 중독이 되어서 죽어가도록 만들었던 서구 열강 국들의 마음을 헤아려 보려고 노력하면서 세계 인류문명의 발상지 황하강가에서 은나라와 상나라의 태평천국시대인 요순시대를 생각하면서 황하강을 건너면서 고대 중원 천지를 두고서 최초에 중원을 통일한 진의 시황제와 만리장성을 자랑스럽게 생각하고서 수 천년간 유지해 왔던 중화사상을 바탕으로 패권국 미국에 대해서 도전장을 낼 준비를 하고 있다.

9.11 테러 이후 전 세계의 관심은 이슬람 문화권에 집중되었다. 이슬람문화는 기독교 문화와는 완전히 다른 문화권을 형성하고 있기는 하지만 기독문화와는 같은 탯줄에서 탄생하였다. 기독문화와 이슬람문화는 야곱이라는 같은 조상을 두고서 탄생하였다. 9.11이후 전 세계는 이슬람문화의 기독문화에 대한 도전에 가장 관심을 집중하고 있다. 미국

보수 세력을 대변하는 미국의 정치학자이자 문명충돌론으로 9.11이후 우리에게 가장 가까이 온 사무엘 헌팅톤은 기독 문명과 비 기독 문명 간의 충돌현상을 예상하고 있다. 헌팅톤은 문명충돌은 인류 역사에 큰 변화를 초래 할 것이라고 예상하고 있다. 헌팅톤의 예언은 9.11테러 사건이 잘 보여주고 있다.

헌팅톤의 예언처럼 21세기가 막 시작하면서 일어난 9.11을 계기로 인류는 21세기에는 문명 충돌론을 거치면서 새로운 패권국이 나타나서 세계를 지배해 나갈 것이라는 것이 학자들 간에 지배적인 견해이다. 패권주기론으로 우리에게 알려진 예일대학의 역사학자 임마누엘 월레스틴도 미국시대의 쇠태를 예언하고 있다. 또한 이미 90년대 초에 제국의 흥망성쇠로 미국의 후퇴를 예언한 폴 케네디를 비롯한 많은 학자들은 미국의 패권국 위기론을 예언하고 있다.

미국 중심의 세계 재편에서 벗어나서 비 서구 문명화 시대로 접어 들어가게 된다는 것이다. 미국이 인류역사에 나타난지는 정확하게 1620년이다. 지금부터 4백 년이 채 되지 않는다. 불과 4백 년이 채 되지 않은 나라가 20세기의 약 1백 년 동안 전 세계를 지배해 나왔다. 이제 21세기에 들어서면서 문명 간의 충돌현상인지 아니면 다른 보이지 않는 요소들이 작용할 것인지 불투명한 사실이다. 미국은 이제 역사 이래 로마보다도 훨씬 더 강한 인류 역사상 가장 강한 강대국으로서의 권위를 서서히 상실해 나가고 있다.

9.11 테러가 인류에게 보여준 진정한 의미는 단순히 눈에 보이는 사상자가 등록되지 않은 불법체류자를 포함하여 많아야 1만여 명 정도를 좀 웃도는 정도를 의미하는 것은 아니다. 인류 역사상 최대의 패권국이자 최강국인 미국의 본토 중에서도 가장 심장부인 세계 무역의 중심지

인 무역센터와 최강의 군사력의 중심지인 국방성이 무너져 버렸다는 사실이다. 이보다 더욱 중요한 사실은 1618년 30년 종교전쟁 이후 인류역사에서 가장 강대국 미국이라는 나라의 신화가 깨진 것이다. 대서양과 태평양이라는 거대한 자연 성벽의 덕분에 미국 본토의 침공은 불가능하다는 미국의 역사적 신화가 깨어져 버린 것이다. 9.11 테러는 로마가 당시 지중해 해상권을 장악하면서 로마와 지중해 해상권 쟁탈전을 벌이고 있던 기원전 200년의 북아프리카의 작은 상업국가 카르타고에 비유될 수 있다. 당시 세계 패권국 로마에 대항하던 카르타고의 영웅 한니발은 로마가 꿈에도 예상하지 못했던 알프스 산을 넘어서 로마 본토를 습격하여 로마에 엄청난 피해를 주었다. 세계 패권국 로마에 대한 지중해의 작은 국가 카르타고의 로마에 대한 도전으로 인해서 로마는 인명피해의 문제가 아니라 로마의 자존심을 건드리면서 패권국의 자존심은 완전히 구겨져 버리고 말았다.

9.11 테러는 바로 세계 최강국 미국에 대한 중동의 이슬람 테러 단체들의 미국 본토 침략은 카르타고의 로마 본토에 대한 침공에 비유할 수 있다. 로마는 그후 수차례 카르타고 본토를 침공하여 카르타고를 완전히 멸망시키고 말았다. 미국 역시 테러단체를 지원한 이슬람 국가인 아프가니스탄과 중동의 맹주인 이라크를 침공하여 불과 3주와 4주 만에 난공불락으로 불리는 산악국인 아프간과 이슬람의 맹주인 사막국가인 이라크를 완전히 없애 버렸다. 로마와 미국이 알아 차린 사실은 알프스가 유럽북부국가에게는 자연성벽으로서 국가의 강력한 방어망이 될 수는 있다. 그러나 로마에게는 알프스는 자연성벽이 아니라 오히려 적국에게 문을 열어주는 길잡이 노릇을 한다는 사실이다. 동시에 미국은 이제 대서양과 태평양은 더 이상 자연성벽이 될 수 없다는 사실을 알게 되었다.

인류의 역사는 광란의 역사이다. 고대 그리스에서 서구문명의 기원을 찾는 서구의 역사는 바로 쫓고 쫓기는 광란의 역사로 규정할 수 있다. 동방에서 시작된 인류의 문명은 빛은 동방에서부터라는 말과 함께 현대 고고학자나 인류학자들이 밝혀낸 세계 4대 문명의 발상지는 바로 동방의 4대강을 중심으로 이루어졌다고 주장하고 있다. 4대강에서 발생한 인류문화를 등받이로 하여 서양과 동양은 각각 나름대로의 다른 문명을 구축해 나갔다. 기원전 7-8천 년 전부터 시작된 인류의 문명은 고작해야 1만년 정도로 추산하고 있다. 물론 그 전의 원시인류시대가 수십 만 년간 계속되기는 하였지만 문자 상의 기록을 추적할 연대는 수천 년에 불과하다.

그동안 인류는 그리스 문화를 바탕으로 한 로마와 영국문화를 바탕으로 한 현재의 미국이 인류 역사상 가장 강한 강대국으로 부상 하였다. 최근 미국을 대표하는 보수주의자들은 미국이 현재 전 세계를 상대로 싸워도 이길 승산이 있다는 것이다. 미국은 현재 전 세계 230 개국 중에서 80여 개국에 자국의 군대를 파견하고 있으며 또한 미국이 9.11 테러이후에 사용하는 국방비는 전 세계의 국방비와 맞먹는 비용을 들이고 있다. 전성기의 로마 제국이 전 세계를 지배하기는 했다고 하지만 현재 미국만큼의 강국은 아니었다. 당시 로마는 지중해를 중심으로 북아프리카 국가들을 비롯하여 지중해 연안의 국가들을 지배하기는 했지만 통신수단이 발달한 현재 미국이 휘두르는 패권국의 힘에는 미치지 못한 실정이다. 모든 중요한 길은 워싱턴을 통해야만 한다는 사고는 서서히 끝나고 있는가

미국은 20세기 약 1백 년을 통해서 전 세계를 미국식 성공모델로 만들어 나가고 있다. 로마시대에 정치는 모든 중요한 길이 로마로 통해야

했듯이 현재 모든 중요한 길은 반드시 워싱턴을 통해야 성사를 볼 수 있다. 로마 어와 로마법이 전 세계를 지배 하였듯이 현대는 영어가 전 세계를 지배하고 있다. 영어의 모국인 영국식 영어가 아닌 미국식 영어가 전 세계에 통용되고 있다. 20세기 전반과 후반을 통해서 20세기 전반에는 미국은 전면에 나서지 않고서 뒷면에서 세계를 배후에서 조종을 하였으나 2차대전 이후부터는 미국은 전면에 나서서 전 세계를 지배하면서 도전국 구 소련인 러시아에 대해서 경쟁을 벌리기는 하였다. 얼마 후 도전국인 러시아의 무릎을 꿇게 함으로써 미국이 갈망하고 추구하는 두 가지 목적을 추구해 나가고 있다. 언덕 위의 도성인 미국식 성공모델을 전 세계에 만드는 일과 다른 하나인 명백한 운명인 자유민주주의를 지구상에 심어 놓는 목표를 향해서 진군해 나가고 있다. 도전국 소련의 몰락이후 미국은 달리는 열차에 중도는 없다는 말로서 전 세계 곳곳에 미국식 문화를 심기에 급급하였다. 헐리우드 영화는 바로 미국인들의 문화를 세계 곳곳에 심어 넣는 중요한 매개체 역할을 하였다. 아프리카의 사막 국가에서부터 아마존 강의 밀림지대에까지 전 세계에 미국은 미국식 모델인 언덕 위의 도성을 쌓아 나갔다. 현재 전 세계인들은 자기나라 수상의 이름은 몰라도 할리우드의 영화배우 톰 쿠르즈의 이름은 친숙하게 알고 있다.

9.11 테러는 문명충돌의 시발점인가 아니면 단순한 정치적 테러행위인가. 앞으로 미국은 패권국의 위치를 그대로 유지해 나갈 수 있을 것인가. 만일 미국이 21세기에는 패권국의 자리에서 물러나는 경우 도전국은 어느 나라가 가장 패권국으로서 미국을 대신할 수 있을 것인가. 무엇보다도 우리에게 가장 큰 관심은 미국이 패권국에서의 몰락 가능성은 있는가. 있다면 몰락 가능성의 요소들은 무엇인가.

안보적인 차원에서의 변화요소는 미국을 패권국으로부터 물러나도록 동요시키고 있다. 세계 2차대전 직후부터 소련이 몰락 할 때까지 전 세계는 미국과 소련의 양대 진영으로 구성된 국제질서의 체제 속에 있었다. 세계국가의 3분의 2는 미국 안보의 우산 속에 있었으며 나머지 3분의 1은 소련의 영향권 하에 있었다. 전 세계국가들은 모 아니면 도를 택해야하는 이른바 제로 섬 게임 하에 있었다. 2차대전에서 승리한 프랑스나 영국은 물론이고 전쟁에 패한 독일과 일본, 이태리 등을 비롯하여 헝가리나 폴란드 등 동유럽 국가 등 모든 국가들은 미소 양 진영 중에 하나를 택하여야만 했다. 이중에서 일본이나 서유럽국가들은 소련의 침략에 대응할 만한 군사력이 없었다. 소련은 유럽대륙에서 지정학적으로 심장부라고 부르는 폴란드 등 동유럽 국가를 발판으로 하여 프랑스 등 서유럽국가들을 안보적인 차원에서 위협을 하고 있었다. 또한 아시아에서는 소련은 북한을 움직여서 일본과 남한 등을 위협하고 있었다. 여기에다 중국의 공산화는 미국을 비롯하여 대만 및 태국 등 동남아시아 국가들을 공산화하려는 움직임을 보이면서 이들 국가들은 더욱 더 미국에 의존하는 경향을 나타내었다.

이시기는 서방의 자유진영의 국가들은 미국의 안보적인 차원의 행동에 대해서는 절대적인 지지와 찬사를 보냈다. 동북아에서 중공의 타이완 침입에 대해서는 강력한 경고의 메시지를 보냈다. 얄타협정에 의해서 남북으로 분단된 한반도가 북한이 중공의 도움으로 소련제 무기로 전쟁을 일으키자 강력하게 대응하여 막았으며 일본의 방위를 보호하기 위해서 미국, 일본, 한국의 삼각 동맹방위 망을 구축하여 공산진영에 강하게 대처해 나갔다. 또한 일본에게 식민지로 통치를 당한 결과 악화된 한일관계의 개선을 위해서 양국 간의 회담과 중재 역할을 하였다. 그 결과 한국과 일본은 1951년부터 8차례의 회담을 통해서 1965년 드디어 화해를 하게 되었다. 여기에다 한국동란 당시 미국은 일본으로부터 군수물자를 수입하여 일본경제부흥에 결정적인 역할을 하였다. 서유럽 국가에 대해서도 마샬 플랜 등을 도입하여 서유럽 국가들이 소련 등 동유럽에 대응해 나가도록 적극적으로 지원을 하였다. 따라서 2차대전 이후부터 1991년 소련이 몰락할 때까지 미국은 일본과 서유럽 국가 및 한국 등에 대해서는 안보적인 문제에 대해서는 절대적인 권한을 가지고 영향력을 행사하였다. 어느 국가도 감히 미국의 행동에 제동을 걸 수가 없었다.

소련의 몰락으로 인해서 미국의 영향력은 급감하게 되었다. 공산주의 국가들의 위협으로 인해서 서방자유주의 국가들은 미국에 의존하던 국가안보가 소련과 공산주의 국가들의 몰락으로 인해서 더 이상 필요가 없게 되었다. 특히 소련이 해체되면서 12개의 민족의식이 강한 지역으로 분리 되면서 국가 들 간의 민족주의 의식이 강화되어지는 현상을 초래하게 되었다. 특히 유고 등 발칸반도 내에서 인종분쟁이 심화되면서 민족화합과 민족공동체 의식 등이 분단된 한반도와 중동및 아프리카에 까지 확산되어 나가면서 미국의 패권주의에 대한 위상은 흔들리기 시작했다. 한반도의 경우는 남북이 분단되어 공산주의와 자유주의가 첨예하게 대립양상을 보이는 세계 유일 국가이다. 미국은 소련의 붕괴이후 한반도에서는 구세대와 신세대간의 미국에 대한 시각이 크게 달라지고 있다. 신세대들 사이에서 한민족 공동체 의식이 고조되기 시작하면서 미국을 통일에 대한 장애물로 생각하고 또한 안보 면에서 과거와 같이 미국의 비중을 높이 평가하지 않고 있다.

독일의 베를린 장벽이 허물어지면서 한반도에 있어서도 국민들의 의식이 미국의존의 일변도에서 많은 변화를 초래하게 되었다. 한미공조관계와 한민족공동체의식을 동시에 수행해 나가는데서 한걸음 더 나가서 참여정부의 신정부출범초기에는 한민족 공동체의식을 더욱 중요시하는 태도를 보이다가 한미관계가 악화되기도 했다. 일본 역시 공산주의 국가인 소련으로부터 해방되어서 미국의 안보체제에 대해서 어느 정도는 독립성을 유지하면서 동북아에서 북한의 위협과 핵개발에 대해서 일본 자체 방위능력을 할 수 있는 군대를 창설하고 핵무기도 보유할 잠재적인 의도를 보이고 있다. 미국은 경제대국인 일본을 동북아에서 중국 견제용으로 이용하고 있다. 소련이 붕괴되기 이전에 동북아에서 안보중심을 한반도에다 두었다. 그러한 최근에는 한반도에서 일본으로 안보 중심지를 이전함과 동시에 한반도에 배치된 주한 미군을 약 1만 명 정도 감축하여 현재 한반도에 2만 7천 명 일본에 3만 명 정도의 수준으로 유지시켜나가고 있다. 앞으로 계속해서 이정도 수준의 병력은 유지해 나갈 계획이다.

중국의 경우는 비록 공산주의 체제를 유지해 나가고 있기는 하지만 안보적인 차원에서는 위협적인 존재가 아니다. 중국은 공산주의 몰락의 원인을 경제체제에다 두고 있다. 정치체제는 공산주의 체제를 유지하되 경제체제는 자본주의 국가 체제인 시장경제체제로 바꾸었다. 중국은 형제국인 북한에 대해서 정치적으로 영향력을 행사할 위치에 있다. 동북아에서의 중국의 영향력은 점차적으로 커지고 있는 반면에 미국의 영향력은 크게 감소하고 있다. 북한의 핵개발 억제 문제에 있어서 북한을 설득할 수 있는 국가는 중국뿐이다. 특히 북한은 중국이 공산주의 국가이면서 시장경제를 도입하여 성공한 모델을 북한에 적용하기 위해서 중국과는 정치적 동반자에서 경제적 동반자 관계를 유지해 나가기를 희망하고 있다. 동북아에서 소련의 몰락과 영향력이 사라지면서 점차적으로 미국의 영향력도 크게 감소할 추세로 전망된다. 반면에 중국의 영향력이 크게 증가할 전망이다.

유럽지역에서도 현재 미군이 약 6만 8천 명 정도가 있기는 하나 소련과 동유럽이 붕괴된 이후 미국의 영향력은 크게 감소하고 있다. 특히 유럽 국가들이 유럽 통합기구를 형성하고 유로화를 창출하였다. 동시에 미국의 달러화에 경제적으로 경쟁상대국으로 등장하면서 미국에 대한 도전국이 유럽이 될 가능성도 전혀 배제 할 수 없다. 미국에 대한 유로화의 창출은 머지않아서 유럽이 군사적으로 자국들의 통합 군대를 창설할 가능성이 크다. 이러한 경우 미국은 유럽에 대한 영향력의 감소는 물론 미국에 대한 패권 도전가능성도 예상된다. 그러나 최근 EU내에서 영국과 독일 및 프랑스등 강대국들의 주도권다툼으로 인해서 영국이 EU를 탈퇴하면서 유럽연합은 약간 빛이 바래기는 하였지만 여전히 미국의 영향력이 유럽 국가들에 대해서 점차적으로 줄어들고 들고 있다.

아시아에서도 일본이 국제관계에서 행하여온 역사적인 사실들을 보면 자국의 헌법 9조를 고치고 북한의 핵무기 개발에 대한 주변 환경의 변화 등을 고려하여 세계 강국의 군대를 창설할 가능성도 배제 할 수 없다. 일본의 경우 과거의 유럽 최강국이자 육상세력인 러시아를 러일전쟁에서 이김으로써 세계 최강의 강대국임을 보여 주었다. 중국과의 중일전쟁에서 승리한 역사적인 사실 등을 감안하면 경제적으로 미국으로부터 독립하여 미국 다음으로 강한 경제력을 바탕으로 하여 단계적인 수순을 밟을 것이다. 따라서 머지않아 일본은 아시아에서 중국을 견제할 군사 강대국으로 부상하여 미국에 대한 세계 패권에 대한 도전국으로 나설 가능성도 배제 할 수가 없다. 이러한 관점을 종합해보면 소련의 붕괴는 미국에 대한 각국들의 안보적인 차원에서의 의존도가 점차적으로 약화되어졌으며 상대적으로 미국에 대해서 안보적인 종속단계에서 벗어나서 독립단계에 들어섰다고 볼 수 있다. 그 결과 상대적으로 미국의 영향력이 상당히 감소되어졌다고 할 수 있다. 앞으로 이러한 추세로 나가면 미국은 머지않아 세계의 강대국으로부터 패권국으로 유지하는 권한에 대해서 도전을 받게 될 전망이다.

미국이 2차대전을 승리로 이끌면서 전쟁을 조기에 종결한 원인은 미국만이 유일한 핵무기 보유국이였기 때문이다. 역사적으로 미국은 대륙국인 러시아의 육군에게 항상 밀리고 있었다. 그러나 육군에서 항상 중국이나 러시아에 대한 부족한 군사력에 대해서는 세계 최강의 핵무기의 보유국이라는 점이 미국의 약점을 보완해 주고 있다. 현재 핵무기를 보유하고 있는 국가는 유엔 안보리 상임이사국 5개국인 미국, 영국, 러시아, 중국, 프랑스를 비롯하여 당시 제 3세계의 비동맹국이었던 인도와 파키스탄 및 남아 공화국 등의 8개 국가이다. 여기에다 이스라엘이 공식적이지는 아니지만 핵무기를 보유하고 있다고 본다. 핵을 보유하고 있는 국가는 결국 9개국 정도 이지만 이중에서 남아공화국이 공식적으로 핵을 폐기 처분해 버림으로서 현재는 8개 국가가 핵무기를 보유하고 있는 것으로 알려져 있다. 여기에 북한의 김정은이 북한이 9번째 핵보유국임을 천명하기는 하였지만 국제사회에서는 북한이 핵보유국가임을 인정하지 않고 있다.

미국이 1968년 핵확산 금지조약 이후 핵무기 개발억제에 적극적으로 나서기는 했지만 1974년 당시 중국과 영토분쟁에 있던 인도가 핵무기 개발에 성공을 하였으며 인도와 적대관계에 있던 파키스탄이 핵무기 개발에 성공을 거두었다. 한국도 당시 박정희 정권시절 북한에 대비해서 이휘소 박사 등 재미 물리학자들을 비밀리에 초청하여 핵개발을 시도한 적이 있었으나 미국의 영향권 하에 있었기 때문에 개발을 포기 하였다. 미국은 핵개발을 추진하고 있는 국가들에 대해서 경고나 사찰단을 파견하여 조사를 하는 등 여러 가지 조치를 취하고는 있지만 더 이상의 방법은 없다. 따라서 미국이 추진하는 세계 각국들의 핵무기 개발방지 정책은 개발에 대한 지연은 시킬 수가 있다. 그러나 개발하겠다는 의도를 가지고 있는 국가들에 대해서 전쟁 등 초강경의 대응 조치를 하기 전에는 개발을 막는 것은 불가능하다.

미국은 2차대전이후 현재까지 핵무기 문제에 대해서 가장 민감하게 반응을 보이고 있다. 이것은 핵무기의 보유국이 많아지면 많아질수록 미국의 영향력은 적어진다는 것을 의미한다. 미국이 핵무기를 가장 많이 보유하고 있다는 자체가 미국에 대한 도전을 억제하는데 큰 효과를 보고 있기 때문이다. 현재 핵무기를 보유하기를 희망하는 국가들은 미국에 대해서 적대관계를 유지하고 있는 국가들이 대부분이다. 특히 이란과 북한등 몇 개국들은 핵무기 개발을 미국의 눈을 피해가면서 가속화 시켜나가고 있다. 미국은 전 세계의 여론을 끌어들여서 북한의 핵 개발을 억제 시켜나가고 있기는 하지만 한계가 있는 것 같다. 이란의 경우는 미국의 강한 경제고립조치등으로 인해서 더 이상 버티지 못하고 핵개발추진정책을 포기하고 말았다. 그러나 북한의 경우는 다르다. 북한은 유엔안보리를 비롯하여 국제사회에서 강한 경제고립과 억제조치에도 불구하고 핵무기 개발에 전력을 투구하고 있다.

북한은 이대로 나간다면 머지않아서 핵보유국이 될 것이다. 미국이 악의 축으로 간주하는 이란 역시 북한 등 여러 나라와 동조하여 은밀하게 핵을 개발해 나가고 있기는 하나 미국이 강경한 군사적 조치의 응징이 두려워서 일단은 공식적으로 나타내지는 않고 있다. 이란과 함께 중동의 패권 자리다툼을 하던 이라크가 생화학 무기와 함께 핵무기도 보유하고 있다는 미국의 주장과는 달리 지난 번 이라크 전쟁에서 핵무기는 없었던 것으로 판명 되었다. 그러나 문제는 미국이 핵무기 개발 국에 대해서 전쟁등 강경한 대응 조치를 하는 경우를 제외하고는 전 세계적으로 핵 확산을 시간적으로 지연시킬 수는 있지만 전적으로 막을 수 있는 통제력을 행사하는 것은 불가능하다.

여기에서 우리가 앞으로 다가올 21세기 중반에는 북한과 이란을 비롯한 미국과 적대관계를 가지고 있으면서 미국이 테러리스트로 규정한 국가들은 틀림없이 핵무기를 이용하여 미국에 대해서 테러행위를 할 가능성이 잠재되어져 있다. 그런 경우 9.11 테러보다 엄청난 사상자와 피해를 당할 것이 분명하며 미국은 이로 인해서 국가 자체가 몰락할 가능성도 배제 할 수 없다. 현대의 기술의 이전은 과학의 발달에 힘입어서 쉽고 빠르게 전파되어지고 있다. 예를 들면 미국 뉴욕에서 개발된 신 의술은 6개월 이내에 세계 각국의 병원에 바로 도입되어 적용되어진다. 이러한 정보의 용이성과 과학의 발달은 핵무기 기술의 전파도 쉽게 할 수가 있다. 미국이 북한과 이란 및 알케이다 등의 테러리스들과 연관을 가진 국가들이 핵개발에 성공하여 핵을 개발하는 경우 미국은 테러방지를 위해서 엄청난 경비와 미국이 주장하는 자유를 국민들로부터 빼앗아야만 한다. 동시에 미국의 군사력에 대한 권위와 영향력은 감소하며 결국 미국은 몰락의 길로 들어서게 된다.

2차대전으로 인해서 가장 많은 혜택을 본 나라가 미국이다. 대전직후 미국의 산업은 총 생산량이 전 세계의 43%에 달했다. 이 당시 상황으로는 미국이 필요로 하는 일은 세계시장을 안정화 시키는 일과 동시에 미국이 과잉 공급한 물자를 전 세계 시장에 파는 일이었다. 다시 말하면 미국은 세계를 안정화 시켜서 전 세계를 고객으로 만드는 일이 급선무였다. 영국이 패권국으로 있으면서 산업혁명으로 인해서 과잉 공급된 물자를 식민지 국가들을 비롯하여 세계 각국에 판로를 개척해 나가는 것과 같은 맥락에서 이해되어 진다. 미국에게 필요한 경제적인 조치는 패망한 국가들을 회복시켜서 미국의 경쟁상대가 아닌 경제 파트너로 만드는 일과 저개발 국가들을 적극적으로 지원하여 경제적인 후진성을 면하게 하여 미국에 의존하는 종속적인 경제 파트너를 만드는 일이었다.

미국은 패전국에 대해서는 마살 플랜 등을 동원하여서 유럽 국가들이 2차대전 전의 상태로 회복하는데 적극적으로 지원 하였다. 일본에 대해서도 미국은 한국전쟁이 일어나자 대부분의 물자를 일본으로부터 구입하여 일본의 경제 회복을 지원하였다. 또한 복잡하게 읽혀져서 해결하지 못하고 있던 한일관계를 조정하는 중재역할도 하였다. 한일관계의 해결은 당시 미국의 영향권하에 있던 일본과 한국 양국의 경제 발전을 위해서는 절대적으로 필요하였다. 특히 경제적으로 한국정부는 일본이 엄두도 못 낼 정도의 식민지 통치당시의 약탈행위에 대한 엄청난 보상을 요구 하였다. 한국과 일본은 수차례의 회담을 통해서 양국 간의 문제점의 실마리를 풀어나가지 못하였다.

1951년 샌프란시스코에 의한 미일동맹과 1953년의 한미동맹을 결성하였다. 미국은 동북아에서 러시아 등 공산국에 대한 봉쇄정책을 추진해 나가는데 양국과 동맹을 성공적으로 이루기 위해서는 적대관계에 있는 한국과 일본의 화해가 절대적으로 필요하였다. 특히 안보 면에서 일본은 요시다 독트린을 바탕으로 경제 전략을 추구해 나가기 시작하였다. 요시다 독트린이란 일본은 안보는 전적으로 미국의 우산 속에 들어가서 신경을 쓰지 않고 단지 경제부흥에만 전력한다는 전략이다. 일본과 한국 양국 간의 화해는 바로 동북아에서 안보 및 경제 발전의 원동력이 되기 때문에 절대적으로 필요했으며 미국에 전적으로 의존하던 한국은 경제 발전을 위해서는 일본으로부터 보상금을 받을 필요가 있었다. 한국의 경제적 보상금의 필요성과 일본의 인접지역인 한국과의 무역의 필요성은 결국 미국이 적극적으로 개입함으로써 1951년부터 시작된 한일회담은 결국 14년 만에 8차례의 회담을 거쳐서 1965년 미국의 도움으로 협정을 맺었다. 한일협정은 한국이 보상금 이용뿐만 아니라 일본의 선진화된 기술을 배우고 도입하여 한국이 70년대의 경제적 신화를 이루는데 결정적인 역할을 하였다.

일본은 전후 미국의 도움으로 60년대 초반에 이미 미국이 기대하고 예상했던 것보다 훨씬 빨리 회복하여 이미 60년대 중반에는 미국으로부터 경제적인 독립을 하게 되었다. 일본의 급속한 회복은 미국의 안보우산 속으로 들어가면서 군사비를 비롯한 안보적인 차원에서의 비용에 대한 부담을 없애고 오로지 경제성장에만 주력을 하였기 때문이다. 미국으로서는 60년대 새로운 경쟁자가 나타난 것이다. 미국은 일본이 경제적으로 독립된 것에 대해서 가장 가슴 아파 하였다. 사실상 미국이 원했던 것은 미국은 일본을 한 단계 아래의 종속적인 관계에서의 경제 파트너가 되기를 원하고 있었다. 그러나 일본이 급성장하여 미국과의 시장에서 경쟁관계에 있는 경쟁자가 된 것이다. 서유럽을 비롯한 유럽 국가들도 일본에 이어서 60년대 후반에 경제적으로 상장하여 미국과 경제적으로 경쟁관계의 국가로 나타나게 되었다.

일본과 서유럽 국가들의 상품개발 등으로 인해서 자동차및 철강 산업무문에서 공급과잉 현상이 일어나고 일본의 제품은 미국본토에서도 미국산 물품보다 일제를 선호하는 경향이 두드러지게 나타나기 시작했다.

미국은 일본및 유럽 국가들의 도전을 피하기 위해서 금본위 위주의 체제를 포기하고 달러위주의 경제체제로 전환을 하였다. 1980년대 들어서면서 미국은 모든 면에서 구조조정이 필요했다. 레이건 대통령의 레이거노믹스에 의한 새로운 경제정책은 미국이 다시 경제적으로 회복 할 수 있도록 하였다. 80년대의 미국은 기업의 구조 조정 등 여러 가지 고통을 감수하여 클린턴 행정부하에서는 경제적으로 번영을 누리게 되었다. 반면에 일본은 80년대에는 한국을 비롯한 싱가포르, 타이완등의 떠오르는 용이라는 국가들과 함께 경제적인 번영을 누렸으나 90년대에는 한국의 IMF 위기등과 함께 아시아의 위기에 타격을 받아서 성장이 주춤거리게 되었다.

서유럽의 국가들은 유럽통합이라는 새로운 방안을 만들어서 경제적인 발전을 시도하게 되었다. 유럽자체가 지역적으로 다 합쳐야 미국정도의 크기에 불과하기 때문에 모든 생산품을 하나로 표준화시켜서 하나의 단위로 통합시키는 방안이나 화폐단위를 통일하여 단일화 하는 유로화의 창출 등을 시도하게 되었다. 이러한 결과 유럽의 유로화는 미국의 달러화에 대적 할만한 강세를 보이고 있다. 그러나 최근 영국이 EU 탈퇴로 인해서 서유럽 국가들이 약간은 휘청거리고 있기는 하다. 독일과 프랑스의 주도권 다툼에서 밀려난 영국이 EU 탈퇴를 하면서 유럽연합은 약간 약세이기는 하다. 그러나 결과적으로 볼 때 미국은 현재 유럽이나 일본 등으로부터 절대적인 우위의 위치에서 밀려서 서서히 도전을 받기 시작하였다. 특히 유로화의 등장은 상징적으로 미국에 대한 도전으로 간주할 수 있는 것이며 미국의 위상이 추락하고 있다는 것을 의미한다.

일본이나 서유럽 등의 선진국을 제외하고 중진 국 및 후진국들에 대한 미국의 위상을 점검해 볼 필요가 있다. 서유럽이나 일본은 비록 전쟁에서는 패하였지만 미국을 따라 갈만한 잠재력은 이미 가지고 있었다. 그러나 동남아시아나 아프리카 신생국을 비롯하여 저개발국가 들이나 식민지에서 해방된 국가들은 미국에 전적으로 의존하여야만 하였다. 미국은 저개발국에 대한 경제적인 지원을 하여 이들을 추종 세력화 하는데 주력을 하였다. 이러한 후진국들은 미국에 대해서는 수입의존도가 점차적으로 높아졌다. 미국은 후진국들의 경제적인 성장에 필요한 부분에 대해서는 무임승차를 시켜서 많은 혜택을 주었다. 1990년대부터 미국 유일의 단극화 체제를 유지하였다. 수차례의 전쟁과 테러와의 전쟁을 추진해 가면서 무역적자와 국내 재정적자라는 이중고를 겪게 되었다. 부시 1세는 걸프전에서 승리는 하였지만 많은 재정적인 적자를 초래하였기 때문에 전쟁에서는 이기고 선거에서 패배를 하였다. 클린턴 행정부도 군비감축을 시도했지만 양극화 체제에서 소련이 막아 주었던 패권국 공백을 메울 길을 잃어 버렸다.

냉전에서 소련은 도전국이자 패권국을 경제적으로 도와주는 후원자였다. 그러나 도전국이 사라진 단극체제에서 미국 자체 내에서 세금을 증가 시키는 방법 밖에 없었다. 그러나 패권국 미국 국민들은 소비는 증가시키고 세금은 줄이기를 원하고 있었다. 따라서 미국 정부는 우선 국민들에게 세금을 늘리는 대신에 사회보장비를 삭감하였다. 그러나 이러한 미국의 임시응변책은 통하지 않았다. 2000년대 초에 들어서면서 미국은 군비팽창으로 인해 경제적인 위기에 봉착하게 되자 자신의 추종

국가들에 대해서 경제적 혜택을 주는 무임승차를 거부하고 미국이 겪고 있는 많은 경제적인 부담을 그들 국가들에게 떠넘기는 무역 협정을 추구해 나가고 있다. 이러한 미국의 자국에 유리한 방향으로 몰고 가는 무역협정에 대한 행동은 추종세력의 국가들과 경제적인 무역마찰을 초래하고 있다. 특히 수년전 한국이 미국과 체결한 한미 FTA 즉 자유무역협정도 미국이 테러와의 전쟁 등으로 인한 군비팽창으로 인한 재정적자를 추종세력 국가들에게 경제적 부담을 떠넘기려는 의도가 있다는 맥락에서 추정할 수 있다.

패권국인 자국민들은 세금을 올리는 것에 대해서 반대할 것이 틀림없기 때문에 약소국가에 대해서 요구하고 압력을 넣는 무역협정은 처음에는 약소국에서 반대를 하더라도 설득하기가 어렵지 않기 때문이다. 미국이 자국을 보호하는 타국과의 무역협정에서 미국이 내세우는 것은 미국이 경제적으로 가장 성공한 나라이기 때문에 미국식 경제모델을 만들어주기 위해서 무역협상이 필요하다는 설득력을 항상 앞세우고 있다. 과거의 미국과 중동과의 석유협정에서도 미국은 사막에다 세계에서 가장 성공 한 미국식 모델의 건설과 미국식 교육이 국가발전에 절대적으로 필요하다는 명목으로 중동의 석유를 이용하였다. 이란의 경우 팔레비 정권에 대해서 교육과 건설의 명목으로 이란의 석유를 미국으로 가져왔으며 사우디아라비아 등도 비슷한 명목으로 이익을 취하였다. 이렇게 되자 대부분의 미국에 대해서 친미성향을 가진 중동국가들이 반미주의로 돌아서게 되었으며 미국을 경제적 약탈국가인 제국주의 국가로 인식하게 되었다.

미국은 이미 1세기 전 중동의 유전을 발굴하는 과정부터 개입을 하였다. 영국 쉘 회사의 창업주인 윌리엄 녹스대쉬가 1세기 전인 1908년 이란에서 유전을 발굴한 이래 미국은 관여를 하였으며 대부분의 중동국가들은 친미정책을 추진해 나갔으나 미국이 중동에서 중립적인 입장을 버리고 같은 기독교국가인 이스라엘에 대한 적극적인 지원도 중동의 반미에 중요한 원인이다. 그러나 더욱 큰 원인은 미국은 자국 텍사스의 석유는 그대로 두고 중동의 석유들을 모조리 다 착취해 갔다는 것이다.

세계의 많은 사람들은 미국이 이라크 전을 일으키는 원인을 세계에서 사우디아라비아 다음의 2위 산유국이라는 점을 강조하고 있다. 사실상 미국은 걸프전과는 달리 세계 각국들로부터 전쟁에 필요한 군비를 지원받지 못하였다. 그 대신에 다국적기업인 석유기업으로부터 상당한 경제적인 지원을 받았다. 이것은 미국이 그들에게 전쟁에 승리하는 경우 이라크의 석유 개입권에 대한 반대급부를 준다는 약속으로 군비협조를 받아내었음에 틀림없다.

미국이 자국 내의 경제적인 부담을 다른 나라에 이양 시켜버리는 방법은 달러화의 환률 조정 등을 통해서 패권국이 지니는 특권을 이용하기 때문에 상당히 유리한 입장에서 무역 거래를 할 수 있다. 미국은 세계은행인 World Bank나 세계무역기구인 WTO나 국제통화기금인 IMF 등은 사실상 미국의 영향권 하에 있기 때문에 미국은 자국에 유리한 방향으로 거래를 할 수가 있다. 미국은 걸프전에서는 다른 나라의 전쟁비용분담으로 어느 정도는 전쟁비용을 줄일 수는 있었으나 지속적인 군비팽창으로 인해서 국내에서 재정적자와 또한 무역적자의 이중고에 시달리고 있다. 군비팽창으로 인한 재정적자는 미국이 테러와의전쟁을 지속하는 한 군비가 감소할 수는 없는 실정이다. 미국은 현재 세계 각국에 대해서 수입개방 압력을 요구하고 나섰다. 이라크나 아프간에서의 전쟁에서의 승리는 일순간의 승리에 불과하며 장기적으로는 지속적으로 군대를 주둔시켜야하며 테러를 예방하기 위해서는 엄청난 비용이 든다.

미국은 과거에는 후진국을 보호하기 위해서 상대국보호무역주의를 택하여 후진국이나 추종국가 들에게 혜택을 주었으나 현재는 미국이 엄청난 무역적자를 메우기 위해서 자국 중심의 자유무역을 택하고 추종 국가들에 대해서 무역개방 압력을 넣고 있다. 이러한 무역 개방은 많은 국가들로부터 비난을 받고 있다. 이러한 경우 패권국으로서의 유지해 오는 카리스마는 상실하고 위상은 추락하게 된다. 미국은 현재 많은 추종세력의 국가들을 잃어가고 있는 실정이다. 최근 과거보다 자주 발생하는 미국 발 금융위기는 미국의 권위를 추락시키는 결과를 초래하고 있다. 미국 발 금융위기는 해결되기는 하지만 미국은 9.11 테러에서 당한 것과 같이 상처를 남김과 동시에 미국의 경제적 위상추락을 회복하기가 힘든 상황에 있다.

세대교체 요소는 미국이 패권국으로서의 몰락하는 중요한 요소 중의 하나이다. 패권국으로서 유지하기 위해서는 국제사회에서 필요로 하는 하드파워와 신뢰감이나 선호도등을 필요로 하는 소프트 파워의 두 가지가 모두 필요로 한다. 2차대전이후 미국은 전 세계의 모든 사람들로부터 존경을 받았으며 자유진영의 사람들이 가장 좋아하는 국가이었다. 그러나 현재 미국은 각국으로부터 반미감정이 점차적으로 고조되어져 가고 있다. 이러한 현상은 미국은 현재 하드파워인 군사력만 가지고 있지 가장 중요한 소프트 파워는 상실되어져 가고 있다는 것이다.

하드파워인 군사력의 증강은 단지 힘이 세다는 것을 과시하는 차원에서 밖에 덕을 볼 수가 없다. 힘이 세다는 것을 과시하기 위해서 미국은 경제적으로 엄청난 군사비용을 사용하고 있다. 이러한 엄청난 군비를 세계의 후진국들의 경제발전에 사용하면 수백 배의 효과를 볼 수가 있다. 또한 군사비용에 투자하는 돈은 아무런 경제적 실용성을 창출해 내지 못한다. 이러한 경제적 효용성이 없는 미국의 군사비 팽창은 결국 러시아를 비롯한 전 세계 국가들의 군비만 팽창 시키고 있다. 군비팽창으로 군사력을 증강시키는 하드파워는 두 가지 부류로 분리 할 수 있다. 한쪽은 미국에 대해서 더욱 더 겁을 먹고 패권국에게 절대적으로 복종의 자세를 취하는 유형의 국가이다. 예를 들면 일본의 경우 미국이 절대적으로 군사력이 강하다는 것을 알고서 미국과 밀착해서 국제문제를 해결해 나가고 있다. 수년 전 일본의 한 고위관리인 아마야 나오히로는 일본을 대신해서 일본이 동경하는 자리는 세계에서 부통령이 되는 것이다. 라고 말했다. 앞장에서 설명한 바와 같이 일본은 벌써 150년 전에 현재 부통령이 되는 꿈을 키우기 위해서 서양 강대국들과 밀착을 해왔다. 우리는 얼마 전 일본 고위관리의 말속에서 일본인들의 민족성을 읽을 수 있다.

군사력인 하드파워에 대해서 또 다른 부류의 국가들은 호감도를 상실해 나가고 있다. 미국이 군사력만 앞세워서 전쟁광이라는 인식을 갖게 만들면 만들수록 미국에 대한 반발심은 더욱 더 커지고 있다. 현재 유럽의 대부분의 국가들과 오리엔탈 문명을 가진 중국과 한국을 비롯하여 대부분의 이슬람 문명국가인 중동국가들이 미국이 하드파워를 내세우는 것에 대해서 강한 반발심을 나타내고 있다. 미국의 패권 몰락과 관련하여 일반적으로 신세대와 구시대로 분류 할 수 있다. 신세대는 20-30대의 젊은 층이며 구세대는 2차대전을 경험한 70대 이상의 세대와 2차대전은 비록 경험하지 못하였지만 미국이 추종세력 국가들에 대해서 혜택을 주어서 미국으로부터 혜택을 경험한 세대로 나누어 볼 수가 있다.

미국은 전쟁이 중반이후로 접어든 이후인 1941년 12월 일본의 진주만 기습으로 인해서 참전을 하게 되었다. 미국의 참전으로 인해서 전세는 달라졌으며 아이젠하워 장군의 노르망디 상륙작전과 맥아더의 극동지역에서의 활약으로 인해서 전쟁을 우세로 몰아갔으며 결국 미국이 만들어낸 원자폭탄으로 인해서 2차대전은 종결을 지을 수가 있었다. 따라서 2차대전에서의 승리는 미국이 이끌어 내었다고 보면 된다. 따라서 이차 대전의 영웅인 아이젠하워를 대통령으로 맥아더를 세기의 영웅 시저에 비교할 정도로 전 세계인들은 미국에 대해서 열광하는 반응을 보였다. 2차대전을 경험한 세계인들과 경험하지 못한 세대들의 미국에 대한 호감 도는 상당한 차이가 있다. 2차대전을 경험한 세대는 항상 미국이 중심이 되어야 세계가 안정을 찾을 수 있다는 주장이며 미국 없이는 세계의 평화와 안정을 찾을 수가 없다는 것이다. 이것은 한국이 6.25 사변을 겪은 세대와 그렇지 못한 세대 간의 차이와 같은 현상이라고 보면 된다. 대부분의 한국동란을 경험한 세대들은 미국에 대한 호감 도는 긍정적이다. 그러나 한국동란을 경험하지 못한 세대들은 미국에 대해서 부정적인 태도를 나타내는 비율이 더욱 더 높다.

한국 전쟁을 경험한 세대들은 미국에 대해서 항상 감사하는 마음을 가지고 있다. 그들은 미국이 만일에 한국 전쟁에 개입하지 않았더라면 한반도는 공산화 되었을 것이라고 생각하고 미국을 한국의 수호 국으로 생각하고 있다. 그러나 신세대들은 구세대 보다는 보다 독립적이고 누구에게 종속되기를 싫어하는 세대이다. 신세대들의 정체성은 확고해지고 있다. 따라서 그들은 미국의 문화를 받아들이기는 하나 미국에 대해서 정치적이나 안보적으로 종속되는 것을 싫어한다. 또한 경제적인 차원에서도 대등한 입장에서 거래를 희망하는 세대들이다. 그들은 자신들이 필요에 의해서 영어를 배우고 할리우드 영화를 보는 것이지 미국을 존경해서 영화를 보는 것은 아니다.

조직적인 차원에서 보면 모든 조직이 수직라인에서 수평라인으로 이동을 하고 있다. 신세대들의 마인드는 수평라인에 의존하는 경향이 더욱 강하다. 국가와 국가와의 관계에서도 이들은 수평라인을 선호하고 있다. 전 세계의 신세대들이 미국에 대해서 거부감을 가지고 미국이 패권국으로서 영향력을 행사하는데 대해서 부정적인 시각으로 바라보고 있다. 따라서 이러한 추세로 나가게 되면 얼마 후 신세대가 국제사회에서 주역으로 등장하는 시대에는 세대교체 요소는 미국을 패권국으로부터 몰락시키는 중요한 요소로 작용을 할 것이 틀림없다. 9.11테러로 인해서 인류 역사상 로마 이래로 가장 강하다는 미국이 아무런 조직이 없는 소수의 테러리스트들이 비행기를 납치하여 미국 국방성과 세계무역센터를 공격하여 패권국에게 큰 타격을 주었다. 9.11 테러에서 보아서 알 수 있듯이 전쟁에서 대대적인 조직을 가지지 않고서도 상대방과의 전쟁에서 이길 수 있다. 과거에는 대서양과 태평양의 거대한 자연 성벽을 넘어서 공격하는 일은 불가능 하였다. 그러나 앞으로의 전쟁은 핵을 조그마한 플라스틱 통에 넣어서 운반하여 목표 지점에 가서 공격할 정도로 핵무기 운반이 용이해질 전망이다.

미국은 9.11 이후의 테러와의 전력을 기존이 붙박이형 고정 전략에서 소규모 신속이동 전략으로 바꾸어 나가고 있다. 지구의 세계화는 전 세계를 점차적으로 좁게 만들어가고 있다. 국제정치학에서 적용하는 모델 중에서 최근 가장 많이 적용하는 모델은 연계모델이다. 연계모델은 서로 침투와 반응이 연계되어서 일어난다는 것이다. 한쪽에서 일어난 전쟁을 강 건너 불보 듯 하던 시대가 지나고 바로 전쟁과 아무런 관계가 없는 곳에 까지 바로 영향을 받을 수 있다는 것을 의미 한다. 다시 말하면 전쟁은 동시 다발로 일어날 수 있다는 것이다. 예를 들면 이란등 중동의 테러리스트들이 플라스틱 통 에다 핵무기를 미국의 원자력 발전소가 있는 여러 군데에 동시에 공격을 하여 미국인 수천만을 그 자리에게 살상할 가능성을 배제할 수가 없다.

손자병법에서 성동격서는 동쪽에 성을 쌓고서 서쪽으로 가서 공격하는 방법은 시대에 늦은 방법인 것이다. 세계 최대의 군사적 조직력을 가진 미국은 앞으로 점차적으로 전쟁의 개인화 시대에 들어가면 갈수록 불리한 상황에 처하게 될 전망이다. 과거에는 국가가 가지고 있는 군인의 숫자가 전쟁의 승패에 가장 중요한 요소로 작용을 하였다. 그러나 현대의 최신식 무기는 전쟁을 수행하는 군인들을 많이 필요로 하지 않는다. 우리는 걸프전과 아프간 전에서 보았듯이 미국이 조그마한 항공모함 한척에 비행기 수백 대를 싣고서 현지에 가서 전쟁을 하는 것을 보았다. 현재 이러한 추세로 가면 앞으로의 전쟁은 더욱 더 군사적인 조직력을 덜 필요로 하는 개인화된 전쟁으로 변할 가능성이 커지고 있다. 따라서 패권국 미국은 개인적으로 살상무기나 핵을 가지고 도전해오는 중동의 개인화된 테러리스트들의 공격을 완전히 막는다는 낙관적인 전망은 없다.

다음으로 전쟁은 점차적으로 각국의 협조와 도움을 필요로 전쟁으로 변하고 있다. 다시 말하면 점차적으로 독불장군이 없어지는 시대에 돌입하고 있다. 지난번 아프간전쟁이나 이라크 전에서 터키의 미국의 지상군 접근을 금지 시키고 또한 미국 공군의 터키 영공을 통과하지 못하도록 함으로써 미국은 전쟁을 수행하기에 앞서서 상당한 곤경에 처해 있었다. 앞으로의 전쟁은 더욱 더 세계 각국의 협조와 공조를 필요로 하고 있다. 현재 미국이 추진하는 나 홀로식의 오로지 힘에 의한 전쟁방식만으로는 전쟁을 수행할 수가 없는 시대가 되어가고 있으며 현재 미국이 계속해서 같은 방식을 추진하는 경우 미국은 국제사회에서 외톨이가 될 가능성이 크다.

다음으로 정보의 독점화 시대에서 정보의공유화 시대로 들어가고 있다. 현재 미국은 정보력 면에서 전 세계의 최강국이다. 최근의 이라크 전에서 세계 4위의 군사대국이라고 자부하는 이라크가 전쟁다운 전쟁을 한번 하지 못하고 미국 앞에 순식간에 무릎을 꿇고 말았다. 이것은 미국이 이라크보다 정보력이 월등하게 뛰어나서 사전에 미리 이라크의 주요군사 시설을 파악하고 선제공격을 하는 바람에 이라크는 힘 한번 못 쓰고 그 자리에서 주저앉고 말았다. 현재까지는 정보력이 국력에서 상당히 중요한 역할을 하여 왔으며 정보력에서도 독점화 현상이 강하게 나타났다. 그러나 21세기의 디지털 혁명으로 인해서 전 세계는 정보의 공유화 현상이 일어나고 있다. 특히 제 4차 산업혁명의 도래는 미국만이 가지고 있던 정보는 중동의 테러리스트들도 공유 할 수 있는 시대가 되어가고 있으며 정보를 독점해서는 사용할 수 없는 시대가 되어가고 있다. 따라서 디지털 혁명의 가속화 현상은 미국이나 중동의 테러리스트나 모두 비슷하게 정보를 공유하는 시대에 돌입하고 있다. 이러한 경우 현재까지 누리고 있던 정보 독점권에 대한 영향력은 상당히 감소하고 패권국으로서의 영향력은 감소할 것이 틀림없다.

제 5장

세계 질서의 재편

중국이 긴축재정을 추진하는 경우 한국과 미국을 비롯한 전 세계의 증시 및 경제가 직접적으로 영향을 받는다. 이와 같이 중국 경제가 세계에 미치는 파장이 크다는 것은 중국이 아시아에서 뿐만 아니라 전 세계의 안보에 미치는 영향도 크다는 것을 예상 할 수 있다. 이미 수년전 미국은 한국에서의 미국 감축계획과 함께 한반도의 방위 망을 일본 쪽으로 옮기는 전략을 추진해 나가고 있다. 한. 미. 일 삼각 방위 망을 한국 중심으로부터 일본중심으로 옮기겠다는 안보전략인 것이다. 이미 언급한 것처럼 미국의 동북아에서 주한 미군 감축안을 비롯하여 일본의 군사력 증강은 미국이 중국을 견제하기 위한 전략인 것이다. 현재 미국이 가장 두려워하는 나라는 중국이다. 13억 6천만 이라고 공식 공표는 하지만 그보다 훨씬 많은 약 14억의 인구에다 세계 3위의 영토, 2위의 경제 강대국에다 매년 8 % 이상의 경제성장을 하고 있는 중국은 이제 잠든 사자에서 웅비하는 황용으로 변화를 계속하고 있다. 이런 식으로 중국이 경제발전을 계속하면 중국은 10년 내에 세계 패권국 미국을 넘어선 세계 패권국이 될 전망이다.

중국은 전 세계에 중국이 최고라는 중화사상의 꿈을 실현하여 중국 중심의 지역주의인 팍스 시니카의 목적을 달성하여 미국을 몰아내고 세계 유일의 초강국으로 성장할 계획을 세우고 있다. 중미관계에서 제일 먼저 취급해야 할 문제는 중국이 미국을 위협하는 위협론이냐 아니면 얼마 후에 중국이 붕괴될 것이라는 붕괴론이냐를 우선 생각해 보아야 한다. 다음으로 미국과 중국이 가지고 있는 국민성인 프런티어 정신과 중화사상의 충돌과 중국과 미국이 추진해 나가고 있는 외교정책을 비롯하여 한반도에 대한 미국과 중국의 외교정책 등을 들 수가 있다.

자유민주주의 국가인 미국이 9.11이후 악의 축이라는 명분으로 북한과 이란 등에 대해서 불량국가로 규정하고 테러와의 전쟁을 선포하면서 세계 유일의 경찰국가로 변모하게 되었다. 미국이 유일 초강대국이자 세계 패권국으로 독주하기 시작하자 러시아. 중국, 유럽의 강대국들이 미국에 대해서 견제를 하고 나섰다. 미국의 독주는 힘의 균형론이냐 아니면 패권 안정론이냐를 두고서 역사학자와 정치학자들 간에도 의견을 달리하고 있다. 미국의 국제사회에서의 독주로 인해 전 세계적으로 반미감정이 확산되어지고 있으며 미국에 대한 견제현상이 나타나고 있다. 이러한 미국의 독주에도 불구하고 전 세계를 대표하는 유엔도 미국의 눈치만 보고 있다. 미국의 독주에 영국과 일본은 자국의 이익을 위해서 미국에 동조해 나가고 있으며 러시아도 소련 붕괴이후 지속되어온 국내문제를 이제 겨우 수습단계에 있기 때문에 미국에 대한 제동을 걸지 못하고 있다. 단지 프랑스와 독일 등 유럽 국가들이 미국의 독주행

보를 막고 있기는 하지만 미국의 힘을 알기 때문에 자국의 국익을 위해서 눈치를 보면서 견제를 하고 있다.

그러나 미국에 대해서 눈치를 보지 않고서 브레이크를 거는 유일한 나라가 중국이다. 중국은 현재 사회주의 정치체제를 유지하면서 사회주의 자유 시장 경제체제를 도입하여 세계에서 가장 경제성장이 급속도로 발전하는 국가이다. 중국은 인구가 14억에 육박하는 거대한 인력과 저렴한 노동력을 바탕으로 싼 원자재를 이용할 수 있기 때문에 전 세계가 중국과 교류를 원하고 있으며 또한 전 세계의 국가들이 중국에 공장을 설립하기를 원하고 있다. 중국은 1978년 등소평 체제가 출범한 이후 실용주의 노선을 걷고 있으며 지금은 혁명 3세대들이 국가를 이끌어 나가고 있다. 중국은 최근 10년 동안 매년 8 % 이상의 급속한 경제성장을 계속하고 있다. 특히 1990년대 후반에 아시아가 외한위기를 맞았을 때에도 중국은 8 %의 경제성장을 기록하였다. 중국은 타국의 추종을 불허하는 막대한 노동력과 값싼 원 자제를 구입 할 수 있다는 장점이 있기 때문에 전 세계가 합작투자를 희망하고 있으며 중국 현지에다 공장을 설립하기를 원하고 있다. 현재 중국은 세계의 공장이라는 말이 나올 정도로 전 세계의 공장이 중국으로 몰려들고 있으며 미국과 일본 등 서방 강대국들이 중국의 부상을 두려워하고 있다.

그러나 일부 학자들은 중국의 경제가 거품경제이기 때문에 얼마 안 가서 붕괴될 것이라는 이론을 제기하고 있다. 중국 붕괴론 내지 중국 분열 론을 주장하는 사람들의 기본적인 생각은 현재 중국의 경제성장은 거품이라는 주장이다. 중국이 경제성장을 거듭하고 있지만 이것은 통계상의 수치에 불과한 것이며 통계숫자를 올려서 발표한 것에 불과하다는 것이다. 프랑스의 모 증권회사의 발표에 의하면 중국의 채무가 실제로는 GDP의 1.4배이며 이것은 중국정부가 공표한 숫자의 6배에 해당한다는 것이다. 이러한 추세라면 중국정부도 얼마가지 않아서 외한위기를 맞이할 것이라는 것이다. 또한 수년전에 중국의 한 변호사가 중국붕괴론을 주장하면서 대부분의 중국의 국유은행들이 가짜 장부를 이용하기 때문에 얼마가지 않아서 중국정부에 재정적인 위기가 밀어닥칠 것으로 예상하고 있다. 더욱이 중국이 WTO에 가입한 이래로 중국의 대외무역의 역조현상이 도래 할 것이며 이와 같은 현상은 전 세계의 불경기를 가져와 중국에 대한 투자감소 현상을 초래하게 된다는 것이다.

중국 붕괴론의 다른 시각에서 보는 견해는 중국의 민족갈등과 지역경제의 격차이다. 현재 중국 국민들의 절반가량이 중국변방에 흩어져 살고 있고 전체 인구의 10 %에 달하는 55개의 소수민족이 가난에 시달리고 있으며 대부분의 부는 한족들이 차지하고 있다는 것이다. 또한 소수민족들의 대다수가 그들 나름대로의 고유한 종교를 가지고 있다. 중국은 지역 면에서 경제적인 격차가 심화되고 있다. 동남해안을 중심으로 잘사는 지역과 서부를 중심으로 하는 못사는 지역으로 분리되어 있는 것이다. 이에 따라 지역 간의 갈등이 초래되어 결국 국가의 붕괴현상이 초래 된다는 것이다. 또한 중국의 중앙정부의 통제약화와 지방정부의 분권화 강화현상을 들 수가 있다. 과거 역사적 사실과 비교하여 중국의 중앙정부의 통제약화와 지방분권화 현상은 결국 중국의 붕괴현상을 초래할 것이라는 전망이다. 앞으로 중국과 미국이 누가 패권국이 되느냐는 정치, 경제적인 면도 작용을 하지만 그 나라가 가지고 있는 국민성도 무시를 할 수가 없다.

그러면 중국인들의 국민성과 사상은 어떠한가.

세계에서 가장 많은 인구와 세계에서 가장 넓은 면적을 가진 중국, 여기에다 가장 오래된 문명을 지닌 중국은 신비의 국가이자 무한한 가능성의 국가임에 틀림없다. 중국은 영어로 미들 킹덤Middle Kingdom이라고 부른다. 이름과 같이 중국인들은 중국을 이 지구상에서 가장 중심부에 있는 나라로 여기고 있다. 중국이 가장 중심에 있는 국가이고 다른 나라들은 중국으로부터 파생되어진 주변국으로 생각했다. 중국인들은 중국만이 유일한 국가이고 다른 나라들은 국가가 아니며 천하에서 천자인 왕은 둘이 있을 수 없으며 오직 중국의 왕이 진정한 왕으로 생각해 왔다. 이렇게 중국만이 유일한 국가이며 나머지는 종속국에 불과하다. 수년 전 고구려 역사왜곡 사건은 중국이 한국을 자기내들이 잃어버린 땅이며 속국으로 생각하는 중화사상에서 나온 발상이다. 또한 중국인만이 잘 먹고 잘 살아야하며 나머지 국가들은 중국보다는 못 살아야 하고 중국만이 문화가 찬란하게 꽃을 피워야 하는 사상이 바로 중화사상인 것이다. 이 중화사상을 쉽게 말하면 "놀부예찬주의"사상이라고 생각하면 된다. 놀부예찬주의는 중국인들이 이 지구상에서 가장 보수주의 국가의 국민성을 가지도록 만들었다.

중국의 황하는 세계 4대 문명의 발상지로 우리에게 잘 알려져 있다. 중국의 황하 강은 인류의 문명이 최초로 발생한 곳으로 역사에 기록되고 있다. 중국의 국명은 영어로 차이나China이다. 차이나는 원래 중국을 최초로 통일한 왕조인 진Chin이라는 말에서 유래 되었다. 그러다가 중세기 때 서양과의 교류를 통해서 서양에 알려지면서 진Chin이라는 단어에다 a를 하나 더 붙여서 차이나China라고 불렀다. 한국이 고려시대에 고려라는 꼬레Kore에다 'a' 자를 하나 더 붙여서 코리아Korea라고 불러진 것이다. 중국은 고대로부터 여러 민족으로 구성되어져 있는 다민족 국가이다. 한국이나 일본과 같이 단일 민족으로 구성된 국가가 아니기 때문에 통치하는 방식도 지방 봉건영주 중심제도를 채택하여 중앙의 왕과 지방의 토착세력인 영주 사이에 주와 종의 관계를 형성해서 나라를 운영해 나왔다.

중국은 국가의 면적이 워낙 넓기 때문에 중앙 집권적인 통치는 처음부터 불가능한 상황이었다. 중앙정부가 강한 권력을 행사하여 토호세력을 눌러 놓으면 국가가 잘 운영되어졌다. 반면 중앙정부가 지방에 영향력을 행사하지 않고 조금만 풀어 놓으면 지방 영주의 세력이 강화되어 중앙과 지방간의 갈등이 증폭되어 지방토호들이 왕권을 장악하려고 들었다. 중국은 약 5백 년간의 춘추전국시대를 시작으로 삼국시대 및 5호 16국 시대와 5대 10국 시대를 거치는 역사를 가졌다. 이 과정에서 중국인들은 살아남기 위해서 처세술을 배웠으며 그 처세술이 바로 그 자리에서 바로 표현을 하지 않는 불분명한 태도인 것이다. 이러한 불분명성 때문에 국제관계에서 중국의 외교정책을 이중정책이라고 한다.

중국인들은 모든 문제에 있어서 직선적이지 못하다. 결론은 그 자리에서 바로 행동하지 않고서 항상 시간을 두고서 결정을 내린다. 중국인들의 의사결정을 한마디로 말하면 되는 일도 없고 안되는 일도 없다는 것이다. 이러한 중국의 역사는 중국인들이 살아남기 위해서 느릿하게 행동하도록 만들었다.

미국 국민성을 의미하는 개인주의 정신과는 대조적으로 중국인을 대표하는 국민성은 보수주의 사상에 가족주의 사상이다. 중국은 농경주의 문화를 바탕으로 하여 생활의 터전을 마련하여 왔기 때문에 여럿사람의 힘을 필요로 하였다. 따라서 한곳에서 수 천 년 동안 정착하여 살아오면서 가부장 중심의 가족주의 사회를 형성하였다. 농경주의 사회가 유지되어 나가기 위해서는 집안의 위계질서가 잘 되어야 집안의 평화가 유지 되었다. 질서유지를 위해서는 수평사회가 아닌 상하관계의 인간관계로 형성된 수직사회가 필요했다. 따라서 중국은 부모와 자식 간의 엄격한 상하관계를 기점으로 장자와 차자들 간의 심한 차별을 두고 있다. 또한 조상을 훌륭한 분으로 두고 있느냐에 따라서도 사회적인 신분상승에 중요한 영향을 미치고 있다.

중국인들의 수직사회의 형성은 결국 중국인들을 과거에 연연하며 살아가는 상고주의 사상에 물들게 했다. 온고지신 다시 말하면 옛것에서 새로운 것을 찾는다는 사상에서 중국인들은 그들의 보수적인 사상에 물들게 만들었다. 따라서 그들은 자주 전설속의 요순시대나 3황 5제 시대로 돌아가기를 원하고 있다. 중국인들의 보수적이고 가족주의적인 성향은 중국인들을 보수적인 성향으로 만들어 버렸다. 중국은 원래 중원지방을 중심으로 하여 세워진 나라이다. 그 후 계속해서 확장해 나가면서 중국인들은 자신들이 가장 넓고 좋은 영토에서 생활해 나간다고 믿고 있었기 때문에 아무런 발전을 하지 못했다. 중국인들의 보수적인 사상은 중국인을 진취적인 사상을 잃어버리게 만들었다. 또한 공격적인 태도에서 방어적인 태도를 갖도록 하였다. 중국은 사실상 아편전쟁 이전에는 대항할 국가가 없었으며 한 번도 전쟁에서 패한 일이 없었다. 중국은 농경사회를 중심으로 형성된 국가이기 때문에 미국인들과 같이 서부로 향하는 개척적인 기질은 가지고 있지 않다. 단지 땅이 워낙 넓기 때문에 다문화와 다민족으로 형성되어져 있다. 따라서 각 지방의 지역적인 특성을 살려서 별 충돌 없이 살아 나가고 있다. 우리가 만리장성에서도 알 수 있듯이 중국은 공격보다는 수비에 역점을 두고 있다는 것을 짐작 할 수가 있다. 중국의 면적은 우리 한반도의 약 45배가 넘는 넓은 땅에서 인구는 약 30배에 가깝다. 이러한 넓은 면적과 인구는 잘 어울려서 중국 나름대로의 독특한 문화를 창조하였다.

중국인들은 오랜 역사를 통해서 그들만의 독특한 국민성을 형성하였다. 앞에서도 언급했듯이 중국인들은 넓은 면적 때문에 중앙과 지방간의 관리체제가 확실하게 잘 잡혀있지 않았으며 살아남기 위해서 중용의 도를 지켜 나가야만 하였다. 모난 돌이 정 맞는다는 말이 중국인들의 생각을 지배하고 있으며 모든 화는 입에서 나오고 모든 병은 입으로 들어간다는 말이 바로 중국인들이 사용하는 통용어이다. 또한 중국인들은 하늘에 순응하여 자기 일에 만족한다는 말이 있다. 이것은 중국인들이 농경사회를 바탕으로 수천 년간 살아오면서 자연의 재해에 대해서 막는 방법을 터득하며 살아왔기 때문이다. 중국인들의 토지는 바로 자기네들의 생명이며 이 토지를 다스리는 하늘 앞에는 어느 누구도 도전을 하지 못하였다. 따라서 모든 것을 하늘에 맞기고 순리대로 사는 것이 중국인들의 생활의식이다. 자연에 도전하고 자연을 극복해 나가기보다는 자연의 뜻에 맞추어서 살아나가는 소극적인 태도를 가지고 있다. 이것은 미국인들이 자연에 도전하는 적극적인 정신과는 대조적이다.

중국인들의 이러한 소극적인 정신은 왕이 독재를 하도록 내버려 두었다. 중국은 천자중심의 정치체제로 왕이 절대적 권력을 쥐고 있었다. 또한 중국인들은 서양에서처럼 절대왕권에 대항해서 시민혁명을 주도한 역사적인 사실이 없다. 따라서 왕이 바로 법이었기 때문에 국민성은 소극적으로 남의 일에는 절대로 간섭을 하지 않는다. 이것은 미국인들이 개인주의 정신에 의해서 남의 일에 간섭하지 않는다는 것과는 의미가 다르다. 중국인들 사이에 집 앞의 눈은 치워도 다른 집기와의 서리는 상관하지 마라는 말이 통용되고 있다. 이것은 중국인들이 강력한 왕권

독재 체제하에서 살아남기 위해서 터득한 생활습관인 것이다.

농경문화를 바탕으로 하여 형성되어온 중국인들의 기질이 소극적이며 스케일이 작으며 계산에는 철저하게 밝다. 오랫동안 가난하게 산 탓에 중국인들은 잘못하면 재난을 당하기 때문에 계산에는 밝은 국민성을 가지고 있었다. 따라서 중국인들의 국민성은 자연히 인색하지 않을 수 없다. 이해타산이 밝은 것이 중국인들의 특성이다. 이러한 중국인들의 놀부예찬주의자라는 말도 중국인의 소농적인 기질과 이기적인 근성에서 나온 것이다. 이와 같이 중국인들은 가난과 자연의 재해로부터 살아남기 위해서는 절약밖에 방법이 없었다. 절약은 중국인들을 인색하도록 만들었다. 그러나 최근 중국의 급속한 경제발전은 중국인들이 이러한 생활사고방식으로부터 서서히 해방되어가고 있다.

미국과 중국을 동북아를 중심으로 하여 분석하면 미국은 한국과 대만, 일본을 방위 망으로 하여 중국을 견제해 나가는다는 전략이다. 미국은 중국과의 경제적 관계를 고려하여 1979년 이후부터 지속되어온 중국 하나만을 유일한 정부로 인정하는 정책을 유지해 나가기는 하지만 안보적인 차원에서는 대만을 발판으로 대만과의 군사적 보조관계를 유지하고 있다. 대만에 군사력을 강화시켜 중국이 대만을 무력통일하지 못하도록 적극적으로 막고 있으며 중국의 대만을 이용한 동남아 해상진출을 적극적으로 저지시켜 나가고 있다. 또한 미국은 중국이 대만해협 근처에 군사력을 증강시키거나 장. 단거리 미사일을 배치하는 것에 대해서 적극적으로 저지해 왔으며 최근에도 중국이 대만해협 근처에 배치시켜 놓았던 장거리 미사일을 후방으로 옮기도록 요구하고 있다. 또한 중국의 침략에 대비한 대만과의 합동훈련도 계속해서 강화시켜 나가고 있다.

미국은 세계 경제대국이자 동북아에서 미국과 공동안보망을 형성하고 있는 일본의 군사력을 증강하여 중국을 견제시킨다는 전략이다. 최근 일본은 이라크에 자위대의 파견을 비롯하여 군사력을 증강시키는 팽창정책을 적극적으로 추진해나가고 있다. 이러한 일본의 군사적 팽창정책은 미국의 강력한 지원 아래에 수행되고 있다. 미국은 또한 일본과의 안보적 동맹관계를 강화하기 위해서 한국에서 미군의 단계적 감축과 함께 일본의 군사력을 증강시켜 나간다는 방침인 것이다.

미국은 동북아에서 한, 미, 일 삼각 공동의 방위망의 축의 중심을 기존의 한국으로부터 일본으로 옮겨 간다는 전략이다. 따라서 최근에 미국이 발표한 동북아에서의 수정전략과 함께 한반도에서 미군을 단계적으로 감축을 해 나가는 이유도 일본을 중심으로 하여 동북아에서 군사적인 방위 망을 구축시켜 나간다는 전략이다. 한국을 1급 군사기지에서 2급으로 낮추면서 일본을 2급 군사기지에서 1급으로 바꾸는 작전은 일본을 강력한 군사대국으로 만들어서 중국이 동북아에서 영향력을 행사하지 못하도록 하는 전략인 것이다. 미국은 중국이 북한과의 정치적 혈맹관계를 이용하여 한반도에 대해서 북핵문제 등 안보적인 차원에서 영향력을 행사하는 것을 적극적으로 저지시켜 나가고 있다. 중국은 북한과의 형제라는 점을 이용하여 북한에 대해서 우호적인 입장을 표명하고 나서고 있으며 중국은 북한을 발판으로 하여 동북아에서 군사적 영향력을 행사해 나간다는 전략이다. 이러한 중국의 한반도 전략에 대해서 미국은 북한의 핵개발을 적극적으로 저지해 나가면서 동시에 중국에 대해서는 한반도에서 군사적인 영향력을 행사하지 못하도록 하는 안보전략을 추진해 나가고 있다.

미국은 태국, 싱가포르, 인도네시아 등과도 군사적인 공조관계를 유지시켜 대륙세력인 중국이 적극적으로 해양으로 진출하는 것을 막는 전략을 추진해 나가고 있다. 또한 중국과 국경문제 및 핵실험 문제 등으로 적대관계에 있는 인도와도 중국을 겨냥해서 유대관계를 유지해 나가고 있다. 미국은 또한 수년 전에 침공한 아프가니스탄 및 중앙아시아에 군대를 주둔시켜 중국을 포위하여 중국을 고립시켜 나간다는 전략을 추진해 나가고 있다.

중국은 미국의 이러한 중국견제정책에 대해서 물밑으로 군사적 전략을 수정해 나가고 있다. 중국은 2003년 10월 미국과 러시아에 이어 세계 3위로 유인인공위성의 발사를 성공적으로 이루면서 우주에서 미국과의 경쟁을 선포하고 나섰다. 또한 현재 전 세계의 모든 국가가 중국의 기업들과 합작투자를 원하고 있다는 점을 이용하여 중국만 잘 살겠다는 놀부예찬주의에서 이웃나라들과 다 함께 잘 살아 보자는 흥부예찬론으로 경제정책을 추진해 나가고 있다. 중국은 연 8 %의 급속한 경제성장을 바탕으로 군사력의 현대화 정책을 추진해 나가고 있다. 등소평의 주장대로 중국은 완전하게 미국과 맞설만한 군사력을 갖출 때 까지는 절대로 미국에게 먼저 싸움을 걸지 않으면서 최대한 빨리 미국에 맞서는 군사 현대화 작업을 추진해 나간다는 전략이다.

중국의 대외 안보정책은 대만에 대해서는 평화적인 협상을 통해서 대만을 흡수 통합해 나간다는 전략을 추진해 나가고 있다. 중국은 홍콩과 마카오의 반환을 계기로 대만에 대해서도 중국 본토에 평화적인 원점으로의 반환을 주장하고 있다. 현재 대만은 워싱턴에 강력한 대미 로비창구를 통해 중국의 이러한 부당행위에 대해서 반발하고 나서고 있다. 또한 중국은 경우에 따라서는 무력적으로 대만을 흡수통합하기 위해서 대만해협 근처에 군사력을 증강시키고 중. 단거리 미사일을 대만쪽으로 향하도록 배치시켜 놓고 있다.

중국은 한반도 문제에 대해서 남한에 대해서는 경제적으로는 적극적인 관계로서 남한이 미국을 제치고 제일의 경제 파트너가 되도록 도와주고 있다. 그러나 안보적인 차원에서는 북한과 혈맹관계를 생각해서 덜 적극적인 정책을 추진해 나가고 있다. 다시 말하면 "참외가 익으면 저절로 꼭지가 떨어지고 물이 흐르면 도랑이 생긴다"는 정책이며 급하게 서두르지 않고 순리적으로 추진해 나가자는 정책이다. 중국의 이러한 남한에 대한 정책은 중국이 남한과의 화해정책과 북한과는 혈맹정책으로 미국의 영향력을 동북아에서 배제시키겠다는 전략이다. 일본과는 일본이 이라크파병 등 미국에 대해서 동조관계를 유지해 나가면서 군비를 확장해 나가는 군사적 전략에 대해서 중국은 강한 제동을 걸고 있다. 일본이 군사대국으로 성장하면서 동북아에서 중국을 제치고 제 1의 군사대국으로 성장하려는 의도에 위협을 느끼면서 미국과 일본의 공동 군사전략에 제동을 걸고 있다.

중국은 그동안 적대관계를 유지해 왔던 주변국들에 대해서도 화해적 관계로 변화를 시도해 나가고 있다. 인도와는 오랜 동안 군사 및 국경문제로 적대관계를 유지해 왔으나 최근에 인도에 대해서 화해의 제스처를 취하고 있으며 주변 동남아 국가들에 대해서 경제 및 안보분야의 유대관계를 추진해 나가고 있다. 특히 중국은 미국을 견제할 목적으로 러시아를 적극적으로 끌어들여 동반자 관계를 형성하고 있다. 사실상 최근까지 중국과 러시아는 이념적으로 같은 체제를 유지해 나가면서도 외교안보적인 차원에서는 동반자 관계를 유지하지 못하였다. 그러나 러시아가 자국의 내부적인 경제악화 사정으로부터 벗어나서 외국에 대해서 간섭을 하기 시작하자 중국은 러시아와 동반자적 관계를 유지하면서 미국을 견제하기 시작하였다. 중국의 대미정책은 한반도에서 미국의 영향력 행사를 줄여서 북한 중심으로 한반도를 통일하고 일본을 견제하고 대만을 흡수 통합하여 미국의 영향력을 동북아에서 완전히 제거하여 팍스 시니카의 꿈을 실현하자는 것이다.

미국의 동북아에서 목표는 일본을 군사대국으로 부상시켜서 동북아에서 경제 및 군사적인 면에서 중국을 일본아래에 둔다는 전략이다. 한반도에서는 북한을 견제시켜서 중국의 한반도에서의 영향력을 줄여 나가는 전략이다. 대만에 대해서는 중국과는 언제든지 전쟁을 할 수 있도록 군사적인 차원에서 동반자적 관계 및 지원을 계속한다는 전략이다. 또한 대만과 합동군사 훈련을 강화해서 중국이 대만에 군사적 행동을 못하도록 견제를 강화해 나간다는 전략이다. 이렇게 일본, 한국, 대만을 거점으로 한 미국의 대중국 억제정책은 결국은 중국을 고립시켜 팍스 아메리카 주의를 계속 유지해 나가면서 미국이 세계 유일의 초강국으로서의 위치를 확보해 나간다는 군사적 전략이다. 동북아에서 미국과 중국의 팽창정책의 영향으로 한반도의 안보적인 환경에도 많은 변화가 나타날 것이다. 그동안 미국의 우산 속에서 경제발전에만 치중하던 일본도 군사적인 차원에서 축소정책에서 팽창정책으로 변화를 시도해 나가고 있다. 이러한 동북아에서 국제정세의 변화는 미국의 한반도 정책에 큰 변화를 주고 있다. 미국은 황하에 부는 바람을 잠재우기 위해서 중국 죽이기 안보정책에 주력을 두고 있다. 주한 미군의 감축과 함께 동북아에서 방위 망 중심을 한국에서 일본으로 옮기겠다는 전략은 중국을 겨냥한 미국의 안보전략인 것이다. 그동안 미국은 동북아에서 냉전시대의 전략을 수정하지 않고서 그대로 유지하면서 주한 미군의 철수 및 감축문제는 정치적인 차원에서만 거론하였다.

인류 4대문명의 발생지이자 찬란한 황하문명을 이루었던 중국은 150년 전 서양 강대국들에 의한 치욕에서 벗어나서 승천하는 용으로 변신을 추구해 나가고 있다. 여기에 청룡 미국은 장래 중국과의 패권경쟁을 염두에 두고서 동북아 및 중동에서의 안보변화를 추진해 나가고 있다. 정보화 시대에는 정보력과 신무기가 통산 전력보다는 훨씬 중요한 역할을 한다. 미국은 막강한 정보력과 최첨단무기 및 공군력을 이용하여 한반도에서 미군 감축으로 인한 군사적 공백을 충분히 매울 수가 있다. 따라서 만약 미군이 감축 된다고 하더라도 미군은 최첨단 무기와 정보력으로 전쟁의 도발을 억제해 나갈 수가 있다는 것이다. 팍스 아메리카나의 지속을 원하는 미국이 동북아에서 주한미군을 감축하고 일본에 군사력을 증강 배치하는 것은 팍스 시니카를 꿈꾸는 중국과의 패권경쟁을 대비한 전략인 것이다. 이제 서풍은 동풍을 잠재우기 위해서 본격적으로 나서고 있다. 우리와 2차 대전이후 정치, 경제 및 안보적인 차원에서 동반자관계를 유지해온 미국과 유교문화권에서 우리와 역사적으로 형제관계를 유지해 왔던 중국과의 패권경쟁에 대해서 우리는 한쪽으로 치우치지 않는 등거리 외교정책을 추진해 나가야 할 것이다.

제 4 편

문화

제1장

미국문화와 유럽문화

2000년대의 글로벌 시대에 들어서면서 전 세계는 시공간을 초월한 문화와 문명의 공존 화 현상으로 치닫고 있다. 문명의 공존 화 현상 속에서 문명의 갈등 현상은 점차적으로 줄어들고 있으며 발달된 문화와 문명 속으로 종속화 내지는 노예화 현상으로 이어지고 있다. 글로벌화 시대에 가장 두드러진 현상은 의식주를 비롯한 문화와 언어와 풍습과 종교 등이 점차적으로 발달된 문명 속으로 전 세계는 급속하게 빠져들고 있다. 다시말하면 식민지화 내지는 노예화 되어지고 있는 두드러진 현상이 나타나고 있다.

2000년대에 들어서면서 2001년에 발생한 9.11 테러는 이슬람 문화와 기독교 문화 간의 충돌이라고 규정을 내린 하버드 대학의 사무엘 헌팅톤의 주장에 대해서 많은 이견이 분분하게 엇갈리고 있다.

헌팅톤의 논리는 9.11 테러는 기독교 문화를 바탕으로 하는 미국과 이슬람 문화를 바탕으로 하는 중동과의 종교적 갈등으로 인한 충돌이라고 설명하고 있다. 정치학자인 헌팅 톤은 문명의 비중을 종교에 가장 크게 비중을 두고서 설명을 하였다. 사무엘 헌팅 톤의 관점에서 보면 인류의 문명을 형성하는 요소들 가운데는 여러 가지 중요한 요소들이 있으며 그중에서도 종교가 가장 큰 비중을 차지하고 있다는 견해를 가지고 있다. 헌팅 톤의 문명충돌론은 학자들로부터 많은 비판을 받고 있기는 하지만 종교가 인류문명에 미치는 영향은 지대하다고 할 수 있다.

미국인들은 문화적인 면에서 전통에 대해서는 열등감을 가지고 있다. 그들은 전통을 중요시 하기는 하지만 유럽만큼 중요시 여기지 않는다. 교육문화만 보더라도 미국의 하버드는 미국의 청교도들이 1636년에 미국에 도착하면서 바로 목사양성기관으로 설립을 하였다. 그러나 유럽에서는 미국보다 훨씬 전인 이태리, 프랑스, 영국 등에서 중세기인 11-12세기경에 대학들이 세워졌다. 미국의 하버드를 세운 청교도 출신들의 선조들은 대부분 영국의 케임브리지 대학 출신들이었다. 따라서 그들은 하버드 대학을 설립한 장소의 이름을 케임브리지라고 명명하였다.

초기 미국 땅에 도착한 선조들은 자신들의 조국인 영국의 지명에다 새롭다는 뉴 자만 붙이고 그대로 영국의 지명을 사용하였다. 뉴욕, 뉴잉글랜드 등이 여기에 해당한다. 이처럼 전통을 존중하고 전통의 중요성을 느끼는 미국이지만 독립의 역사는 불과 2백년이 조금 넘으며 신천지에서 정착한지는 4백년이 되지 않는다. 따라서 미국인들이 유럽인들의 전통문화를 부러워 하기는 한다. 그러나 그들의 문화는 초창기 그들이 도착하는 순간부터 유럽과의 결별을 선언하였기 때문에 미국만의 특유한 문화를 형성하게 되었다. 미국문화의 특성을 몇 가지로 분류 할 수 있다.

미국을 대표하는 문화를 와스프 문화라고 부른다. 와스프 문화란 영국출신의 백인남성 위주의 문화라는 말이다. 와스프는 초창기 미국에 도착한 민족이 앵글로 색슨 민족이며 이들은 미국의 전통문화를 형성해 나가기 시작하면서 와스프라고 부르고 있다. 와스프가 주류문화를 형성한 원인은 미국 인구는 초기에 영국인들이 가장 많이 이민을 왔으며 아직까지 미국사회의 중심을 이루는 민족이 영국민족이기 때문이다. 일반적으로 와스프는 차갑고 강인한 백인을 연상하는 원인은 이들이 초기에 미국을 개척해 나가는 과정에서 인디언들과의 전쟁과 주변의 멕시코인 들과의 전쟁들을 통해서 동부에서 서부로 개척해 나갔다. 따라서 미국인들은 약한 여성들은 개척을 할 수가 없다. 백인이라도 강하고 차가운 성격의 소유자라야만 개척을 할 수 있다는 생각에서 대부분 미국인이 아닌 타 국가 사람들은 미국인들을 차가운 민족으로 생각하고 있다. 와스프 문화는 다민족의 다문화 속에서 많이 흐려지고 있기는 하지만 미국을 대표하는 문화로 남아 있다.

미국인들의 사고는 페어플레이 인지 아닌지에 초점을 맞추고 있다. 그들은 종교적인 차원에서 하느님 앞에서는 모두가 다 똑같다는 사고를 가지고 있다. 어느 누구에게 특권을 주어서는 안 된다는 것이다. 따라서 무슨 일이 있으면 줄 서기부터 한다. 무슨 운동경기를 보기 위해서는 줄을 서서 입장을 하고 아무리 권력이 있는 사람들도 이점에 대해서 절대로 용서를 하지 않는 정신을 가지고 있다. 얼마 전 대통령 선거에서 패한 당시 부통령인 알버트 고어 역시 공항에서 일반인들과 똑같이 검색을 받았다. 마침 공항당국은 테러리스트 색출작업을 진행하고 있었기 때문에 고어는 강연장에 시간을 맞추어서 가야했다. 검색원들에게 자신을 예외로 먼저 보내달라고 했으나 공항 검색원들은 거절했다. 이처럼 유명인에 대해서도 예외는 없는 것이다.

미국인들은 스포츠를 즐긴다. 유럽인들이 풋볼인 축구를 즐기듯이 미국인들은 럭비인 미식축구를 즐긴다. 미식축구는 미국인들이 개척기에 인디언과의 싸움을 연상하는 소위 땅따먹기를 하는 게임인 것이다. 각각 상대에게 4번씩의 기회를 주어서 서로 땅의 면적을 넓혀나가는 경기인 것이다. 그러나 미국인들이 정작 가장 사랑하고 존경하고 국민경기로 여기는 운동은 야구이다. 미국인들은 야구 경기가 있는 날은 자신보다는 자신들의 자녀들을 데리고 경기장 앞에 나타난다. 자녀들을 위해서 다른 모든 약속을 취소하고 야구구경을 한다. 그 이유는 바로 야구를 통해서 팀워크 정신과 개인플레이와 페어플레이 정신의 3가지를 모두 얻을 수 있기 때문이다.

사실상 야구는 농구나 미식축등 다른 경기보다는 팀 웍이 잘 되어야 한다. 선수의 개인기도 중요하지만 팀원들의 팀워크정신이 잘되면 달려 나가있는 러너도 쉽게 잡을 수 있기 때문이다. 또한 심판의 역할 역시 중요하기 때문에 야구가 페어플레이 정신을 키우는데 가장 중요한 국민스포츠 경기로서 미국인들에게 인기를 끌고 있다. 유럽인들이 가장 즐기는 축구는 개인기가 주류를 이르고 있으며 또한 반측 등을 행하여도 페어 한지 아닌지를 구분이 힘이 들고 팀워크 보다는 개인기에 더욱더 무게를 두고 있다. 이것은 미국인들이 선조인 유럽인들과 다른 사고를 가지고 있다는 것을 의미한다.

미국인들이 페어플레이 정신과 팀워크 정신을 중요시 여기는 유래는 개척기에 길러진 프런티어 정신에서 유래한다. 그들은 동부에서 서부로 진군을 해나가는 과정에서 가장 중요한 것은 팀워크 정신이라는 사고를 가지게 되었다, 그들은 팀워크가 잘된 4 사람만 있으면 거대한 로키 산맥도 움직일 수 있다는 사고를 가지고 있다. 또한 팀의 동료를 매우 중요시 여기고 있다. 전쟁 영화를 통해서 부상당한 동료 한명의 생명을 구하기 위해서 전 팀원들이 나서고 부상당한 동료 한사람을 버리지 않고 끝까지 같이 업고 나가는 정신은 바로 강한 팀워크 정신에서 나온 것이다.

미국인들의 정신은 사랑을 바탕으로 하는 정신이라고 할 수 있다. 기독교 정신을 바탕으로 하는 미국인들은 하느님의 뜻인 사랑을 바탕으로 하여 인간을 용서로서 대하고자 하는 정신을 가지고 있다. 할리우드 영화는 미국의 문화를 대표한다고 할 수 있다. 물론 할리우드 영화는 전 세계에 장사를 하기 위해서 만들어지기는 하였지만 미국인들의 정신을 잘 읽을 수 있다. 그들이 만들어낸 영화의 대부분은 아무리 악한 흉악범이라고 할지라도 결국은 용서로서 대하게 된다. 이것은 기독교 정신을 바탕으로 용서와 사랑을 바탕으로 하는 정신이 들어 있다는 것을 알 수 있다.

미국은 비록 역사는 짧지만 전 세계 문화가 미국문화 속으로 통합되어지고 있다. 앞으로 이러한 추세로 나가면 얼마가지 않아서 전 세계의 문화는 미국 문화로 단일 화 될 가능성이 매우 높다. 문화란 간단하게 말하면 의식주이며 문명은 여기에 언어와 풍습을 합한 것이다. 언어인 영어는 영국에서 발생하여 미국으로 건너 왔지만 현재는 영국식 표준영어 보다는 미국식 영어가 더욱 더 표준영어로 자리를 잡아 나가고 있다. 이렇게 언어조차 미국식 영어가 표준어로 변하는 원인은 바로 할리우드문화가 전 세계를 지배해 나가고 있기 때문이다. 앞으로 전 세계의 문화는 미국문화로 단일화되는 현상이 나타나고 있다. 문명과 문화는 발달된 문화가 덜 발달된 문화를 흡수하게 된다. 물이 높은 곳에서 낮은 곳으로 흐르는 것과 같은 현상이다.

유럽의 수도사 문화는 오랜 전통을 가지고 있음에도 불구하고 글로벌 시대에 미국문화에 밀리는 현상을 나타내고 있는 원인은 군사적으로나 경제적으로 세계 패권국의 위치에 있기는 하지만 문화적으로는 짧은 역사 때문에 당연히 유럽문화를 수용하여야만 한다. 그러나 그 반대 현상이 나타나고 있다. 물론 언어도 넓은 의미에서의 문명내지 문화의 한 영역이라고 할 수 있다. 영어의 표준어는 영어 탄생 국가인 영국임에도 불구하고 전 세계인들은 미국식 영어를 선호하고 있다. 또한 의식주 면에서 대부분 미국식 식생활을 선호하고 따르고 있다. 미국의 상징인 맥도날드와 코카콜라는 전 세계에 유통되고 있다. 미국인들이 즐겨입는 청바지 러바이 역시 전 세계인들이 즐겨 입고 있다. 책의 경우도 미국에서 베스트셀러가 되면 전 세계인들이 관심을 가지고 읽게 된다.

이렇게 미국중심의 문화가 급속하게 확산되는 원인은 바로 할리우드 영화 때문이다. 세계인들은 할리우드의 영화배우인 톰 쿠르즈의 이름은 알아도 자국의 국무총리나 국방장관의 이름은 모르고 지낸다. 헐리우드의 영화 속에는 미국인들의 의식주를 비롯하여 언어와 풍습 등 모든 것이 들어있다 .또한 심지어 미국인들이 가지고 있는 신념과 기독교 정신까지 모두 다 포함되어져 있다. 할리우드 영화는 이제 검은아프리카 대륙과 멀리 아마존의 밀림지대까지 파고들어서 아마존 강의 원시림에 사는 사람들까지도 할리우드의 액션 영화를 즐겨보면서 자신들도 모르는 사이에 미국문화에 동화되어져 버린다.

인류 역사를 통해서 유럽 국가들이 식민지 쟁탈전을 하기 위해서 아프리카나 동남아 국가 등에 침입하기 전에 우선 그들은 종교적으로 미션이라는 종교 사절단을 보내서 종교적으로 그들을 교화시킨 후에 식민지화 시켜 나갔다. 식민지를 만들기 위해서 가장 중요한 것은 문화적인 흡수가 가장 중요하기 때문에 그들은 종교적으로 그들을 흡수하고자 한다. 그러나 현대 미국이 전 세계를 미국문화로 흡수통합하기 위해서는 종교적 차원에서의 접근보다는 바로 할리우드를 통한 문화적인 접근이 가장 쉬운 방법이다. 우선 할리우드 영화를 통해서 그들은 미국이라는 나라에 대해서 아무런 존경심이나 적대감이 없이 쉽게 접근을 하게 된다.

과거에 유럽 국가들이 사용하는 종교적 접근법은 기존의 원주민을 비롯하여 토속인들이 믿는 고유의 신앙이 있기 때문에 종교를 전도하는 일은 쉽지가 않으며 반드시 처음에 접근하는 종교인들은 순교자가 되어서 죽음을 맞이하게 된다. 할리우드는 과연 전 세계인들에게 유익한 문화를 제공하고 있는가. 미국인들이 생각하기에는 할리우드 문화는 전 세계인들이 거부감을 갖지 않고서 모두가 잘 보기 때문에 질적인 면에서는 아무런 문제가 없다고 보고 있다. 그러나 사실상 할리우드 영화를 통한 문화의 전도는 전 세계인들의 사고를 떨어뜨리고 수준을 낮추는 역할을 하고 있다.

원래 할리우드라는 말은 훌륭한 예술작품을 만든다는 것이다. 따라서 할리우드 초기인 1920년대의 미국 영화들은 대부분 흥행위주를 떠나서 바로 예술과 직결시켜 나가면서 상당히 수준 높은 예술을 창조해 내는데 근본적인 목적을 두고 있었다. 그러나 관객들의 수준을 무시하고 오로지 예술작품의 목적으로 창조된 할리우드 영화는 결국 흥행 면에서 실패를 거듭하면서 제작회사들이 사업의 실패로 인해서 문을 닫는 경우가 허다하였다. 이러한 결과 미국의 할리우드는 더 이상 예술작품에만 치중할 수가 없는 상업용 흥행위주의 질 낮은 작품에 주력을 하게 되었다.

미국의 할리우드 작품들은 대부분 자신들의 역사와 미국인들이 당시 유행에 맞추어서 작품을 만들어 나갔다. 2차대전 당시는 주로 전쟁을 중심으로 하는 작품을 만들었으며 전쟁이 끝이 나면서 서부개척기의 인디언들과 전쟁을 중심으로 하는 서부영화가 흥행하였다. 전 세계인들은 서부영화를 통해서 미국의 서부가 어떻게 개척되었는지에 대한 미국의 역사를 자국의 역사보다도 더 잘 알게 되었다. 그후 미국은 우주와의 전쟁시기인 60년대는 스타워즈 등의 영화를 통해서 미국이 어떻게 우주에 접근해서 개척해 나가고 있는가에 대해서 잘 설명하고 있다. 9.11 테러이후에는 주로 테러와의 전쟁에 대한 영화들이 많이 만들어지고 있다.

앞으로 이러한 추세로 나간다면 얼마 후 전 세계는 미국문화로 완전히 통합되며 전 세계인들은 미국을 존경해서가 아니라 아무런 생각이나 거부감이 없이 미국 문화에 흡수되어 버릴 것이다.

미국인들은 유럽인들과 달리 문학적으로 낭만적인 감정을 갖고 있지 못하다. 미국인들은 유럽에서 미국으로 이민을 오면서 가장 큰 문제는 유럽인들은 수천 년간 지속되어온 선조로부터 물러 받은 문화를 그대로 유지만 하면 되지만 미국인들은 아무런 문화적 유산을 선조로부터 물러 받지 못하였다. 따라서 자기 스스로 문화를 만들어 나가야만 한다. 미국인들은 자신들의 문화를 만들기 위해서 가장 중요한 것은 주변의 자연을 개척해 나가야만 한다. 따라서 유럽인들이 생각하는 자연관과는 완전히 다른 사고를 가지고 있다. 유럽인들이 가지고 있는 자연에 대한 아름다운 낭만을 바탕으로 하는 사고는 미국인들에게는 없다고 할 수 있다.

유럽인들은 아름다운 자연을 바라보면서 낭만주의 감정과 낭만주의 시대를 열었다. 유럽인들은 아름다운 산과 강과 대서양을 바라보면서 자연의 아름다움을 노래하고 시로 표현하고 소설로서 자신들의 감정을 잡아 나갔다. 그러나 미국인들에게는 낭만주의란 없는 것이다. 그들에게는 자연은 더 이상 아름다움을 노래할 대상이 아니라는 것이다. 그들에게는 자연은 극복해야 할 장애물로 생각하고 있다. 가령 대서양의 아름다운 바다를 바라보면서 유럽인들은 낭만적인 감정으로 시를 읊는다. 그러나 미국인들은 대서양은 하나의 건너가야만 하는 장애물로서 생각하고 있다. 따라서 만일 대서양의 거센 파도에 배가 파산이 되는 것을 상상하여 미국인들은 자신들이 살아남을 수 있도록 하기 위해서 수영하는 방법부터 생각해서 배운다. 또한 콜로라도의 아름다운 달밤에 길을 걸으면 유럽인들은 강물의 아름다움에 도취되어져 버린다. 그러나 미국인들은 콜로라도의 아름다운 강물을 보고 노래하는 것이 아니라 강의 물살과 깊이부터 알아본다. 그런 다음 어떻게 하면 쉽게 강을 건너갈 수 있을까하는 생각부터 한다.

포장마차의 원조는 미국이다. 미국인들은 포장마차를 타고서 동부에서 서부로 개척하는데 사용하였다. 그런데 우리나라에서도 포장마차가 있다. 동양인들은 포장마차하면 긴긴 겨울 눈 내리는 밤에 친구와 함께 격식없이 소주를 마시는 포근함으로 연상하게 한다. 그러나 미국인들은 포장마차하면 바로 옆에 인디인들이 총을 들고서 그 옆에는 코뿔소인 버팔로가 포장마차를 향서 달려오는 긴박감부터 연상하고 있다. 따라서 미국인들에게는 낭만주의 시대는 겪지 않고서 바로 자연주의 시대부터 시작되었다. 미국의 문학은 개척의 문학이라고 할 수 있다. 미국 문학을 대표하는 몇 개의 소설을 통해서 미국인들의 의식구조를 이해할 수 있다.

우선 미국의 세익스피어에 해당하는 다니엘 호손의 소설 주홍글씨를 분석해 볼 필요성이 있다. 다니엘 호손의 주홍글씨는 미국사회의 초창기 시대를 잘 표현하고 있다. 이 소설은 초창기 미국인들의 청교도 정신에 의한 금욕주의적 사고에 대한 시대적인 상황을 잘 표현하고 있다. 이 소설의 내용을 간단하게 요약하면 젊은 신부와 젊은 유부녀가 서로 사랑에 빠진다는 것이며 여기에 대해서 마을 주민들은 그들에게 돌팔매질을 하여 마을에서 추방한다는 내용이다. 특히 여성인 유부녀에게는 간통이라는 글씨를 써서 이마에 붙여서 낙인을 찍어 버린다는 내용이다. 이 소설이 주는 의미는 초기 미국사회는 엄격한 금욕주의 정신을 바탕으로 하는 삶을 추구해 나갔다는 것을 잘 나타내고 있다. 초기 미국인들은 하느님이 자신들에게 요구한 언덕 위에 도성을 쌓기 위해서는 물질보다는 정신적인 차원에서의 수련을 요구하였다. 따라서 그들에게는 가장 중요한 것은 도덕성이었다.

다음으로 미국인들의 사고를 나타내는 소설은 멜빌의 모비딕이다. 모비딕은 백경이라고도 한다. 내용의 줄거리는 대서양에서 어느 선장이 젊은 시절에 고래사냥을 하는 포경선을 타고 고래잡이를 나갔다가 아주 포악한 괴물 고래에게 자신의 한쪽 다리를 잃어 버렸다. 이후 수십 년간 선장은 그 괴물 고래에 대한 복수심으로 고래를 잡기 위해서 돌아다닌다. 그리고 밤마다 선장은 그 괴물 고래에 대한 복수심으로 잠을 자지 못하고 쇠로 만든 인조다리와 목발을 집고서 배의 꼭대기에 있는 갑판을 헤매이면서 걸어 다니기 때문에 선원들이 자신들의 침실에서 잠을 자다가 깨보면 항상 선장은 잠을 자지 않고 헤매이고 있다는 것이다.

그런데 어느 날 고래잡이를 하던 선원 한사람이 갑자기 큰 소리로 선장이 찾던 바로 그 괴물 외눈박이의 흰 고래가 나타났다고 소리를 질렀다. 그러자 선장은 전 선원에게 자신이 수십 년간 찾아 헤매이던 고래에게 창을 던지라고 명령을 내렸다. 곧바로 선장은 창을 들고 그 고래의 등에 올라타고 수십 차례의 고래 등에 창을 찔렀다. 그러자 산더미 같이 큰 흰 괴물 고래는 고통을 참지 못하고 포악한 성격으로 변하여 선원들이 타고 있던 그 포경선을 전복시키고 배를 산산 조각내어 버렸다. 배에

타고 있던 전 선원은 물에 빠져서 다 죽었다. 선장은 선원들이 고래에게 던진 창과 밧줄에 얽혀서 마치 절벽과 같은 고래 등에 몸 전체가 밧줄에 칭칭 감겨서 죽어서 팔과 다리는 마치 절벽에 붙어서 죽어 있는 산악인 같이 보였다.

그런데 그중에서 선원 한 명이 전복된 배의 통나무 조각에 의지해서 의식을 잃고서 파도에 떠밀려서 해변에 도착해서 겨우 생명을 건졌다. 이 선원이 그 당시 선장과 선원들이 괴물 고래와의 싸움에 대한 내용을 1인칭 소설로 써 내려갔다. 이 소설은 미국인들의 개척기의 정신을 잘 나타내고 있다. 미국인들은 산과 강과 바다에는 자신들의 생명을 위협하는 괴물이 있다는 생각을 가지고 있다. 대서양은 유럽인들이 아름다움을 노래하는 곳이 아니라 대서양의 바다 속에는 그들의 생명을 위협하는 괴물이 있다고 생각한다. 다시 말하면 자연은 자신들이 개척하고 정복해 나가는 목표에 하나의 장애물로 생각하고 있다. 따라서 자연의 아름다움보다는 그 자연을 어떻게 하여 개척을 하여야 하는가 하는 생각부터 한다.

가령 로키산맥을 보면 동부에서 서부로 개척해 나가는데 가장 큰 장애물로 생각하게 된다. 아름다운 강을 보면 그 강의 물살을 피해서 어떻게 하면 안전하게 사람들이 그 강을 건널 수 있을까하는 강의 물살부터 조사를 하게 된다. 또한 애리조나 사막에서 백년마다 피어나는 선인장 꽃의 아름다움을 보기 보다는 그들이 개척해 나가는 걸림돌인 인디언들이 공격해 올까하는 두려움과 선인장의 꽃의 아름다움보다는 뾰쪽한 선인장 가시에 대한 위험부터 생각한다.

이처럼 미국인들의 사고는 유럽인들이 여유를 가지고 자연에 대한 아름다움을 노래하고 자연을 사랑하는 마음은 전혀 없는 것이다. 가령 바다를 보면 바다에서 살아남기 위해서 필요한 수영부터 배워두는 정신을 가지고 있으며 유럽인들이 자연을 즐기기 위해서 산책을 하는 사고를 가지고 있다면 미국인들은 자신의 몸을 생각해서 산책 대신에 조깅을 생각하고 뛰어 다닌다. 이처럼 미국인들이 유럽인들과 같은 선조와 수도사 문화를 바탕으로 하고 있기는 하지만 서로는 완전히 다른 사고를 바탕으로 하고 있다. 미국인들의 사고는 실용주의이며 독일을 비롯한 유럽대륙인들의 사고는 관념주의를 바탕으로 한다. 그 원인은 바로 이러한 미국인들만이 만들어낸 개척정신을 바탕으로 하기 때문이다.

다음으로 미국인들의 정신을 나타내는 대표적인 소설은 마크 트웨인의 허클베리 핀의 모험을 들 수 있다. 이 소설은 미국이 동부에서 서부로 개척을 해서 어느 정도 이제는 안정된 생활을 누릴 수 있는 안정을 찾았다. 이러한 시기에 나온 이 소설은 미국인들에 개척정신에 새로운 정신을 불러 넣어서 미국인들이 안주하지 말고 계속해서 개척을 해 나가야만 한다는 의식고조를 의미한다. 이것은 미국인들은 유럽인들과는 달리 영원히 개척정신을 가지고 살아나가야만 한다는 것이다. 미국인들은 이 소설을 통해서 자신들은 개척기를 통해서 완전히 지쳐있었으며 더 이상 서부로 개척을 하지 않더라도 잘 살수 있다는 생각을 대부분의 미국인들은 하고 있었다. 이러한 시기에 이 소설로 인해서 미국인들은 다시 개척정신의 붐이 일어나게 되었다.

다음으로 미국을 대표하는 소설은 제임스 페니 구퍼의 라스트 모히칸 즉 모히칸 족의 최후이다. 이 소설을 통해서 미국인들은 인디언들이 더 이상의 적이 아니고 동지로서 그들과 함께 살기를 원하는 소설이다. 미국인들에게 인디언들은 하느님의 계시를 통해서 반드시 없애야만 한다고 초기의 미국인들은 생각하고 있었다. 그 이유는 바로 두 가지 때문이다. 처음에 미국인들은 인디언들에게 자신들의 종교인 기독교를 믿도록 권유를 하였지만 그들은 자신들이 믿는 토속신인 자연신만을 믿었다. 미국인들은 자신들과 다른 종교를 믿는 인디언들을 악이라고 생각하였다. 그리고 그들은 악은 지상에서 반드시 없애야만 한다는 생각을 가지고서 아무런 죄책감을 가지지 않고서 인디언들을 무참히 학살하였다. 미국인들은 인디언들과 영원히 공존과 공생을 할 수 없다는 사고를 가지고 있었다.

여기에 미국의 주류를 이루고 있는 와스프문화는 강한 백인 남성위주의 사회를 의미한다. 그런데 인디언들은 여성이 중심이 되어서 가장 중요한 일은 여성들이 계획을 결정하기 때문에 미국인들은 인디언들을 짐승과 같이 야만인으로 생각하여 그들을 죽이는 것을 짐승을 죽이듯이 쉽게 생각을 하였다. 이러한 분위기에서 쿠퍼의 라스트 모히칸은 당시 미국사회에서 미국인들은 더 이상 인디언들이 자신들의 적이 아니고 같이 살아가야할 동지라는 동지애를 잘 보여주고 있다. 이소설의 내용은 어느 변방에서 백인 남성과 인디언 여성이 서로 사랑을 하였으나 여기에서 백인 남성은 결정적인 순간에 자신의 백인 남성인 친구를 택하고 자신의 애인인 인디언 여성과의 결혼은 하지 않는다는 내용의 소설이다. 이 소설에서 백인남성과 인디언 여성간의 아직까지 결혼을 할 단계는 아니지만 서로가 사랑은 할 수 있다는 것을 의미하며 인디언도 이제는 더 이상 적이 아닌 친구로서 같이 화합해서 살아가야만 한다는 것을 보여주고 있다.

이미 이 당시 미국사회는 흑인들을 아프리카에서 수입을 하여 노예로 부려 먹으면서 짐승취급을 하였다. 여기에 대해서 많은 미국인들은 흑인에 대한 인간적인 대우와 인디언을 비롯한 미국에 인접해 있는 멕시칸 등 많은 유색인종과 화합하여 살아가야만 한다는 사고를 가지게 되었다. 미국은 더 이상 백인만이 생존해 나가는 영토가 아니라 하느님 아래에서는 모두가 평등하다는 사고가 나타나기는 하였지만 이것은 아직까지는 완전한 단계는 아니라고 할 수 있다.

20세기를 대표하는 소설은 피츠저럴드의 위대한 캐츠비이다. 이소설은 1920년대 미국 갱단들이 중심이 되어서 치안을 담당하는 경찰과 한 통속이 되어서 미국사회를 혼란의 사회로 만들었으며 자신의 신분을 상승시켜서 나쁜 행동을 해도 된다는 사고에서 벗어나서 미국인들에게 법에 맞추어서 윤리와 도덕성을 강조하는 소설이다. 미국은 유럽으로부터 모두가 다 이민을 왔기 때문에 마약을 팔던 밀주를 팔던 갱단이 되어서 나쁜 짓을 하여 돈만 벌면 귀족신분으로 상승 할 수 있다는 생각은 버려야 한다는 것을 위대한 캐츠비를 통해서 잘 나타내고 있다. 또한 이 소설의 주인공 역시 신분상승을 위해서 나쁜 짓을 하여 돈을 벌어서 신분상승은 하였지만 결국은 모든 나쁜 행동과 자신의 하위 신분이 들통이 난다는 내용의 소설이다.

이 당시 미국은 처음으로 1917년에 1차 세계 대전에 참전을 하였다. 미국인들은 유럽인들이 자신들에 대해서 어떻게 평을 하는지 알게 되었다. 많은 미국의 젊은이들은 유럽으로 1차 전쟁을 치르기 위해서 달려갔으며 유럽인들은 미국인들을 자신과 같이 신분이 확실한 사람들이 아니고 미국인들의 선조들의 대부분이 유럽에서는 인정을 받지 못하는 하류층의 상민들이라는 사실을 알게 되었다. 미국인들은 다시 한 번 자신을 반성하고 겸손해야 한다는 사고를 불러 일으켰다. 당시 영국인들은 미국인들을 문화가 없는 상놈들이라고 비난을 하였다. 사실상 이 당시 영국을 비롯한 전통 유럽인들은 미국인들을 단순한 돈만 벌 줄 아는 천민으로 무시하였다.

제 2장

미국인들의 정치사회 문화와 의식구조

청교도적 정신 하나만을 가지고 신천지 땅으로 이주한 미국인들에게는 유럽과의 단절을 강력하게 주장하는 사고를 가지고 있었다. 유럽과의 단절은 정치적인 차원에서 시작되기는 하였다. 1620년 유럽에서 시작된 이민자들은 1776년 독립선언이 있기까지 약 150년 동안 본국인 영국의 식민지로서 영국의 지배를 받아야만 하였다. 그리고 독립선언이 있은 후 얼마동안은 영국과의 전쟁을 계속해야만 했다. 유럽인들의 이민 역사를 통해서 미국인들이 가지고 있는 문화적 사고를 이해 할 수 있다. 1620년 미국으로 이민 온 102명의 선조들은 대부분이 청교도들이었다. 물론 그중에서는 일부는 장사를 목적으로 이민 온 사람들이었다. 그중에서 일부의 영국 귀족은 정치적으로 망명을 위해서 미국으로 이주를 하였다. 초기 대부분의 이주민들은 경제적인 목적인 아닌 종교적인 목적으로 이민을 하였다.

그러나 점차적으로 미국으로 이민을 오는 사람들은 대부분이 경제적으로 힘이 들어서 미국에서 돈을 벌어서 다시 유럽으로 돌아가겠다는 의도로 미국으로 이주를 하였다. 또 다른 사람들은 유럽에서 사회적으로 문제를 일으켜서 그곳에서 정착을 하기 힘든 경제사범들도 상당수에 달했다. 초기 이민자들의 대다수는 영국인들이 주류를 이루었다. 그런데 영국에서 일어난 산업혁명은 유럽전역으로 번지면서 농민들의 생활이 점차적으로 힘이 들게 되었다. 소위 인클로즈 운동 때문이다. 인클로즈 운동이란 유럽에서 산업혁명으로 인해서 공장이 대대적으로 들어서면서 특히 양의 털로서 양복을 만드는 공장이 많이 들어서게 되었다. 유럽의 공장 주인들은 농민들로부터 농지를 매입하여 양을 키우는 농장으로 만들어 버렸다. 인클로즈란 주변의 땅을 모두 둘러친다는 것을 의미하며 이러한 상황에서 많은 유럽의 농민들이 자신들의 농지를 잃어버리게 되었다.

유럽의 인클로즈 운동으로 인해서 농사지을 땅을 잃어버린 농민들은 신천지 땅 미국은 너무나 많은 비옥한 농지를 가지고 있다는 사실에 대해서 미국으로 이민 행을 희망하였다. 따라서 영국의 산업혁명의 여파인 인클로즈 운동은 유럽인들을 미국으로 몰려가게 만들었다. 여기에 산업혁명의 영향으로 증기기관을 이용하여 증기선등의 발달로 인해서 대서양의 횡단이 매우 용이하게 되었다. 여기에 더해서 통신전달을 위한 모르스 부호의 발명과 벨의 전화기 발명은 미국과 유럽의 통신망을 더욱 더 가까이 하면서 신천지 미국은 더 이상 무섭고 위험한 땅이 아니라는 사고를 유럽인들은 가지게 되었다. 따라서 이러한 교통수단과 통신수단의 발달로 인해서 유럽인들의 미국이민을 더욱 더 증가하도록 하였다.

초기 이민자들의 대부분은 영국인들이 주류를 이루었으나 영국 왕 찰스 2세의 영국인들의 미국 이민을 금지하는 법인 이민금지법을 만들어서 영국인들의 미국 이민자수가 급속하게 줄어들면서 독일이 다음으로 가장 많은 이민자를 이루었다. 독일을 비롯하여 프랑스와 네델란드 등 북부 유럽인들과 이태리 등 남부 유럽인들까지 미국이민에 합세 하였다.이러한 추세로 나가면서 미국사회는 초기의 청교도 정신에 의한 물질보다는 정신을 더욱 더 중요시 여기는 사회에서 벗어나서 물질만능주의 사회로 변하게 되었다. 대부분의 미국으로 이민 오는 유럽인들은 오랜 전통을 지닌 유럽사회보다는 유럽전체 크기 만 한 미국을 기회와 행운을 가져다 주는 나라로 생각하고 행운만 따르면 그들은 언제든지 큰돈을 거머쥘 수가 있다는 사고로 이민 행을 하였던 것이다.

전통 유럽인들은 물질보다는 정신을 중요시하는데 반해 미국이민자들의 성공 요건은 무조건 물질만능주의로 변하게 되었다. 가장 성공한 대표적인 케이스가 바로 과학자이자 외교관이며 정치가인 벤자민 프랭클린을 들 수 있다. 그는 피뢰침을 만들어서 세상에 과학자로서 유명하지만 그는 이보다 외교관과 정치인이며 사업가로서 부를 거머쥐고서 미국 이민자로서 전형적인 성공한 인물이었다. 벤자민 플랭클린은 이민 1세로서 그가 이민을 올 당시는 이미 미국 사회는 청교도 정신은 사라지고 오로지 물질에만 의존하는 사회로 변신을 하게 되었다. 벤자민 프랭클린의 인생 처세술에 대한 방법론은 지금도 자기계발서의 인간관계론에서 가장 중요한 기본서로서 많은 사람들이 그 책을 읽고 있다.

이렇게 유럽인들이 미국으로 대대적으로 이민 오면서 미국사회의 물질만능주의에 대한 우려의 목소리가 커지기 시작하였다. 미국 사회를 물질주의에서 청교도 정신을 바탕으로 하는 새로운 사회에 대한 정풍

운동이 일어나기 시작하였다. 그 대표적인 사상가는 랄프 왈도 에머슨 목사를 들 수 있다. 에머슨은 하느님은 물질을 소유하는 것에 대해서 하늘에서 눈이 내리는 것과 같이 똑같이 내리기는 하지만 바람이 부는 데에 따라서 많이 쌓이는 곳과 적게 쌓이는 곳이 있다. 인간들은 물질에 대해서 너무 많은 욕심을 가지고 있다. 이제 미국사회가 바른 길로 들어서기 위해서는 물질보다는 초창기 미국 이민 선조들이 보여주었던 금욕주의 사회로 다시 돌아가야만 한다는 것이다. 이러한 에머슨의 노력으로 인해서 미국인들이 어느 정도 물질에 대해서 경시하는 경향이 있기는 하였지만 근본적인 변화는 생기지 않았다.

유럽의 수도사 문화를 바탕으로 한 유럽문화로부터 미국이 결별을 하기 위해서 초기 미국을 건국한 선조들은 많은 노력을 하였다. 그중에서도 미국을 영국의 식민지로부터 독립시킨 조지 워싱턴 초대 대통령을 들 수 있다. 현재 미국 역사에서 조지 워싱턴을 종교적인 관점에서 구약에 나오는 모세에 비유하고 있다. 워싱턴은 그의 유명한 고별연설에서 미국의 후손들은 유럽과의 단절을 당부하였다. 따라서 워싱턴의 고별연설을 바탕으로 한 미국인들의 외교적 사고는 형성되었다고 할 수 있다. 미국은 본국인 영국과의 정치적 결별을 위해서 가장 민주주의 형태를 갖추고 있는 내각제 형태의 정치형태를 받아들이기를 거부하였다. 그들은 영국이 민주적으로 가장 발달된 국가임을 알기는 하였지만 영국의 정치형태를 모방하는 것을 싫어하였다.

그 결과 미국은 처음으로 대통령제의 정부형태를 채택하였다. 이러한 미국의 대통령제는 민주주의에 대해서 실험적인 차원에서 모험을 감행하는 것과 같았다. 미국의 정치형태등 사회적인 기본형태의 틀을 영국과는 완전히 다른 형태로 바꾸는데 중요한 역할을 한 인물은 토마스 페인이었다. 페인의 유명한 저서인「상식론」은 미국이 영국으로부터 분리하여 독립적인 정부형태를 구성하여야 하는 이유를 논리적으로 잘 설명하고 있다. 이러한 관점에서 미국은 초기 종교적으로 모세에 해당하는 조지 워싱턴 초대 대통령의 고별연설에 유럽과의 단절을 바탕으로 하는 외교적 정책을 수립하여 그것을 오랫동안 이행해 나갔다.

그러면 워싱턴은 왜 유럽과의 단절을 원하고 있었는가. 우리는 영국의 낭만주의 시인 윌리엄 워즈워드의 시 무지개의 한 구절에서 어린이는 어른의 아버지라는 구절이 있다. 이 말이 바로 현재 미국을 의미한다. 어린이는 어른의 아버지란 아무런 문화적 유산과 역사가 없는 어린이 미국이 수천 년간의 문화를 가진 유럽국가에 대해서 아버지 노릇을 하면서 유럽을 이끌어 나가고 있다. 그 이유는 바로 초기 미국인들은 비록 문화와 역사가 짧다고 하더라도 유럽의 문화는 모방하지 않고 독자적인 문화를 창조해 나가겠다는 자존심을 보인 결과 새로운 미국에 맞는 문화를 창조해 낸 것이다.

워싱턴이 말한 유럽과의 단절은 초기에 만일 미국이 유럽과의 단절이 아닌 유럽과의 유대관계를 가졌더라면 미국은 제 2의 영국이나 독일 정도로 밖에 발전을 하지 못했을 것이다. 그런데 초기 미국 5대 대통령 제임스 먼로는 1823년 워싱턴의 부탁을 받아들여서 먼로독트린을 발표하였다. 먼로 독트린의 내용은 미국은 유럽에 대해서 간섭을 하지 않을 것이며 여기에 대해서 유럽대륙은 미국을 비롯한 아메리카 대륙에 대해서 간섭을 하지 말라는 외교적 선언이었다. 먼로의 이러한 외교적 단절은 당시 미국의 국력이 유럽에게 미치지 못하는 신생국이기 때문이라는 것이 가장 중요한 원인이기는 하지만 이 보다 더욱 더 중요한 원인은 바로 워싱턴의 정신에 따른 것이다. 미국의 이러한 고립주의 정책은 2차 세계 대전 전까지 계속되었다. 그러나 2차대전이후에 미국이 패권국으로 등장하면서 고립적 정책을 버리기는 하였지만 현재도 미국은 많은 고립주의 정책을 추구해 나가고 있다.

미국은 이후 1873년 런던증시의 뉴욕증시의 이동으로 인해서 경제적으로 유럽에서 실질적인 패권국인 독일과 같은 경제대국으로 성장을 하였다. 일차 세계 대전에서도 미국은 워싱턴과 먼로의 고립정책을 그대로 유지해 나갔으나 독일의 무차별 잠수함의 공격으로 미국이 피해를 입게 되자 부득이 일차 세계대전에 참전하여 승리로 이끌어 냈다. 그런데 여기서 중요한 사실은 미국은 우드로우 윌슨 대통령의 창의로 국제연맹을 창건하고도 미국 초대 대통령 워싱턴과 5대 대통령 먼로의 고립주의 정책을 받아들여서 국제연맹으로부터 탈퇴를 하였다. 미국의 이러한 고립주의 정책은 2차대전에서도 잘 보여주고 있다. 미국은 2차대전에서 처음에는 참전을 하지 않았다. 그런데 일본의 진주만 습격으로 인해서 뒤늦게 전쟁에 참전을 하여 승리로 이끌어 내었다. 2차대전이후 미국은 과거의 고립주의 정책에서 벗어나서 새로운 개입정책을 추구해 나가기는 하지만 근본적으로는 고립주의 정책을 추진해 나가고 있다고 할 수 있다.

철학적 관점에서 분석하면 같은 그리스 문화를 등받이로 하여 천년간 계속된 중세의 수도사 문화를 미국과 유럽은 공유하고 있다. 그러나 이러한 수도사 문화를 바탕으로 하는 미국과 유럽은 철학적인 관점에서는 다르다. 미국인들은 유럽으로부터 출발을 할 때 대부분의 사람들은 황무지를 개척하여 경제적으로 한몫을 하여 다시 자기의 고향으로 돌아가겠다는 목적에서 신천지 땅 미국으로 간 사람들이었다. 반면에 유럽인들은 자신들의 고향을 지키면서 그곳을 전통을 중요시 하면서 지켜 나가겠다는 것이다. 따라서 유럽인들의 사고는 매사에 있어서 수동적이며 심사숙고하는 성향을 가지고 있다. 그러나 미국인들의 사고는 개척정신을 바탕으로 무슨 일이든 먼저 시작을 하고나서 결과를 지켜보자 는 것이다.

미국인들의 의식구조는 영국의 경험주의 철학을 바탕으로 한다. 존 로크의 개인주의 사상을 토대로 하여 그리스 시대의 철인 프로타고라스의 인간은 만물의 척도다.라는 주관주의적 관념을 바탕으로 철학의 토대를 두고 있다. 만물의 척도는 인간이다.라는 그리스 프로타고라스의 철학적 논리는 개인 각자에게 맞는 법을 적용하자는 논리다. 당시 프로타고라스의 적대 관계에 있던 소크라테스의 논리인 객관주의에 반대되는 개념이다. 소크라테스는 악법도 법이다.라는 논리로서 누구든지 사정에 맞추어서 법을 적용할 것이 아니라 누구든지 한번 정해진 법은 그대로 사정과 환경에 관계없이 따라야만 한다는 논리이다.

미국인들의 이러한 각자에게 맞는 논리는 로크의 개인주의에 더해서 모두가 개인주의적 성향을 강하게 가지고 있다. 비근한 예를 들면 88년도 한국에서 열린 88올림픽 경기에서 미국의 선수들이 입장을 하는데 그들은 줄을 제대로 맞추지 않고 각자가 입에 껌을 씹으면서 자유롭게 걸어 들어오는 모습에서 전 세계인들은 그들의 오만한 태도라고 반미감정을 부추기게 되었다. 그러나 사실은 그러한 집단적으로 줄을 맞추는 일등에 대해서 관심이 없고 남을 의식하는 행동은 하지 않고 각자 편한대로 생활을 한다. 가령 여름에도 춥다는 생각이 들면 겨울의 외투를 꺼내서 입는다. 이것은 미국인들의 개인주의적 성향을 강하게 나타내고 있다. 또한 미국인들에게 가장 큰 행사는 예수의 탄생일인 크리스마스와 미국인들의 조상들이 처음 미국에 도착하여 인디언들로부터 대접을 받은 날을 기념하는 날인 추수감사절을 들고 있다. 추수감사절이나 크리스마스 날에 전국 각지에 흩어져 있던 형제들이 모여서 즐겁게 보낸다. 그러나 며칠 후에 그들이 떠날 때는 원수가 되어서 말도 없이 가는 경향이 있다.

이것은 무엇을 의미하는가. 며칠 동안 같은 집안에 머물면서 자신들의 개인적인 행동을 잘 할 수가 없기 때문에 서로가 부딪쳐서 싸움을 하게 된다. 그래서 그들은 다시 자신의 집이나 직장으로 돌아 갈 때는 서로 나쁜 감정을 가지고서 돌아간다는 것을 의미한다.

다시 미국인들의 사고를 바탕으로 보면 미국인들의 사고와 영국인들의 사고는 어느 정도는 비슷하다고 할 수 있다. 그러나 유럽대륙인 특히 독일과 프랑스인들과 미국인들은 완전히 다르다. 미국인들의 철학적 사고는 실용주의적 사고라고 할 수 있다. 영국인들의 사고는 경험주의적 사고라고 할 수 있다. 영국의 경험주의와 미국의 실용주의는 비슷한 단계에서 미국의 실용주의가 한 단계 더욱 더 실용성을 추구하는 사고라고 할 수 있다.

대륙철학을 대표하는 독일의 관념주의는 플라톤의 합리주의를 바탕으로 하는 이상주의적 사고라고 할 수 있다. 합리주의를 바탕으로 하는 독일의 관념주의 적 사고는 실용성보다는 이상성을 더욱더 추구해 나가고 있다. 단순한 눈앞에 나타나는 이득보다는 장기적인 안목에서의 발전 가능성을 더욱 더 중요시 여기고 있다. 학문으로 말하면 기초과학에 더욱 더 비중을 두고 있다. 기초과학은 돈과는 거리가 멀기는 하지만 기초과학이 잘 되어야만 모든 학문이 장기적으로 발전해 나간다는 것이 독일의 관념주의 적 사고인 것이다. 학문에서도 자연과학에서는 과학의 기초가 되는 물리학을 중요시 여긴다. 반면에 사회과학의 가장 기초가 되는 철학을 중요시 여긴다. 반면에 미국의 경우는 기초과학보다는 실지로 응용하여 당장 써 먹을 수 있는 학문을 중요시 여긴다. 독일과는 반대로 물리학 보다는 전자공학이나 화학 공학 등 실용성에 비중을 두고 있다. 사회과학의 학문도 철학보다는 실용성이 있는 경영학 등에 비중을 두고 있다. 따라서 미국의 학문을 비롯하여 모든 분야는 돈과 밀접하게 관련된 학문에만 치중하고 나머지 돈과 관련이 없으면 발전시키기를 포기해 버린다.

돈과는 거리가 먼 철학에까지도 미국의 철학은 돈과 관련시켜서 연구를 하고자 하는 바람에 유럽인들로부터 많은 비난을 받고 있다.

이처럼 미국인들의 사고는 돈과 너무 많은 관련을 가지고 있다. 가령 미국의 어느 빌딩에 세계적인 석학이 살고 있다고 할지라도 그 석학보다는 그 건물을 소유하는 부자에 대해서 더욱 더 관심을 가지고 있다. 독일에서는 순수학문을 하는 교수나 연구원에 대해서 사회적으로 높이 평가를 하고 있으나 미국에서는 대학에서 교수생활을 하거나 연구소에서 연구를 하는 연구원에 대해서는 단순한 전문직업인으로 밖에 여기지를 않는다. 따라서 유럽의 대륙인들의 사고와 미국인들의 사고는 같은 기독교 문화를 바탕으로 하기는 하여도 완전히 다른 사고를 가지고서 수백 년간 발전해 나왔다고 할 수 있다. 종교적인 차원에서 보면 미국인들은 인간이 죽은 후에는 천당과 지옥의 두 가지만을 단순하게 생각한다. 죽은 인간이 갈수 있는 곳은 종교적인 차원에서 천당 아니면 지옥이라고 생각한다.

유럽인들은 천당과 지옥이 아닌 연옥을 하나로 더 추가해서 생각하고 있다. 인간이 비록 자신의 생명이 이승에서 끝이 나고 그의 행동에 대한 심판은 단순한 천당이나 지옥으로 가는 전 단계에서 그에 대한 재

평가가 필요한 연옥의 단계를 필요로 한다. 연옥의 단계에서 그는 다시 한 번 평가의 기회가 주어진다는 심사숙고의 사고를 가지고 있다. 미국인들의 사고는 영혼불멸설에 대해서 처음에는 영혼불멸설을 믿지 않는 부정에서 시작해서 한번 시작한 부정은 부정의 연속으로 나아가서 결국 긍정으로 돌아서지 않고서 부정으로 끝을 맺어 버린다. 반면에 유럽인들은 영혼불멸설에 대해서 처음에는 부정에서 시작해서 부정을 계속 고집하다가도 결국은 영혼불멸설을 인정하는 긍정적인 사고로 돌아서는 것이 독일을 비롯한 유럽 대륙인들의 사고인 것이다.

철학적인 사고에서는 대륙철학과 영미철학으로 구분할 수 있다. 영국과 뿌리를 같이한 민족이 다수를 이루는 미국과 영국은 비슷한 철학적 사고를 바탕으로 하고 있다. 영국은 경험주의를 바탕으로 한 철학적 사고이며 미국은 영국의 경험주의에다 좀 더 실용성을 가미한 실용주의적 철학을 바탕으로 하고 있다. 반면에 독일은 순수 플라톤적 사고인 관념성을 바탕으로 하여 철학적 사고를 가지고 있으며 프랑스는 관념적 사상에다 좀 더 실용성이 가미된 인간이 가지고 있는 재치와 기교를 첨가한 철학적 사고라고 할 수 있다. 대륙철학과 영미철학을 다시 분류해 보면 영국과 독일의 순수성에다 미국과 프랑스의 응용성이 첨가된 사고라고 생각하면 된다.

대륙적 사고는 시를 비롯한 예술성에서도 잘 나타나고 있다. 독일의 음악적 사고는 독일의 철학인 관념성을 토대로 웅장한 규모와 스케일이 큰 반면 영국의 경험주의는 일상생활에서도 포근함이 넘치는 가족과 행복을 나타내는 음악으로 선을 보이고 있다. 독일 음악이 예술적인 차원에서 선이 굵은 반면에 프랑스의 음악과 예술은 섬세하고 여성적인 스타일의 예술이라고 할 수 있다. 따라서 문학적인 차원에서는 프랑스 문학이 세계를 주도하는 이유는 프랑스인들의 인간적인 재치와 위트가 문학에 잘 표현되기 때문이다. 독일이 남성적이라면 프랑스는 여성적인 예술을 추구해 나간다고 할 수 있다. 미국과 영국이 같은 뿌리를 두고 있는 영미 적 사고지만 미국예술은 남성적이며 영국은 가정의 행복을 추구하는 여성적인 예술이라고 할 수 있다.

개척기를 거치면서 유럽의 낭만주의 시대가 당장 인디언들과 싸움과 눈앞에 나타난 거대한 자연을 정복해 나가야만 하는 미국인들에게는 앞에서 이미 설명한 것처럼 인간성이 가지고 있는 가장 순수한 본질인 낭만주의 시대를 거치지 못한 것이 바로 미국인들이 가지고 있는 예술적인 약점이라고 할 수 있다. 예술성은 인간이 가지고 있는 풍부한 감정을 바탕으로 하여야만 한다. 유럽인들은 그들의 순수한 수도사문화와 그리스 문화라는 든든한 감정적 후원자를 바탕으로 하였다. 그리고 마음껏 낭만주의 시대를 만끽하며 예술의 경지로 승화시켰다. 그러나 미국인들에게는 낭만주의 시대는 없었다. 그들은 단순히 눈앞에 나타난 자연주의 시대만을 배경으로 한 현실주의를 중요시 하는 감정을 토대로 예술을 추구해 나갔다.

미국인들이 가장 사랑하는 시는 바로 영국인 주교 조지 클론 버클리의 시 "제국은 늘 서쪽으로 향했지"라는 시이다. 이 시는 미국인들의 심경을 그대로 잘 나타내고 있다. 미국인들은 눈앞에 나타난 유럽 전체 크기만 한 신천지 대륙을 개척해 나가기 위해서 한 치도 여유가 있는 낭만이 허락하지 않는 동부에서 서부로 개척해 나가야만 하는 사고를 바탕으로 하고 있는 것이다.

인류의 역사를 통해서 동서양의 문화의 차이점은 동양은 정적인 정치 문화라고 할 수 있으나 서양의 정치는 동적인 정치 문화라고 할 수 있다. 동양인들은 정치에 대해서 침묵을 지켜 나오면서 위정자에게 절대적인 복종으로 일관하는 민중 침묵의 정치였다. 그것은 중국의 경우 천자인 왕이나 천자로부터 권력을 위임받은 지방영주들에게 잘못하는 경우 전 마을의 씨족들이 멸족을 당하였다. 그러나 서양에도 절대적 권력을 가진 위정자에게 잘못 보이는 경우 목숨을 잃는 엄한 벌이 주어졌다. 막스 베버는 동양의 역사를 인류의 역사에서 빼버리자는 말을 할 정도로 동양인들은 인류의 발전 역사에 기여를 하지 못했다는 것이다.

그러면 왜 서양의 역사는 위정자에게 달려드는 혁명을 감행할 수 있으며 동양의 역사는 왜 침묵으로 일관하는 역사의 연속이었을까.

그 원인은 가장 크게는 서양의 수도사 문화를 바탕으로 하는 기독교 정신이라고 할 수 있다. 서양기독교 문화는 동양사회에서 주류를 이루고 있는 공맹사상이나 불교사상과는 근본적으로 다른 사고를 가지고 있다. 동양사회의 주류를 이루고 있는 유교사상은 공자와 맹자의 사상을 바탕으로 하고 있다. 당시 공자가 살던 시대는 중국이 춘추전국시대로 사회의 안정을 가장 중요시 여기는 사고를 바탕으로 하고 있다. 그러다 보니 사회의 안정성이란 윗사람에게 절대적인 복종을 바탕으로 하여야만 한다는 것이다. 일본의 경우도 현재 일본사회에서 노조가 크게 활성화 되지 못하고 있다. 그 원인은 바로 회사의 사장은 자신의 부모와 같이 자기를 먹여 살리는 인물로 생각하는 유교적 사고를 바탕으로 하기 때문이다.

유교사상을 바탕으로 공자 사상과 맹자 사상 중에서 맹자가 어느 정도 혁명적인 사고를 가지고 천자가 잘못하는 경우에 혁명을 할 가능성을 열어 놓기는 하였지만 동양의 유교사상의 주류는 공자사상이기 때문에 절대적 안정 사회를 희망하는 유교사상이 사회발전을 크게 저해하였다. 인도에서 발생하여 일본과 한국 등 동남아시아 지역에서 번성하는 불교 역시 사회의 현실참여 보다는 자신의 수련을 통해서 스스로 부다가 되는 사상을 바탕으로 하고 있기 때문에 사회에 대한 현실참여를 거부하고 있다. 중국의 중원천지를 처음으로 통일한 진시황제가 가장 먼저 완성한 작품인 만리장성의 축은 무엇을 의미하는가. 바로 동양인들의 사고인 도전이 아닌 응전의 사고를 보여주고 있다. 앞으로 계속해서 진군해 나가는 정신이 로마의 정신이라면 더 이상 앞으로 진군하지 말고서 여기서 방어만 하겠다는 정신이 바로 만리장성을 쌓은 진시황의 사고이자 동양인들의 사고인 것이다.

서양의 기독교 정신은 모세의 탈 애급에서 시작된다. 모세가 탈 애급을 한 원인도 바로 정치적으로 박해를 당하는 민족을 가만히 보지 못하고 정치적인 자유를 찾아서 애급을 떠나서 젖과 꿀이 흐르는 가나안 땅으로 이주를 하였다. 이 사실은 문화적으로 의식주를 떠나서 인간에게 필요한 자유를 더욱 더 중요시 여기는 것이다. 이것은 불교나 유교와는 다른 기독교의 인간이 가지고 있는 자유에 대한 적극적인 현실참여를 잘 나타내고 있는 것이다. 이스라엘 민족이 중동으로 이동을 하였다. 로마의 지배하에 들어가서도 그들은 인간에게 가장 중요한 자유인 정치적인 자유를 희망하였다. 이 과정에서 로마의 박해를 가장 심하게 받기 시작하였으며 특히 다른 지배 국가들과는 달리 이스라엘 민족에 대한 박해를 더욱더 가혹하게 하였다. 이러한 상황에서 이스라엘 민족은 자신들이 바라는 구원자를 기대하였으며 그 구원자가 바로 예수라는 지도자라고 할 수 있다.

이스라엘 민족이 원하는 지도자는 바로 그들에게 자유를 찾아주는 정치적 지도자를 원하면서 기독교라는 종교적 자유를 바탕으로 하여 정치적 독립을 원하였다. 이것은 구약의 모세가 이집트를 탈출하여 독립하는 것이 정치적 독립과 같은 맥락에서 이해할 수 있다.

만일 기독교가 강한 자유를 향한 현실적인 정치성을 외면한 종교라면 기독교는 그 당시 지배당한 민족들이 가지고 있는 다신교중의 하나의 종교에 불과하였다. 만일 기독교가 로마의 체제를 위협할 정도로 강한 자유를 희망하는 종교가 아니었다면 로마는 체제가 붕괴될 정도의 위협을 느끼면서 313년 콘스탄틴누스 황제는 로마에서 기독교를 국교로서 인정을 하였을까. 사실상 로마는 거대한 왕국으로 지배체제를 구성하였다. 각 지역의 정복민족들 중에서 우수한 인재를 고루등용하고 어느 정도의 지배민족에게 자유를 허용하고 있었다. 그러나 기독교를 바탕으로 하는 이스라엘 민족은 현재와 같은 강한 절대적 자유를 희망하면서 로마는 기독교를 공인 로마 국교로서 인정을 하였다. 따라서 천년간 계속된 중세 기독교 중심의 사회는 이미 인간의 자유를 바탕으로 형성되었다고 할 수 있다. 로마에서 만들어서 시행된 로마법은 인간의 존엄과 가치를 가장 존중하는 법이라고 할 수 있다. 또한 로마에서 왕정으로 복귀하기 전에 공화정제도에서도 로마는 이미 민주주의제도를 채택하고 있었다. 아우구스투스에 의한 왕정복귀에서도 로마는 기독교를 바탕으로 하는 인간의 자유를 존중하는 왕정을 시행하였으며 네로와 같은 폭군이 나오는 경우 왕좌에 추방 시켰다.

이렇게 천 년간 계속된 중세 수도사 문화를 단지 인간의 발전을 저해한 원인을 어디에다 두고 있는가. 이것은 현대의 역사에서 과학과 기술적인 잣대에서 볼 때 발전의 속도를 늦추었다는 것이다. 너무나 인간 본연의 자세를 버리고 신에게만 의존하였다는 점에서 암흑시대라는 것이다. 그러나 인간의 자유와 관련하여 이미 서양의 민주주의와 현대 혁명이 일어나는 원동력은 수도사 문화를 이루는 기독교 정신이라고 할 수 있다. 현대 문명과 국가의 탄생을 알리는 30년 종교전쟁의 원인은 결국 인간에게 가장 소중한 자유를 찾기 위해서 종교자유 해방 전쟁이 일어났으며 미국 땅 신천지가 탄생한 원인도 좁은 의미에서의 종교의 자유이기는 하지만 거시적인 차원에서는 인간 본연의 자유를 찾기 위해서 유럽을 출발하였다고 할 수 있다. 이것은 모세가 정치적 자유를 찾아서 민중을 이끌고 가나안 땅을 밟은 것과 같은 맥락에서 이해 할 수 있다. 현재 미국이 가장 중요시 여기는 것은 바로 자유주의를 전 세계 심는 일이다. 미국인들은 자유와 관련된 일이면 무슨 일든지 참여를 하려고 하며 이것은 자신들이 반드시 수행해 나가야할 의무라고 생각한다. 이것은 미국인들이 가지고 있는 기독교 정신의 일부라고 생각할 수 있다.

따라서 비록 천 년간의 중세 기독교 정신을 바탕으로 하는 암흑시대는 인간의 자유의 역사에는 퇴보하지 않았다고 할 수 있다. 동양사회가 오로지 천자에게만 의존하던 시대와는 완전히 다른 차원의 역사인 것이다. 인간이 하느님에게만 의존하여 인간 본연의 자세로 돌아왔다. 인간은 과학과 기술을 바탕으로 하는 계몽주의적 사고 역시 자유라는 천년간 계속된 기독교 정신을 하부구조로 하여서 과학과 기술을 발달시켜 나갔기 때문에 인간의 제 2의 혁명인 산업혁명을 일으킬 수 있었다. 따라서 인간의 제 2의 혁명인 산업혁명은 단순히 자유를 바탕으로 하지 않는 사고를 바탕으로 하여서는 이루어 질 수가 없는 것이다. 앞에서도 언급한 것처럼 영국에서 가장 먼저 산업혁명이 일어나서 다음으로 순차적으로 자유를 바탕으로 하는 유럽 국가들에게 전파된 원인은 영국이 가장 자유주의를 바탕으로 하는 민주주의가 발달하였기 때문이다.

현재 세계 패권국인 미국이 영국에서 일으킨 산업혁명을 영국이 완성하지 않고 미국에서 산업혁명을 완성한 이유는 바로 미국이 자유주의를 바탕으로 하는 기독교 정신 때문이라고 할 수 있다. 알렉산더 해밀턴에 의한 중상주의냐 와 토마스 제퍼슨의 중농주의냐를 어디에 정책의 방향을 잡느냐에 문제가 있는 것이 아니라 국가를 떠난 전적인 민간인이 지배하는 체제로의 전환이 바로 자유를 바탕으로 하기 때문이다. 산업혁명으로 인해서 동양과 서양의 격차는 점점 더 벌어져서 결국은 동양의 맹주인 중국이 영국 등 산업혁명이 일어난 서양 국가들의 식민지나 다름없는 국가로 전락하고 말았다.

여기서 우리가 알 수 있는 것은 전통 유교사상을 바탕으로 하는 자신의 자유를 침해하는 국가에 대해서 그대로 순종과 침묵하는 국가는 발전을 할 수 없다는 것이다. 서양의 민주주의의 발달사는 로마 교황 이후에 지배세력으로 완전히 전면에 부상한 왕에 대해서 자유를 바탕으로 하였다. 왕의 국민의 자유권 박탈을 기준으로 하여 서로 간의 힘의 대결이라고 할 수 있다. 국민의 자유는 생명권과 재산권이 가장 큰 이슈가 되었다.

세계 삼대 혁명인 영국의 명예혁명과 프랑스 혁명과 미국의 독립혁명 모두가 왕의 국민에 대한 과도한 세금과 식민지 국민들에 대한 과도한 세금문제에서 시작되어서 혁명으로 번져 나갔다. 결국 혁명의 원인은 고전 혁명이론의 저서인 크레인 브린톤의 「혁명의 해부」에서 혁명의 원인은 국가의 재정적자의 원인을 가장 큰 원인으로 보고 있다. 사실상 왕은 국민들로부터 세금을 걷어서 그 세금을 가장 합리적으로 운영하여 국민들이 잘 살 수 있도록 만들어줄 의무를 가지고 있다. 만일 왕이 이러한 세금관리 정책에 실패를 하는 경우에는 비록 그 왕의 인품이 훌륭한 왕이라고 할지라도 왕좌에서 물러나야만 한다. 그런데 당시 대부분의 왕들은 왕권신수설을 믿고서 자신은 타고난 국가의 주인이라는 생각을 가지고 있었다. 프랑스 혁명을 일어나게 만든 루이 16세의 선조인 루이 14세는 "짐이 국가다".라는 말로서 국가의 재정의 축을 내었으며 루이 16세의 국가재정 적자를 메우기 위해서 국민들에게 많은 세금을 요구한 것에서 프랑스 혁명이 일어난 것이다.

또한 영국의 명예혁명도 왕이 의회와 세금문제로 마찰을 일으키면서 혁명이 발생하였다. 미국의 독립혁명도 영국의 정부가 식민지인 미국 보스 톤의 차에 대해서 세금을 과하게 매기면서 혁명의 발단이 되었다. 이처럼 왕과 국민간의 관계에서 국민의 자유를 침해하는 행위에 반기를 드는 혁명적 행동은 기독교 정신을 바탕으로 하고 있다. 중세봉건사회에서도 농노와 영주 간에는 비록 불평등한 조약이기는 하지만 영주는 농노들의 생활권 및 자유를 보호할 의무를 지니고 있었다. 이것은 기독교적 관점에서 하나의 계약이라고 할 수 있다. 만일 영주가 계약을 위반하는 경우 농민들은 영주에게 반기를 들고 혁명을 일으킬 수 있는 권리를 부여 받기는 하였지만 이것이 후세에 와서 시민사회 혁명의 원동력이 된 것이다.

따라서 서양 민주주의의 발달은 기독교 중심의 문화를 바탕으로 발전되기는 하였지만 근세에 일어난 유럽의 혁명과 현대 공산주의에서 주장하는 혁명은 완전히 다르다고 할 수 있다. 프랑스 혁명과 미국 혁명과 영국의 혁명 등 삼대 혁명을 제외하고 20세기에 일어난 레닌 혁명을 비롯한 카스트로 혁명과 모택동 혁명 등 소위 공산주의 국가를 창설하는 공산주의 혁명을 다른 차원에서 이해 할 수 있다. 공산주의 혁명과 앞의 세계 삼대 혁명의 차이점은 기독교 정신을 바탕으로 한 혁명과 반 기독교 정신을 바탕으로 하고 있는 혁명이다.

현재 전 세계에서 가장 많이 사용되는 말이 세계화라는 말이며 이 말에 대해서 다양하게 해석하고 있다. 뉴욕 타임의 토마스 프리드먼은 "렉세스와 올리브나무"를 통해서 세계화를 이야기하고 있다. 프리드먼은 세계화는 냉전이후에 찾아오는 현상이라고 규정하였다. 올리브는 지역화를 렉세스는 일본이 만들어낸 고급 승용차를 말하며 렉세스가 일본에 지역적인 한정이 아니라 전 세계인들이 공유할 수 있는 자동차이기 때문에 동서양의 문화적인 차이를 극복한 세계화의 유산물이라는 보고 있으며 올리브 나무는 서양문화의 탯줄인 지중해를 상징하고 있으며 세계화 시대는 지역과 이념을 넘어서 점차적으로 전 세계 문화의 공유화 현상을 의미하고 있다.

세계화를 문화적인 차원에서 프리드먼의 논리는 맞지 않는다고 생각한다. 프리드먼의 논리인 올리브 나무를 지중해성 기후에 맞는 지역에 옮겨 심어 놓으면 되고 렉세스는 오리엔탈 지역이 아닌 다른 지역의 국가가 성능 좋은 자동차를 만들어 놓으면 된다. 따라서 프리드먼의 논리인 문명의 공유화는 이해가 가지만 지역적인 차원에서의 사고의 전개는 맞지가 않는 논리를 전개해 나가고 있다. 현재 전 세계는 문화의 공유화 현상이 급속하게 확산되고 있다. 문화를 의식주의 차원에서 생각해 볼 수 있다. 미국이 개척기에 편한 차림을 위해서 만들어 놓은 청바지를 전 세계인들은 아무런 거부감이 없이 입고 다닌다. 또한 미국인들이 개척기에 포장마차에서 빨리 식사를 해결하기 위해서 만들어 놓은 패스트푸드인 햄버거를 세계인들은 아무 부담 없이 먹는다. 잠자리도 미국인들이 개척기부터 쉽고 빨리 움직이기 위해서 만들어 놓은 아파트를 전 세계인들은 선호하고 있다. 쉽게 드나들면서 키 하나면 문을 잠그고 나가는 아파트가 이제는 지구촌 어디에서나 들어서고 있다.

현재 세계는 문화의 공유화 현상이 일어나고 있으며 어느 문화가 더 낳은 지를 세계인들은 이해하지 못하고 있다. 세계 문화의 공유화를 주도해 나가는 나라가 바로 미국이다. 미국은 자신들이 문화적으로 성공한 국가로 생각하고 미국식 성공모델을 전 세계에 심어 나가기를 희망하고 있다. 그러나 문제는 문화의 공유화를 넘어서 전 세계의 미국화가 될 염려가 있다. 1948년 영국의 작가 조지 오웰은 그의 작품인 "1984년"에서 스탈린식 전체주의를 염려하였다.

공산주의의 붕괴이후 사실상 전 세계는 미국식 전체주의 모델의적용 현상이 급속하게 가속화되어지고 있다. 미국은 정치 외교적인 차원에서 세계를 지배해 나가고 있다. 세계의 여론기관인 유엔을 미국 뉴욕에 두고서 미국은 유엔 위에 군림하고 있다. 안보적인 차원에서 가장 중요한 의결기관인 유엔 안보리의 의견을 무시하고 군사적 행동을 감행하고 있다. 경제적인 차원에서는 미국은 9.11 테러이후 금본위 금융체제에서 달러위주의 세계금융 화 시스템을 구축 하였다. IMF와 세계은행등 주요 국제금융기관은 미국의 보조기관으로 되어져 있다. 따라서 미국이 원하는 방향으로 세계 경제 질서를 재편해 나갈 수 있다. 특히 미국 경제 사정에 따라서 달러 평가 절상과 절하를 하면 달러화가 세계 통화량을 주도하고 있기 때문에 전 세계국가들의 경제는 미국 경제사정에 크게 영향을 받고 있는 실정이다.

뉴욕 월스트리트의 매 시간 마다의 다우존스지수가 전 세계의 경제동향을 알려주고 있을 정도로 미국증시가 전 세계의 증시를 좌우하고 있다. 또한 세계 5백대 다국적 기업 가운데 과반 수 이상이 미국 국적의 기업이 차지하고 있다. 군사적인 차원에서도 전 세계 230여국 중에서 80여 개 국에 미국 군인들이 파견되어져 있다. 미국이 사용하는 군비는

9.11 테러이전에는 유엔 안보리 5개 상임이사국들이 사용하는 군비를 합친 것과 같은 정도의 군비를 사용하였다. 그러나 9.11 이후에는 전 세계 국가들이 연간 사용하는 군비를 모두 합친 것과 비슷한 정도의 군비를 사용하고 있다. 언론도 전 세계는 워싱턴에 매달려 있다. 과거 로마 시대에 모든 길은 로마를 통해야만 했듯이 현재 전 세계의 통로는 미국을 통해야만 한다. 특히 주요한 통로는 워싱턴을 반드시 통과해야만 한다. 학술과 예술의 분야에서도 전 세계의 중심이 미국에 치우쳐져 있다. 세계 성악의 중심이 이태리에서 뉴욕의 줄리아드로 옮겨졌으며 세계 미술의 중심지도 파리에서 뉴욕으로 이동하였으며 연극의 중심지도 뉴욕의 브로드웨이로 옮겨 갔다.

노벨상도 문학상을 제외하고는 미국이 거의 휩쓸어 버린다. 단지 노벨 문학상 만큼은 문학의 나라 프랑스에 이어서 두 번째다. 노벨 문학상은 아직까지 프랑스가 주도권을 잡고 있지만 낭만주의 시대의 감정을 겪지 못한 미국인들에게 프랑스 다음으로 노벨문학상이 미국에서 많이 나오고 있다는 것은 놀라운 일이 아닐 수 없다. 현대 실용주의 학문의 대명사인 경영학 프로그램에서 세계의 최고 10개의 경영대학원 중에서 8개가 미국 국적의 학교들이다. 운동부문에서도 미국의 프로팀에 들어가야 세계적인 스타가 될 수 있다. 단지 축구는 미국인들이 자신들이 개척기에 만들어 놓은 미식축구가 있기 때문에 유럽이 주 무대가 된다. 그러나 야구를 비롯하여 농구 등 모든 경기는 미국이 중심이기 때문에 미국 프로 단에 입단하여야 주목을 받으면서 큰 선수가 될 수 있다.

다시 프리드만이 주장하는 세계화 현상에 대해서 논의하면, 프리드먼은 세계화 현상이란 역사적으로 찾아오는 현상이며 냉전의 종식으로 공산주의와 민주주의의 대립이 사라진 이후에 급속하게 나타나는 현상이다. 하지만 이 부분에 대해서는 공감대를 형성하기가 힘이 든다. 프리드먼은 세계화를 역사적인 시각에서 냉전이후에 급격하게 나타는 나는 현상이 세계화라고 말하고 있지만 세계화는 인류 역사를 통해서 지속적으로 나타나는 현상인 것이다.

과학과 기술이 무한대로 발전해 나가면서 이제 전 세계는 국경과 국적을 초월하게 되었다. 전자혁명인 디지털 혁명으로 인해서 전 세계는 시공간을 초월한 시대로 접어들면서 세계화라는 말이 실감 나게 하고 있다. 세계화는 글로벌화로 전 세계인들은 두 개의 도시에 살고 있다. 하나는 산업혁명으로 인해서 만들어진 눈에 보이는 도시에 살고 있으며 다른 하나는 공간에 그물망으로 얽혀진 전자공간의 도시에 살고 있다.

세계화는 결국 인간들에게 인터넷이라는 매개체를 통해서 전 세계의 지식과 정보를 공유시키고 전 세계인들의 문화를 하나로 묶어나가면서 문명의 공존 화 현상으로 치닫고 있다. 물은 높은 곧에서 낮은 곳으로 흐르는 것이 당연한 현상이듯이 문명과 문화는 발달된 문화에 덜 발달된 문화가 흡수 되어져 버리기 마련이다. 그리스의 철인 고르기아스는 "국제사회에서는 힘이 있는 자가 약한 자를 지배하는 것은 철칙"이라고 했다. 국제법의 시조인 네델란드의 법학자 그로티우스는 국제관계에서는 "강한 자가 약한 자를 지배하려는 약육강식의 원리"가 지배하고 있다고 강조하고 있다. 이차 걸프전과 아프간 전쟁의 실무자 였던 미국의 전 국방장관 럼스펠드는 20세기 초에 미국을 무법천지로 만들었던 시카고 갱단의 두목인 알 카 포치네 가 즐겨 사용하던 "인간은 총을 목에 대고 말할 때와 그냥 좋은 소리로 말할 때와는 천지 차이다."라는 말을 자주 인용하였다.

동서고금을 통해서 인간사회와 국제사회는 힘을 바탕으로 하는 관계가 형성되기 마련이다. 세계화 시대는 전 세계의 문화수준이 비슷하게 돌아가고 있다. 현재 전 세계는 도전국 러시아를 꺾고서 로마이래로 가장 강한 강대국 미국이 전 세계에 문화를 전파해 나가고 있다. 과거에 우리는 주변이 어지러울 정도로 급속하게 변화되어지고 있구나 하는 생각이 들었으나 이제는 전 세계가 무척이나 좁구나 하는 생각이 들도록 변화에 대해서 인간들은 잘 적응해 나가고 있다. 이렇게 전 세계가 미국 문화 중심으로 변해나가면서 미국문화에 대한 거부감을 나타내는 국가들이 나타나고 있다. 현재 미국은 자체적으로 볼 때는 미국식 성공모델을 세계에 적용해서 세계의 문화를 선도해 나가는데 대해서 자부심과 우월감과 그들만이 가지고 있는 예외주의를 다시 상기 시키면서 즐거워하고 있다.

제3장

21세기 동양문화 VS 서양문화

20세기 초 신문기자 출신으로서 중국에 오래 머물면서 공산주의 중국을 잘 묘사한 인물은 애드거 스노경이다. 그의 대표작「중국의 붉은 별」에서 중국이 새로운 별로 떠오를 가능성을 이미 예언하였다. 자전거를 타고 다니는 사람들이기는 하지만 무한한 잠재력을 가지고 있다. 지난 수천 년간 동양국가들의 맹주 노릇을 한 사람들은 중국인들이다. 겨울날 여유롭게 아름다운 대륙에서 함박눈을 맞으면서 황하강의 황토 진흙을 잘박거리면서 걸어가는 순진한 모습을 스노경은 진지한 눈으로 바라 보았다. 스노경은 앞으로 중국이 오리엔탈리즘을 대표하여 과거 서양문명에 당한 치욕을 설욕하기 위해 준비하고 있다. 이제 패자부활전에 도전장을 내기 위해서 서서히 준비할 분위기를 조성하고 있음을 잘 묘사하고 있다. 또한 미국 선교사의 딸로 오랫동안 중국에서 생활한 노벨 수상작가 펄 벅 여사는 1930년 그녀의 처녀작「동풍서풍」에서 동양과 서양의 문화적인 갈등을 예상하였다. 펄 벅은 거대한 중국에 대해서 무한한 잠재력을 눈여겨보았다. 1931년에 발간된 그녀의 대표작은 「대지」이다. 대지에서 무한히 넓은 중국대륙에서 수천만 마리의 메뚜기 떼가 연두 빛 삼각 날개를 펴고서 들판을 한번 지나간다. 하얀 망사를 끝없이 펼쳐 놓은 듯 아름다운 들판에서 고개를 숙이고 잔잔한 바람에 황금물결을 일렁이던 나락들은 빈 죽정이로 변해 버리고 수십만 마리의 들쥐 떼가 한꺼번에 새까맣게 지나가는 장면은 가히 중국이 앞으로 닥쳐올 대륙의 무한한 가능성을 점쳤다.

이제 세계의 역사는 서구중심의 역사에서 벗어나서 새로운 형태로 변화를 추구해 나가고 있다. 2001년 9.11 테러이후 미국은 보다 강력한 자세로 세계를 미국중심으로 재편해 나가고 있기는 하다. 그러나 이미 거대한 콘크리트 벽에는 금이 가기 시작하면서 물이 세어들어 오기 시작하였다. 역사는 9.11을 시점으로 새로운 방향으로 흘러가고 있다. 그 새로운 방향은 서양이 중심이 된 기독문화가 서서히 비 기독문화권으로 세계의 중심이 옮겨져 가기 시작하였다.

21세기의 시작과 함께 터진 9.11 테러는 새로운 상징성의 나래를 펴고 전 세계인들의 머릿속에 소용돌이를 치고 있는가. 21세기의 디지털 혁명으로 인해 전 세계인들은 눈을 뜨면 미국 빌게이츠 컴퓨터회사 마이크로소프트사의 컴퓨터 시작소리와 함께 하루를 시작한다. 아이러니컬 하게도 21세기의 시작과 함께 터진 9.11 테러는 기원전과 기원후로 분리할 만큼 인류역사에 큰 충격과 함께 새로운 물줄기를 터주고 있는 것이다. 인류의 역사는 기원후 2천 동안 동양과 서양은 완전히 다른 형태의 문명을 창출해 내었다. 서양 문명의 하부구조는 기독 문화를 바탕으로 이루어 졌으며 동양문명의 하부구조는 유교 문화를 바탕으로 하고 있다.

동양과 서양사회는 수천 년간 서로 다른 지역에서 다른 문명을 이루면서 자신들에게 맞는 문화와 문명을 창조하면서 다른 의식구조를 가지고 발달해 나가기 시작하였다. 지중해의 거센 해풍을 발판으로 하여 시작된 그리스의 서양문명과 황화강의 황토바람을 맞으면서 이룬 중국의 동양문명이 서양과 동양문명의 모태를 이루었다. 이것이 두 개의 커다란 인류문명을 창조해 나가기 시작하였다. 머리위로 눈이 부시도록 쨍하게 내려쬐는 강한 햇살은 서양문명의 모태를 이루고 있다. 지중해의 한없이 푸르고 맑으면서 자신의 키 높이를 모르고 넘실대는 물살에 반사되어서 유럽인들에게 보다 도전적이고 동적인 사고를 심어 주었다. 유럽인들은 이것을 바탕으로 한 완벽한 신과 같이 되려고 했다. 인간을 신의 아들이라고 명명하였다. 유럽인들은 지중해의 바다를 바라보면서 그들은 머릿속에 어떠한 상상의 뭉게구름을 피워 올렸을까. 지중해의 강한 햇살에서 자라난 올리브 나무와 같이 지중해의 험한 파도에 순종하는 기질을 키운 것이 아니라 지중해의 해신의 노여움에 대항해서 싸워서 이기는 기질을 바탕으로 하는 문명을 이루어 놓았다.

유럽문명은 바다문명에서 시작되었다고 할 수 있다. 유럽인들이 가장 동경하는 그리스 문명과 그리스 문명을 바탕으로 하여 인류역사에서 최강의 정복국의 역사적인 기록을 가진 로마문명도 그리스 문화를 바탕으로 하고 있다고 자부하면서 그리스와 로마를 같은 유럽문화로 뿌리를 내리도록 하고 있다. 현대판 로마제국이라고 자부하면서 세계 패권국인 미국 역시 로마문명을 바탕으로 하고 있다는 것을 알리고 싶어 하면서 자신들은 영국과 유럽의 후손이며 모두가 이방인이라는 것과 영국의 와스프 문화가 미국사회를 이끌어 나가고 있다는 것을 알기는 하지만 그들은 인류역사에서 가장 강한 정복욕을 가지고 도전해 나간 로마제국의 문명에 대해서 항상 가슴속에는 로마에 대한 동경의 물결이 잔잔하게 파도치고 있다.

동양의 문명은 서양 지중해 문명과 다른 중국의 황하의 강의 문명이라고 할까. 바다와 강의 사고를 바탕으로 하는 문명. 바다는 도전 적이고 강은 응전 적이라고 할까. 바다는 적극적이고 강은 소극적이며 바다의 바람은 무서운 폭풍우를 휘몰고 올 것 같으나 강바람은 소슬하게 불어오는 미풍이라고나 할까. 동양인의 문화는 강의 문화라면 서양의 문화는 바다라고 생각할 수 있다. 유럽의 수도사 문화를 바탕으로 한 그들의 거주지는 동양인들이 만들어 놓은 나지막한 토담집이나 성벽과는 다르게 험한 바다를 사이에 두고서 높다랗게 쌓은 중세기의 성을 생각할 수 있다. 진흙으로 만든 토담집 옆에는 접시꽃과 양귀비꽃과 패랭이꽃이 동양문화를 상징한다면 서양문화는 지중해의 강한 소금바람을 맞고서 화려하게 자라난 보라색 히야신스 꽃이 그 자태의 빼어남과 화려함을 자랑하고 있다.

구비 구비 강 건너 저 편 모퉁이 소나무 언덕바지에서 강물에서 멱 감다 막 나와 농 바위에 종긋하게 앉아서 몸에 묻은 물기를 털어내고 있는 물총새. 그 옆에는 가장 그리워하는 사람이 이마에 손을 얹고서 기다릴 듯한 정취어린 강의 문화는 무엇을 상징하는가. 동양인들이 서양인들보다 더욱 소극적이기는 하지만 보다 다정다감한 정감을 보이고 있다.

동양인의 사고와 서양인의 문화적인 사고는 서양인은 동적인 사고를 바탕으로 하고 있다. 반면 동양인들은 정적인 문화를 바탕으로 하고 있다. 로마제국의 신화에 나오는 늑대 젖을 먹고 자라서 로마제국을 건국한 인물은 로물루스 형제다. 형이 동생을 죽이고 로마제국을 건국하였다는 로마의 신화는 무엇을 상징하는가. 서양인들은 가족주의 사상이 아닌 개인주의 사상을 바탕으로 하고 있으며 감정적인 차원에서는 동양인들보다 차가운 문화를 보여주고 있다. 사실상 현재 패권국이자 로마문명의 후손들이라고 자부하는 미국인들의 문화는 차갑디 차거운 개인주의 정신을 바탕으로 하고 있다.

서양인과 동양인의 사고는 동서양의 주변 환경에 크게 영향을 받으면서 변화되어져 나왔으며 서양인이 동양인보다 공격적인 문화적인 기질을 가지도록 만들었다. 낭만주의 시대를 노래하고 낭만을 부르짖는 서양인들이 가장 사랑하는 꽃은 장미꽃이다. 서양인들은 장미꽃을 바라보면 마리아 렐케가 장미꽃 향기에 반해서 자신이 결국 장미꽃 가시에 찔려서 죽고 마는 낭만적인 사고와는 다르게 장미꽃의 아름다움 보다는 장미꽃 가시의 위험성부터 보고서 장미꽃에 접근을 시도한다. 동양인들이 가장 아름답다고 생각하는 양귀비꽃은 꽃의 진 붉은 아름다움부터 생각하는 동양인들과는 달리 서양인들은 양귀비꽃에 있는 아편 성분부터 생각해서 아름다움보다는 꽃과 마약을 먼저 생각한다.

도전과 응전의 역사. 서양의 문명을 도전과 응전의 역사 속으로 넣고서 시작하는 역사학자 토인비의 사고와 같이 유럽인들은 도전의 역사 속에서 동적인 문명을 창조해 나갔다. 동양인들은 도전이 아닌 응전의 역사에 평화를 상징으로 하여 정적인 문명의 꽃을 피워 나가기 시작하였다. 실존주의 철학자 사르트르는 인간존재의 불완전성 때문에 존재와 신에 대한 의존도의 함수관계는 계속된다고 한다. "사르트르의 실존은 본질에 앞선다."라는 그의 논리는 인간은 즉자와 대자 사이에서 자신의 불완전을 메우기 위해서 실존하지 않는 순간까지 즉자는 대자를 향해서 영원한 도전을 하고 있다. 사르트르의 즉자는 자신이 의식하는 바로 그 모습의 존재이며 대자는 의식 밖에서 자신을 바라보는 존재를 의미한다. 사르트르가 말하는 프락시스 즉 행동은 인간이 가지고 있는 즉자와 대자사이의 공간이 인간을 항상 부족함을 느끼도록 만들어 준다고 한다.

염세주의 철학자 쇼펜하우어가 인간의 욕망은 바닷물을 마시는 것과 같다. 바닷물은 마시면 마실수록 더욱 더 갈증을 느끼고 인간의 욕망도 가지면 가질수록 더욱 더 부족함을 느끼게 된다는 것이다. 사르트르와 쇼펜하우어의 공통점은 인간은 존재자체에서 불완전에서 벗어나서 완전해 지려고 노력을 하고 있다. 기독문화를 바탕으로 하는 서양문화는 인간존재를 죄와 관련하여 인간 모두가 완전한 하느님으로부터 벌을 받아서 불완전한 존재에서 출발하여 완전해 지도록 강요당하고 있다. 인간의 본질을 규명하는 차원에서 서양문화는 성악설에 뿌리를 두고 있다.

동양의 유교문화는 인간존재 자체가 서양기독 문화처럼 절대적 원죄설에 바탕을 둔 것이 아니라 인간의 존재를 상대적인 차원에서 다루고 있으며 자신보다는 주변 환경에서 인간존재를 찾으려는데 뿌리를 내리고 있다. 서양 기독문화는 자신의 존재를 전지전능한 신인 하느님과 자신과의 관계를 주변의 자신과 같이 불완전한 인간들보다 더욱 중요시하는 문화를 형성하도록 하였다. 신이 인간을 창조하였다는 것에 기원을 둔 기독문화는 신에게 절대적으로 의존하면서 신과 자신의 존재에 상하관계를 형성하도록 하였다.

기독문화는 신과 인간이 직접 상하관계가 맺어져 있다. 서양인들은 자신의 혈통이나 전통이나 관습이나 주변 환경에 대해서는 구속을 당하지 않고 있기 때문에 자신이 힘든 환경에 부딪치더라도 어려움 없이 쉽게 극복을 해 나간다. 서양의 기독교가 동양의 유교나 불교보다 더욱 인간의 현실문제에 대해서 적극적으로 참여하는 것은 이러한 인간 정신에 바탕을 두고 있기 때문이다. 서양인의 사고가 기독문화를 바탕으로 하여 신과 자신과의 둘만의 상하관계에 크게 의존하고 있다. 따라서 주변의 가족이나 전통에는 억매이지 않고서 쉽게 벗어난다. 반면에 동양인의 사고는 자신과의 관계를 주변 환경과 강한 상하관계를 형성하고 있다. 동양인들은 혈통이나 전통 등을 중시하며 이러한 것으로부터 쉽게 벗어나지 못한다. 동양인들은 자신의 존재보다는 가족이나 집단의 존재부터 의식하고 그들에게 크게 의존하고 있기 때문에 가족을 벗어난 스스로의 행동에 대해서는 소극적이 된다. 따라서 기독문화를 바탕으로 한 서양인들의 의식구조는 동양인들보다 개인주의적이고 적극적이고 전통과 뿌리를 무시하고 그것들에 대해서 도전적인 사고를 가지고 있다. 반면 유교문화를 바탕으로 하는 동양인들의 의식구조는 서양인들보다 집단주의적이고 소극적이고 전통과 뿌리를 중시하고 지키려는 응전적인 사고를 가지고 있다.

9.11 테러를 종교문화적인 관점으로 이해할 수 있다. 예수의 탄생과 함께 로마의 콘스탄티누스 황제의 기독교의 승인과 국교 화, 중세 신 중심 사회에서의 십자군 전쟁, 현대 국가의 탄생을 알리면서 현대판 로마제국 미국을 탄생시킨다. 1618년의 30년 종교전쟁 정도로 9.11 테러에 부여하는 의미는 크다고 할 수 있다. 약 1천 년간 계속된 유럽기독문화와 그 기독문화를 등받이로 하여 비록 유럽의 수도사 문화와는 결별을 선언하고 차별화를 선언하면서도 발달된 유럽문화에 흡수되어져 버린 국가가 미국이다. 미국과 탯줄을 기독교와 같이한 이슬람 문화권의 테러리스트들로부터의 침공은 어떠한 시각에서 논리를 전개해 나가야 하

는가. 종교문화적인 차원에서의 이해로 보아야 하는가 아니면 국제정치학적 시각에서 문제를 논해야 하는가.

국제정치학적 시각에서 우리에게 가장 가까이 온 논리는 하버드 대학의 석좌교수이자 근대화 이론으로 우리에게 가장 잘 알려진 사무엘 P. 헌팅 톤은 9.11 이후 그의 작품인 「문명충돌론」은 다시 한 번 연구의 대상으로 여기고 있다. 그러나 헌팅 톤의 이론은 점차적으로 빛바랜 백일홍으로 변해가고 있다. 근대화이론으로 학문적인 기여는 하고 있지만 미국의 보수주의를 대변하는 그의 성향은 문명충돌은 미국을 옹호하기 위한 그의 논리라는 비난을 받고 있다. 헌팅 톤의 문명충돌은 9.11 시각을 여러 차원에서 논의되는 원인규명의 직접적인 요소로 볼 수는 있다.

역사적인 관점과 국제정치학적 차원에서 볼 수 있다. 테러에 대한 원인규명은 홉시안적 관점에서 거시적으로 보면 현대판 로마제국인 미국이 중동에서 같은 기독문화를 바탕으로 하는 이스라엘을 지원하고 있기 때문이다. 토마스 홉스가 보는 현실주의적으로 미국이 이스라엘에서 손을 떼지 않는 한 테러행위는 미국의 기독문화의 원인제공과 이슬람 문화권의 공격은 계속되기 때문이다. 이것은 문명충돌과는 전혀 다른 시각에서 이해되어야 한다는 논리이며, 문명충돌과 9.11은 별개의 문제로 여기는 학자들의 견해가 늘어나고 있다. 독일 프랑크푸르트 대학의 정치학 교수인 하럴트 뮐러는 헌팅톤의 문명충돌에 대해서 현재 전세계의 문명의 흐름은 문명충돌이 아닌 그 반대현상인 문명공존의 현상으로 흘러가고 있다는 논리를 전개하고 있다.

국제정치학적 관점에서 구조 기능적 접근법과 체계적 접근법, 전체적 접근법 등 여러 가지 이론들을 적용하여 원인에 대한 접근법을 찾아 볼 수 있다. 직접적인 요소보다는 간접적인 요소가 더욱 중요하며 그보다 더욱 중요한 요소는 직접적인 요소와 간접적인 요소에 동시에 영향을 주는 눈에 나타나지 않는 요소가 가장 중요한 요소로 등장하고 있다는 것이다. 미국이 제 1차 걸프전인 1991년 이라크와 전쟁에서는 전쟁에 대한 전 세계의 지지도는 엄청나게 높았다. 9.11 테러이후 2차 걸프전인 이라크와 전쟁에서 전 세계인들은 미국의 이라크 침공에 대해서 반대를 하였다. 더욱이 미국과 형제 국이며 미국문화의 중심인 와스프문화 형성에 직접적인 영향을 주고 있는 영국에서까지 2차 걸프전을 반대하였다. 이것을 보면 눈에 보이지 않는 간접적인 요소가 오사마 빈 라덴 등 이슬람 국가들이 테러를 일으키도록 만든 직접적인 요소로서 작용을 하였다고 이해할 수 있다.

인간의 본성을 비관론에 근거를 둔 홉시안적 관점에서 보면 인간의 갈등과 전쟁은 원인이 제공되어야 전쟁이 일어나며 이러한 홉시안적 현실주의적 관점에서 보면 전 세계인들은 미국의 독주에 대해서 누군가가 견제를 해주기를 원하는 마음속의 심리가 작용을 하고 있었다고 할 수 있다. 제 1차 걸프전 당시와 9.11 이후의 제 2차 걸프전과의 상황을 비교분석하면 2차는 패권국 미국에 대해서 견제 적 역할을 해오던 도전국인 구소련 러시아가 완전히 몰락은 하지 않고서 지속적으로 미국의 독주에 대해서 견제역할을 하고 있었다. 얼마 후 반세기동안 패권국 미국에 대해서 견제를 해오던 도전국이 미국 앞에 무릎을 꿇어버렸다. 전 세계인들은 미국 유일의 단극화 시대에 미국에 대해서 견제를 원하고 있었으며 누군가가 그 역할을 해주기를 원하고 있었다. 이슬람 국가들의 오사마 빈 라덴을 중심으로 한 테러리스트들은 이 사실을 감지하고서 자신들이 스스로 그 역할을 하겠다고 도전장을 낸 것이다.

9.11을 거시적인 차원에서 보면 20세기 이후 미국의 2가지 목표는 물질적인 차원에서 언덕 위의 도성인 미국식 성공모델의 문화를 전 세계에 심는 일이다. 다른 하나는 정신적인 차원에서이다. 뉴욕의 자유의 여신상은 하느님으로부터 물려 받았다는 생각이다. 클리블랜드 대통령 당시 프랑스에서 미국의 관문인 뉴욕에 옮겨다 놓은 자유의 여신상을 상징하는 자유주의를 전 세계에 심는 일이다. 이일을 미국인들은 명백한 운명으로 생각하고 있다. 자유민주주의를 전 세계에 심는 일에만 열중하는 미국에 대해서 전 세계인들은 견제를 하기 시작했다고 할 수 있다. 미국이 20세기를 통해서 미국식 성공모델을 전 세계에 심은 기여는 세계인들은 인정하고 있다. 또한 이로 인해서 전 세계의 문화는 한 단계 올라선 것은 누구나 인정하고 있다. 한 단계 올라선 문명은 문명의 공존단계에 있기는 하다. 오리엔탈 문명은 서구 기독문화 중심에서 오랫동안 잠자고 있었다. 서구 기독문명을 발판으로 지중해 연안에서 강한 오색 광채를 발하는 유럽문명과는 달리 구름에 떠가는 반달과 같이 그동안 오리엔탈 문명은 빛을 발하지 못하고 있었다. 이제 서서히 전 세계인들은 동양문명에 관심을 가지고 보고 있으며 오리엔탈리즘의 부상에 학자들은 새로운 시각으로 조명하고 있다.

수세기 동안 앞장서서 달려 나가면서 절대적인 우위에 서 있던 서구문명에 대해서 오리엔탈 문명이 서서히 가까이 가면서 문명의 공존 화 현상이 일어나고 있다. 동양 삼국 중에서 일본이 유독 서구문명을 가장 많이 모방하기는 하였지만 일본 특유의 오리엔탈 문명을 지켜나가면서 일본이 동양 삼국 중에서 가장 서구화 문명 현상을 나타내고 있다. 일본은 이미 서구사회에서 인정을 받은 지가 벌써 일세기가 넘었으나 유독 관심 밖에서 잠든 사자로서 인정을 받지 못한 나라가 중국이라고 할 수 있다. 펄 벅이나 스노 경과 같이 실제로 중국에서 살면서 중국인들을 관찰한 사람들은 중국인들이 가지고 있는 폭넓고 대륙적인 기질을 높이 평가하고 있다. 그들은 이미 앞으로 거대한 대륙에서 최고의 인구를 발판으로 하여 미국을 재치고 패권국으로서의 자리를 차지할 것을 예상하고 있었다.

얼마 전까지만 하여도 미국을 비롯한 서양인들의 눈에는 중국인들은 사교적이지 못하고 돈과 자신의 가족들만 알고 있는 덜 문화적인 민족으로 알고 있었다. 그러나 80년대 이후 중국이 보여주는 놀라운 경제성장에 대해서 미국은 이대로 나가는 경우 2천20년경에는 미국을 능가하는 경제대국으로 성장할 가능성을 점치고 있다. 황하에 부는 바람은 이제 서서히 아시아 지역을 잠식하고 태평양을 넘어서 세계 패권국인 청룡 미국을 잠식해 들어가고 있다. 이차 대전당시 미국이 일본의 진주만 습격으로 한번 당한이후 일본인들에 대해서는 항상 겁을 먹고 있듯이 중국에 대해서 새로운 강력한 경쟁자로서 느끼기 시작하였다.

황하에서 부는 모래바람 황사는 한국과 일본 등 주변국가에만 바람이 불어 닥치는 것이 아니다. 주변의 동남아를 넘어서 중동과 유럽 국가들에게도 불어가고 있다. 패권국인 미국 청룡도 이제는 서서히 중국 황룡을 견제해 나가는 자세를 보이기 시작하였다. 중국 위안화의 가치는 점차적으로 상승하고 있기는 하지만 아직은 미국의 달러에는 당하지 못하고 있다. 중국에게 거는 기대는 중국이 거대한 인적자원을 어떻게 활용하느냐에 따라서 중국이 미국을 어느 정도 추격해 나갈 수 있는지의 변수로 작용하고 있다.

미국이 동북아에서 주도권을 쥐고서 한국과 일본과 대만의 경제대국들을 미국의 안보우산 속에 넣어 두고 있으면서 대만과 한국과 일본 등을 연합하여 중국의 동북아에서의 세력을 견제하여 약화시켜 나가고 있다. 특히 동북아에서 중국을 견제할만한 세력으로서 일본을 지목하면서 점차적으로 일본을 동북아의 최강의 국가로서 미국이 키워나가고 있다. 최근까지 동북아의 가장 중요한 군사적 전략기지를 한국을 중심으로 하였으나 미국은 아시아의 방위사령부를 한국에서 일본으로 옮겨놓았다. 이러한 미국의 방위 망을 한국에서 일본으로 옮긴 원인은 중국 견제용으로서 일본을 키워나간다는 것을 의미한다.

이제 글로벌 시대에 필요한 것은 동양인들은 서구 문화를 이해하는 일이며 서양인들은 동양문화를 이해하는 일이다. 산업혁명과 함께 시작된 세계 역사는 서양 중심으로 재편되어져 버렸다. 따라서 글로벌화 시대에 우리에게 필요한 것은 서양의 역사와 철학과 정치, 경제, 예술 등을 우리 동양과 비교해서 이해하는 일이 중요하다.

에필로그

21세기 디지털 혁명을 일으킨 스티브 잡스는 스탠퍼드대학 졸업식 연설에서 인문학의 중요성을 강조 하였다. 잡스는 인문학이 컴퓨터 혁명의 원동력을 제공하였다는 주장을 하였다. 과학 분야에서 발전의 원동력은 기초 학문인 물리학이다. 물리학을 바탕으로 모든 과학은 발전의 속도를 가하게 된다. 물리학은 형이하학이다. 형이하학의 원동력을 부여하는 학문이 바로 형이상학인 인문학이다. 따라서 인문학은 인류의 사회와 과학 발전의 원동력을 제공하는 모티브 역할을 하고 있다.

이제 과학은 무한대의 속도로 발전을 거듭해 나가고 있다. 인간이 만들어 놓은 인공 지능에 인간이 지배당하는 위기에 놓여 있다. 주변 환경은 어지러울 정도로 급변하고 있다. 제 4차 산업혁명은 산업사회와 후기 산업사회시대를 허물어 놓았다. 대량생산과 정밀성이 특성이었던 후기 산업사회는 산업사회 이전의 단계와 해체시키는 해체주의 현상이 나타나고 있다.

수천년간 계속된 동양중심의 세계는 서양에서 일어난 산업혁명으로 인해서 서양 중심으로 인류 역사는 바뀌지고 말았다. 20세기의 디지털 혁명으로 인해서 동서양의 위상이 변화되어지고 있다. 중국을 비롯한 일본과 한국이 유럽 국가를 제치면서 과거 수천년간 지속된 동양중심의 역사를 새롭게 만들어 나가고 있다.

이러한 시대에 우리에게 필요한 것은 무엇인가. 바로 제 4차 산업혁명 시대에서 승자로 등장하는 일이다. 한국은 19세기말의 산업혁명의 여파에 적응하지 못했다. 반면 우리보다 문화적으로 후진국인 일본은 산업혁명에 적응하였다. 그러면 세계 10위권의 경제대국인 한국은 앞으로 닥쳐올 제 4차 산업혁명을 성공적으로 이끌 인프라를 구축하였는가.

서양강대국들과 같은 경제대국의 대열에 들어선 한국은 경제를 기반으로 한 사회전반에 걸친 제 4차 산업혁명에 인프라를 든든하게 구축하는 일이 필요하다. 인프라 구축을 위해서 필요한 것이 바로 기초과학 분야다. 동시에 기초과학 분야를 튼튼하게 만드는 것이 바로 인문학이다.

현대 사회를 살아가는 현대인들은 자신에게 필요한 지식만 습득하는데 주력하고 있다. 다시 말하면 자신의 전공분야에만 타의 추종을 불허할 정도로 전력을 투구하고 있다. 자신의 분야에서는 전문가이면서 조직에서 성공하지 못하는 원인은 무엇인가. 바로 전문분야를 잘 돌아가게 하는 윤활유 역할을 하는 지식이 바로 인문학 지식이다.

인문학 지식이 풍부한 사람은 직장에서나 사회에서 가장 필요한 인간관계에서 성공한다. 인문학의 지식을 활용하여 대화를 성공적으로 이끌어 나갈 수 있기 때문이다. 인문학의 깊은 교양지식을 바탕으로 누구에게나 접근하는 친화력을 바탕으로 상대방에게 교양 있는 인간으로 친밀감과 신뢰성을 주기 때문이다.

파스칼은 갈대와 같이 약한 인간이 강한 우주를 지배하는 원인은 인간이 인문학을 하기 때문이라는 것이다. 인문학은 인간이 선조로부터 배운 중요한 경험과 지식을 잘 활용하는 학문이다. 인문학으로 인해서 인간의 문명과 과학은 기하급수적으로 발전을 하고 있는 것이다. 동시에 개인 스스로도 인문학 지식이 풍부한 사람은 어디에서나 누구와도 폭넓은 대화를 할 수 있다.

과학과 기술의 급속한 변화는 과거 배운 전문지식은 금방 무용지물로 변한다. 새로운 지식을 필요로 하고 있다. 앞에서도 수차례 강조하였지만 이제는 지식의 공유화 시대로 접어들었다. 혼자서는 지식을 얻지 못하며 타인과의 공유된 지식을 필요로 한다. 그리고 조직도 점차적으로 수직사회에서 수평사회로 변화를 거듭해 나가고 있다. 수평사회에서 가장 필요로 하는 것은 바로 친화력이다. 이러한 친화력의 원동력이 바로 상대방과의 대화이다. 대화를 순조롭게 이끌기 위해서는 철학을 비롯하여 경제, 역사, 문화 등의 인문학이다.

여기에 더해서 이제 세계는 글로벌 시대다. 글로벌 시대는 국경과 국적이 점차적으로 사라지는 시대다. 글로벌 시대에 필요로 하는 지식이 바로 인문학이다. 인문학은 동서양이 공통적으로 필요로 하는 지식이기 때문이다. 따라서 인문학 지식은 서양인이나 동양인이나 누구와도 대화가 가능한 풍부한 소재를 제공한다.

글로벌 시대에 인문학 지식이 부족한 사람은 우물 안 개구리가 아닌 끓는 물속의 개구리가 된다. 끓는 물속의 개구리는 주변 환경에 민감하지 못해서 물의 온도가 올라가는 것을 인식하지 못하고 서서히 즐겁게 삶겨서 죽어 버린다. 과거에는 가만히 있으면 우물 안 개구리로서 직장 안에서 살다가 정년을 하고 나온다. 그러나 글로벌 시대는 신자유주의 시대다. 신자유주의란 금융시장의 자유화와 노동시장의 자유화를 의미한다. 직장에서는 언제든지 구조조정의 칼을 들고 있다. 조직에서 뒤지거나 능력이 없어 보이는 사람은 조직의 파이프라인이 잘 돌아가지 못하는 요인으로 본다. 그 결과 그들은 조직에서 구조조정의 대상이 된다. 이러한 구조조정의 대상이 아닌 조직에서 능력 있는 조직 인으로 인정받고 조직의 파이프라인의 윤활유 역할을 하는 것이 인문학이다. 인문학 지식이 있는 사람을 대화에 능통하여 훌륭한 인간관계를 형성해 나갈 수 있기 때문에 오픈게임에서 본게임으로 올라가서 최고의 성공인이 될 수 있다.

마지막으로 이제 주변 환경은 어지러울 정도로 빛의 속도로 변화되고 있다. 바로 제 4차 산업혁명이 도래되고 있다. 이러한 급변하는 시대를 살아가는 현대인들에게 깊고 높은 인문학 지식을 제공하여 성공적인 삶을 살기를 희망하는데 이글의 진정한 의미를 두고자 한다.

인명색인

조해경

조해경 교수는 작가이자, 철학자, 정치학자, 사회운동가이며 사회 운동에 열정적으로 참여하는 행동주의자이다. 저자는 성균관대 행정학과를 졸업하고 동아일보사에 잠깐 근무한 후 미국 유학길에 올랐다. 미국 텍사스 주 세인트메리대에서 석사를 마치고 미국 테네시 대(녹스빌)에서 박사학위를 받았다. 미국에 있으면서 워싱턴 주립대 등에서 강의를 하였다. 귀국 후 당시 국책연구소인 현대사회연구소에서 책임연구원 겸 연구실장으로 연구를 하였다. 그 후 한국정책개발연구소 소장, 외무고등고시위원, 법제처 한국법제연구원 초청연구위원, 성균관대 대학원 초빙교수 등으로 연구와 강의를 하였다. 현재는 안양대에서 연구와 강의를 하고 있다. 영국 IBC에서 2000년 국제인상을 수상하였으며 1999년 세계인명사전(IBC 99ASIAN-PACIFIC NATIONS)에 등재되었다. 허무주의 철학사상을 바탕으로 열정적인 삶을 살고 있는 저자는 21세기 인문학 등 많은 저서와 사르트르의 현상학적 정치철학 등 다수의 논문이 있다.

제4차 산업혁명이 인문학을 만나다

인문학이 필요한 시간

초판 1쇄 발행 _ 2017년 7월 31일

저　　자 • 조 해 경
발 행 인 • 정 현 걸
발　　행 • 신 아 사
인　　쇄 • 토탈프로세스
출판등록 • 1956년 1월 5일 (제9-52호)
주　　소 • 서울시 은평구 통일로 59길 4(2층)
전　　화 • 02)382-6411 · 팩스 02)382-6401
홈페이지 • www.shinasa.co.kr
E-MAIL • shinasa@daum.net

ISBN 978-89-8396-233-1 (03120)

정가 15,000 원